自 我 坦 白

福柯 1982 年在多伦多大学维多利亚学院的演讲

[法]米歇尔·福柯(Michel Foucault) | 著

潘培庆 | 译

长江出版传媒　长江文艺出版社

目　录

自我坦白：福柯 1982 年在多伦多大学维多利亚学院的演讲　　/1

重拾拜德雅之学

1

中国古代,士之教育的主要内容是德与雅。《礼记》云:"乐正崇四术,立四教,顺先王《诗》《书》《礼》《乐》以造士。春秋教以《礼》《乐》,冬夏教以《诗》《书》。"这些便是针对士之潜在人选所开展的文化、政治教育的内容,其目的在于使之在品质、学识、洞见、政论上均能符合士的标准,以成为真正有德的博雅之士。

实际上,不仅是中国,古希腊也存在着类似的德雅兼蓄之学,即 paideia(παιδεία)。paideia 是古希腊城邦用于教化和培育城邦公民的教学内容,亦即古希腊学园中所传授的治理城邦的学问。古希腊的学园多招收贵族子弟,他们所维护的也是城邦贵族统治的秩序。在古希腊学园中，一般教授修辞学、语法学、音乐、诗歌、哲学，当然也会讲授今天被视为自然科学的某些学问，如算术和医学。不过在古希腊，这些学科之间的区分没有那么明显，更不会存在今天的文理之分。相反，这些在学园里被讲授的学问被统一称为 paideia。经过 paideia 之学的培育，这些贵族身份的公民会变得"καλòς κάγαθός"（雅而有德），这个古希腊词语形容理想的人的行为，而古希腊历史学家希罗多德（Ἡρόδοτος）常在他的《历史》中用这个词来描绘古典时代的英雄形象。

在古希腊，对 paideia 之学呼声最高的，莫过于智者学派的演说家和教育家伊索克拉底（Ἰσοκράτης），他大力主张对全体城邦公民开展 paideia 的教育。在伊索克拉底看来，paideia 已然不再是某个特权阶层让其后嗣垄断统治权力的教育，相反，真正的 paideia 教育在于给人们以心灵的启迪，开启人们的心智，与此同时，paideia 教育也让雅典人真正具有了人的美德。在伊索克拉底那里，paideia 赋予了雅典公民淳美的品德、高雅的性情，这正是雅典公民获得独一无二的人之美德的唯一途径。在这个意义上，paideia 之学，经过伊索克拉底的改造，成为一种让人成长的学问，让人从 paideia 之中寻找到属于人的德性和智慧。或许，这就是中世纪基督教教育中，及文艺复兴时期，paideia 被等同于人文学的原因。

2

在《词与物》最后，福柯提出了一个"人文科学"的问题。福柯认为，人文科学是一门关于人的科学，而这门科学，绝不是像某些生物学家和进化论者所认为的那样，从简单的生物学范畴来思考人的存在。相反，福柯认为，人是"这样一个生物，即他从他所完全属于的并且他的整个存在据以被贯穿的生命内部构成了他赖以生活的种种表象，并且在这些表象的基础上，他拥有了能去恰好表象生命这个奇特力量"[1]。尽管福柯这段话十分绕口，但他的意思是很明确的，人在这个世界上的存在是一个相当复杂的现象，它所涉及的是我们在这个世界上的方方面面，包括哲学、语言、诗歌等。这样，人文科学绝不是从某个孤立的角度（如单独从哲学的角度，

---

1 米歇尔·福柯，《词与物》，莫伟民译，上海：上海三联书店，2001 年，第 459–460 页。

单独从文学的角度，单独从艺术的角度）去审视我们作为人在这个世界上的存在，相反，它有助于我们思考自己在面对这个世界的综合复杂性时的构成性存在。

其实早在福柯之前，德国古典学家魏尔纳·贾格尔（Werner Jaeger）就将 paideia 看成一个超越所有学科之上的人文学总体之学。正如贾格尔所说，"paideia，不仅仅是一个符号名称，更是代表着这个词所展现出来的历史主题。事实上，和其他非常广泛的概念一样，这个主题非常难以界定，它拒绝被限定在一个抽象的表达之下。唯有当我们阅读其历史，并跟随其脚步孜孜不倦地观察它如何实现自身，我们才能理解这个词的完整内容和含义。……我们很难避免用诸如文明、文化、传统、文学或教育之类的词汇来表达它。但这些词没有一个可以覆盖 paideia 这个词在古希腊时期的意义。上述那些词都只涉及 paideia 的某个侧面：除非把那些表达综合在一起，我们才能看到这个古希腊概念的范阈"[1]。贾格尔强调的正是后来福柯所主张的"人文科学"所涉及的内涵，也就是说，paideia 代表着一种先于现代人文科学分科之前的总体性对人

1　Werner Jaeger, *Paideia: The Ideals of Greek Culture*, vol. 1, Oxford: Blackwell, 1946, p.i.

文科学的综合性探讨研究，它所涉及的，就是人之所以为人的诸多方面的总和，那些使人具有人之心智、人之德性、人之美感的全部领域的汇集。这也正是福柯所说的人文科学就是人的实证性(positivité)之所是，在这个意义上，福柯与贾格尔对 paideia 的界定是高度统一的，他们共同关心的是，究竟是什么，让我们在这个大地上具有了诸如此类的人的秉性，又是什么塑造了全体人类的秉性。paideia，一门综合性的人文科学，正如伊索克拉底所说的那样，一方面给予我们智慧的启迪；另一方面又赋予我们人之所以为人的生命形式。对这门科学的探索，必然同时涉及两个不同侧面：一方面是对经典的探索，寻求那些已经被确认为人的秉性的美德，在这个基础上，去探索人之所以为人的种种学问；另一方面，也更为重要的是，我们需要依循着福柯的足迹，在探索了我们在这个世界上的生命形式之后，最终还要对这种作为实质性的生命形式进行反思、批判和超越，即让我们的生命在其形式的极限处颤动。

这样，paideia 同时包括的两个侧面，也意味着人们对自己的生命和存在进行探索的两个方向：一方面它有着古典学的厚重，代表着人文科学悠久历史发展中形成的良好传统，孜孜不倦地寻找人生的真谛；另一方面，也代表着人文科学努力在生命的边缘处，寻找向着生命形式的外部空间拓展，以延伸我们内在生命的可能。

3

　　这就是我们出版这套丛书的初衷。不过，我们并没有将 paideia 一词直接翻译为常用译法"人文学"，因为这个"人文学"在中文语境中使用起来，会偏离这个词原本的特有含义，所以，我们将 paideia 音译为"拜德雅"。此译首先是在发音上十分近似于其古希腊词汇，更重要的是，这门学问诞生之初，便是德雅兼蓄之学。和我们中国古代德雅之学强调"六艺"一样，古希腊的拜德雅之学也有相对固定的分目，或称为"八艺"，即体操、语法、修辞、音乐、数学、地理、自然史与哲学。这八门学科，体现出拜德雅之学从来就不是孤立地在某一个门类下的专门之学，而是统摄了古代的科学、哲学、艺术、语言学甚至体育等门类的综合性之学，其中既强调了亚里士多德所谓勇敢、节制、正义、智慧这四种美德

（ἀρετή），也追求诸如音乐之类的雅学。同时，在古希腊人看来，"雅而有德"是一个崇高的理想。我们的教育，我们的人文学，最终是要面向一个高雅而有德的品质，因而我们在音译中选用了"拜"这个字。这样，"拜德雅"既从音译上翻译了这个古希腊词汇，也很好地从意译上表达了它的含义，避免了单纯叫作"人文学"所可能引生的不必要的歧义。本丛书的 logo，由黑白八点构成，以玄为德，以白为雅，黑白双色正好体现德雅兼蓄之意。同时，这八个点既对应于拜德雅之学的"八艺"，也对应于柏拉图在《蒂迈欧篇》中谈到的正六面体（五种柏拉图体之一）的八个顶点。它既是智慧美德的象征，也体现了审美的典雅。

不过，对于今天的我们来说，更重要的是，跟随福柯的脚步，向着一种新型的人文科学，即一种新的拜德雅前进。在我们的系列中，既包括那些作为人类思想精华的**经典作品**，也包括那些试图冲破人文学既有之藩篱，去探寻我们生命形式的可能性的**前沿著作**。

既然是新人文科学，既然是新拜德雅之学，那么现代人文科学分科的体系在我们的系列中或许就显得不那么重要了。这个拜德雅系列，已经将历史学、艺术学、文学或诗学、哲学、政治学、法学，乃至社会学、经济学等多门学科涵括在内，其中的作品，或许就是各个学科共同的精神财富。对这样一些作品的译介，正是要达到这样一个目的：在一个大的人文学的背景下，在一个大的拜德雅之下，来自不同学科的我们，可以在同样的文字中，去呼吸这些伟大著作为我们带来的新鲜空气。

自我坦白和自我治理

福柯这本演讲录的书名叫 Dire vrai sur soi-même，就是如实说出自己的真实情况。把书名译成"自我坦白"，主要考虑到基督教在西方文化中的重大影响。基督教的一大特征就是忏悔，忏悔就是坦白自己的一切，包括思想、感受、欲望，尤其是自己的过失和罪孽等。西方文化拥有悠久的自我坦白传统，历史上很多忏悔录，如奥古斯丁的《忏悔录》和卢梭的《忏悔录》就是其中著名的自我坦白录。这些忏悔录之所以出现在西方文化，应该和西方的自我文化、自我技术、基督教忏悔传统，尤其是和西方文化对真相的执着追求相联系。

自我坦白紧紧围绕一个中心，就是 vérité。vérité 这个词在中文里可译成"真话""真实""真相""真理"等。关键就是一个"真"字，不管是真话、真相或真理。福柯在其人生最后几年中对西方历史上的"说真话"实践作了深入研究。他的研究主旨不在于揭示真相或真理的内涵，而在于展示其外部条件。不妨大致列举一下"说真话"的若干历史理论和实践。福柯引用古希腊悲剧作家欧里庇得斯的若干作品来表明"说真话"的政治背景。"parrêsia"（说真话）一词最早出现在古希腊民主制背景中，"说真话"是公民权利，外国人和奴隶不能享有。在《伊翁》一剧中，伊翁作为从小就被遗弃的私生子，当他后来被认领，他的最大心愿就是自己的母亲是雅典公民，因为他可以从母亲那里继承"说真话"权利。想要在雅典城邦发挥政治作用，"说真话"就是一大根本条件。《腓尼基的妇女》一剧中有一段对话表明：当一个公民被流放，他的最大痛苦就是丧失"说真话"的权利：没有这个权利，那就必须忍受主人的疯狂。福柯解释说："当您不是公民，或者当您是奴隶，那么您就受制于公民或者您的主人，当您的主人说蠢话或者做出诸如此类的疯狂举动，您不能回应，您必须接受他的话，您既不能批评他，也不能反驳他，还不能责备他，您必须接受他的疯狂。"

"说真话"除了与公民身份和雅典民主制背景相关，它还和君主制背景相联系。《酒神的女祭司》就表现了君主制背景中的一个"说真话"场景：一个奴隶有一个坏消息要报告国王彭透斯，但他害怕报告坏消息会受到惩罚，于是他斗胆问国王，他是否可以说真话而不受惩罚。国王说："你可以说话：你不必对我有任何恐惧。我不应该责怪一个履行自己义务的人。"福柯认为这里有一个"说真话契约"，即一方说真话而要求不受惩罚，另一方承诺不予惩罚。一方知道事实真相，另一方不知道，但另一方为了治理国家必须知道事实真相，于是双方就达成了某种道义上的契约。之所以是道义上的，因为双方地位不同，一方处于弱势，另一方处于强势，强势方可以随时改变承诺。由于弱势方可能因为说真话招来大祸，所以君主制背景下的"说真话"的根本特征就是它包含着风险。但良好的君主制还是要求臣民"说真话"，同时要求君主接受"说真话"而不予惩罚。柏拉图在《法律篇》中就提到由"说真话"带来的好处：当波斯处于居鲁士的统治下，君主不仅允许其谋臣"说真话"，还非常敬重那些能给他提出真诚忠告之人。得益于这一优良的君主制及其优良治理，当时波斯的一切都兴旺发达。

除了民主制和君主制背景中的"说真话"，福柯还研究了伦理领域，尤其是"自我关注"领域中大量的"说真话"理论和实践。福柯从"自我关注"这个独特视角重新检视了古代哲学的众多流派。伦理是一个远比政治更加广泛的领域。阿西比亚得是一位雅典年轻贵族，他即将投身于政治，他想成为雅典政坛首屈一指的人物，对内要胜过其他同僚，对外则胜过波斯等国君主。可他如何才能实现其理想呢？他知道什么是公正，什么是优良治理吗？他一无所知。苏格拉底建议他首先要关注自己、认识自己。尤其是阿西比亚得的教育有重大缺陷：一位老年奴隶充当他的老师。苏格拉底告诉阿西比亚得，要治理国家，首先要治理自己。

如何自我关注和自我认识？"笔记本"就是古希腊人广泛使用的一种重要技术和工具。把平时的感想、阅读心得等，都写在笔记本上，不时拿出来看看，用自己知道的真理来衡量自己的言行。晚上记笔记则在于回顾白天所做之事，把自己当作审查对象。"心灵审查"也是"自我关注"和"自我认识"的一大重要技术。守门人必定要检查行人的通行证才允许入城，钱币兑换商必定要仔细检查钱币，观察它的成色，倾听它的声音，鉴定它的质量，然后才接受它；同样的道理，人的思想千头万绪，有好有坏，也需要进行鉴别，抛弃不好的思想，只留下好的思想。时刻用真理来衡量自己的言行，这样的人生就是面向真理的修行。

要关注自己并认识自己的真相，这并非容易之事，这里需要他人的帮助。为什么？因为人的自爱。自爱使人盲目，使人看不到自己的错误和缺点；此外人们还深受偏激的影响，言行过激还不自知。因此要认识自己的真相，必须求助于说真话者。古罗马社会有所谓保护人和被护民；保护人是主人，他的周围簇拥着一帮被护民，他要认识自己的真相就不能求助于被护民，因为后者出于利害关系多会谄媚主人。谄媚者是这样一个人，他使被谄媚者对自己生产错觉，使被谄媚者无法认识自己的真相。谄媚者有时候会以说真话者的形象出现，会进行批评，但他说到底还是一个谄媚者。这种假的说真话者是自我认识的最危险敌人。由于谄媚者，尤其是假装说真话而实际真谄媚这类人的存在，如何区分谄媚者和说真话者就成了自我关注和自我认识的一大关键。古人提出的辨别标准就是看一个人的言行是否始终一致：说真话者前后一致，言行一致，而谄媚者和假的说真话者则前后不一致，言行不一致。为了找到说真话者，首先要打听谁享有说真话者的名声，然后近距离接触他，看他是否名副其实。如果看到他追随权贵的左右，那么他绝对是一个假的说真话者。真正的说真话者视真实为最高价值，他绝对不会放弃真实的自我去奉承权贵者。如果听到一个人不追求名利，不和权贵人物来往，那么就请他帮忙，一旦看到自己带着偏激行事，就及时指出。人人都需要他人的帮助来认识自己的真相。

随着基督教的诞生和发展，西方自我文化发生了巨大变化。以前的自我关注围绕真理运行，所以福柯称之为面向真理的修行。福柯认为基督教开创了一种面向实在的修行。柏拉图有一个著名的岩洞比喻：岩洞里面壁的囚犯们只看到由洞口火光照射进来的影子，他们把影子视为真实的世界；当一个囚犯转过身来看到火光和火光下的木偶，才知道火光和木偶才是真实的；可当他走出岩洞，看到阳光下的世界，他这才知道木偶也只是摹本而已。实在就相当于摹本后面的真实世界。基督教修行就在于从一种实在达到另一种实在，达到一个更加真实的世界。为此教徒必须弃绝此岸的人生，去追求彼岸的永生。

从古希腊面向真理的修行到基督教面向实在的修行，这其中虽有很大差异，但如果从自我关注、自我认识、自我技术等方面来看，其中的连续性还是非常明显的。譬如在柏拉图的《阿西比亚得篇》里，"自我关注"是人生某个阶段的任务，但后来"自我关注"成了必须终身进行的工作，而且不论年龄，不管是年轻人还是老年人，人人都必须关注自己。到了基督教这里，修行成为一项持续终身的神圣使命。以前的心灵审查在于辨认自己的思想，必须像守门人检查证件那样检查自己的思想，在基督教这里，修行成了一场终身的精神之战：要仔细辨认思想的来源和本质，认清思想是来自上帝还是魔鬼。以前的"自我关注"需要导师和"说真话者"的指导，现在的基督教修行则要求教徒求助于神职人员。虽然福柯认为基督教修行是一种面向实在的修行，但他还认为基督教实际上融合了两种修行，其中仍然包含以前的真理修行因素，如教徒要辨认自己的思想，了解并展示自己的真相等。

福柯研究古代"说真话"的理论和实践，那么究竟什么是真实、真相和真理的本质？这里就凸显了福柯的研究方法：

展示对象的外部条件。真相和真理并没有永恒不变的超时空本质。因时代、背景、技术等条件不同，就会有不同的真相和真理体系。如最早的"说真话"是雅典公民的权利，公民身份和民主制背景就是制造这类真话、真相和真理的条件。在君主制背景中，"说真话"成了谋臣的职责，倾听"说真话"而不予惩罚也成为好君主的标准。谋臣的职责和君主从谏如流的美德就是制造这类君主制背景中的真话、真相和真理的条件。在"自我关注"实践中，通常由导师说真话，这里的真话、真相和真理就和"自我关注"背景、和导师的义务相联系。到了基督教这里，由于教徒有义务展示自己的真相，必须自我坦白，他就成了基督教背景中的"说真话者"。到了近现代社会，如果一个人犯了罪，并有疯癫症状，那么问题就不仅仅由法官根据法律来判罪，而必须首先由医生，尤其是精神病医生来作鉴定；如果疯癫症状属实，法官就要根据精神病专家的诊断来判决。在此背景中，只有精神病专家才能说出患者的真相，只有他的话才被视为真理。总之在福柯这里，谁有资格说真话，谁能说出真相，谁的话被视为真理，一切视可能性条件而定，没有永恒不变的真相和真理。

　　福柯在研究性主题时就区分了不同时代的性问题域。如在古希腊，性的编码主要就是节制和过分、主动和被动；但到了基督教时代，快感和淫欲成为主要问题，这也是自我坦白的一大主要内容；而在近现代，随着性科学的出现和发展，正常和反常成为辨认性的一大主要标准，于是手淫、同性恋，以及各种各样的性怪癖都成为需要治疗的疾病。因此，性的真相并不只有一个，而众多的性真相分别隶属于不同时代、不同背景的不同性问题。问题域是一个包括提问法、看问题视角、找到相应答案的一整套体系，不同体系之间很难相互比较。如看到近现代社会歧视并迫害同性恋者，有人会想到古希腊对同性恋相当"宽容"。但对福柯来说，"宽容"对古希腊并没有意义，因为当时有另外的性问题域，有另外的歧视对象。

　　福柯研究疯癫、犯罪、性、"说真话"等主题，他要探讨的实际上是主体或主体性问题。"我想探讨的基本问题是我们主体性的历史。……我认为我们的主体性——对我来说，这就是我和人们可叫作现象学理论的东西的主要区别——它并非某种根本的、直接的自我体验，而是在我们和我们自己之间存在着很多社会的、历史的、技术的中介。这些中介的领域、结构，这些中介的作用，这些恰恰就是我一开始就研究的主题。"笛卡尔的"我思故我在"通常被认为奠定了现代理性主体的地位。有了"我思者"这一根本出发点，才能把主体对外部经验世界的观察建立在无可怀疑的基础之上。但在福柯看来，主体实际上不是出发点，而是一系列其他因素的结果。如"说真话"，谁有资格说，这并非由主体决定，而由特定的政治背景等因素决定，主体不过是在服从某种无形的指令。当基督徒在忏悔或"自我坦白"，坦白什么，如何坦白，向谁坦白，这就是由外在于基督徒的因素决定的。在近现代西方社会，当人们大肆谈论性主题时，他们在表面上都是说话主体，但他们实际上却在服从某个社会指令。福柯的研究把众多"社会的、历史的、技术的中介"引入主体或主体性。主体是经过这些中介才能够注意到对象，才开始这样观察对象，才对对象产生这样的看法。"我们自认为在自己身上如此清楚地、如此透明地看到的东西，实际上却是经由历史上精心建构的辨认技术而给予我们的。"

那么自我或者主体是什么呢？不是从一开始就被给予的

东西。主体是"我们和我们自己的关系"。主体不是一种实在，而是一种关系。福柯对"修行"的定义就说明了主体的关系特征："一种自愿的、代价昂贵的自我转变，方法是通过一整套有规则的技术……"修行旨在自我转变，达到某种理想状态，自愿为此付出某种昂贵的代价。福柯对"修行"的定义和他所谓"自我工艺"差不多是同义词。什么是"自我工艺"？"我认为不管在什么社会中，还存在某些技术，它们使个人得以通过他们自己的方法，借助于他人的帮助，或者在其他人的指导之下，对他们自己的身体、他们自己的灵魂、他们自己的思想、他们自己的行为实施某些操作；这是为了转变自己，改变自己，并达到某种完美、幸福、纯洁和启示状态……"对自己的思想和行为等实施某种操作，实际上就是对自己的治理。

亚里士多德认为人是政治动物，但政治并不仅仅是政府把某种治理施加于个人。政治治理之所以可能，它和主体的自我治理不可分割。换言之，如果没有主体的自我治理，政治治理也是难以设想的。福柯认为人类社会有四大工艺：生产工艺、符号工艺、权力工艺和自我工艺。这四大工艺是相互联系、相互参照的。譬如，"没有不运用符号体系而能够起作用的生产工艺；我们也清楚地知道，所有的生产技术都和独特的统治过程相联系……。我们还可以补充说，所有的生产工艺都包含了训练和改变个人的某些模式……"

福柯尤其对统治工艺和自我工艺的相互作用感兴趣。"也许我过于强调权力和统治的工艺。不管怎么说，这促使我对自我的工艺越来越感兴趣。更确切地说，我对这些工艺之间的相互作用感兴趣，如个人之间相互统治的工艺借助于个人作用于他们自己的程序。"苏格拉底劝阿西比亚得要首先关注自己，要学会治理自己，然后才能治理他人。治理自己的方法和治理他人的方法相互联系、相互作用，这就把政治这种表面上的外在治理和主体的自我治理联系起来。近现代政治理论的一大出发点就是个人和国家的对立：个人为了保护自己的利益，为了不受他人伤害而组成国家等。从严格意义上说，这种前国家的个人还不是政治人。这种非政治人是否存在，是否只是一个现代神话，这一点可以讨论。但按福柯的思路，国家治理之所以可能，或者说人之所以能成为政治动物，人之所以能够被治理，一大原因就是人的自我治理。福

柯提到古人的一种实践，也许起源于毕达哥拉斯学派："首先
从事体育活动，这能开胃口；然后置身于摆满了美味佳肴的
餐桌前面；在观赏了美味佳肴之后，就把它们让给下人享用，
而自己则吃穷人的粗茶淡饭。"能够战胜自己的美食欲望，满
足于粗茶淡饭，这里就包含了自我治理。福柯把自我治理引
入政治，国家治理就不再是外在于主体的东西。

  "解放"是 20 世纪的一大关键词。按照精神分析学的观
点，社会有压抑个体，社会道德有压抑个体性欲的一面，于
是就有了"个人解放"和"性解放"等社会运动。"解放"的观
念多少和"异化"相关:本来是美好的，后来发生了什么坏事，
现在处境败坏，所以要解放。但对福柯来说，并不存在什么
失去的天堂。"我的目的从来就不是把我们的某种可怕境遇
和某个失去的天堂，即希腊社会相对立。……不，在这类分
析中并没有失去的天堂！当疯子们在大街小巷游荡，我不能
肯定，这就比他们被关入疯人院更好，但疯人院并不是最坏
的，这一点并不意味着疯人院就是一种必然。"在一个特定社
会，人们说什么，谁有说话资格等，这些由自我实践、自我
技术等因素决定，主体在此意义上基本上是被决定的，并不

存在主体的解放问题。"自我也许不应该被看作是必须被解放或者被发现的某种实在，而应该被看作是在我们历史上被构建并发展起来的工艺的相关物。于是问题就不是解放自我；[问题是] 这些工艺……"福柯并不主张社会和个体的二元对立："我们的身体就是社会的一部分，我们的身体就是我们的社会人格的一部分。"虽然主体不可能摆脱社会的自我文化及其自我工艺，但这并不意味着主体完全没有自由，福柯在此要为自由创造留出空间："如果您接受现在的情况，因为它比以前的情况更好，那么您就面临接受一种情况，即现在的情况，好像它就是最终的。或者如果您把可怕的现状和某个失去的天堂相对立，我想您就放弃了当下背景中某种真正变化的可能性。"福柯在一次回顾自己的学术道路时说：早在 1950年代，当他还是学生的时候，他发现哲学和人文科学还建立在非常传统的人类主体观念之上，"一会儿有一些人说，主体是彻底自由的；一会儿另外一些人则说，主体是被社会条件决定的。这样说是不够的。我们发现必须努力把隐藏在表面上简单地使用代词'我'后面的所有东西都挖掘出来。"福柯指出主体在历史上被决定的过程，其主旨恰恰就在于指出主体的遭遇并非一种宿命。在被决定的基本层面上去想象另外的可能性，去进行自由创新，这就是福柯针对绝对自由论和社会条件决定论而提出的独特解决方案，当然他的基本决定论层面已经变成了自我文化和自我工艺等领域。

伦理的基本元素是主体，福柯为主体的研究开辟了一条新的路径。在中国语境中，伦理和道德有时是混用的，但在西方语境中，两者的区别是很明显的。道德是一套价值体系，而伦理却是对道德的思考，人的成长过程就是自我或主体相对于道德的形成过程。西方文化的征服精神和个性张扬特点是人们熟知的，非西方文化也是通过这些特点，当然还有船坚炮利来认识西方人的。但福柯对古希腊自我文化的研究使人看到西方文化中一个往往被忽略的方面，那就是伦理方面。回归自身、隐居自身、自我关注、自我警觉、自我怀疑、自我写作、自我坦白等各种自我实践，它们都旨在认识自己、把握自己、控制自己，总之就是治理自己。"自我关系在此变成了一种复杂和持久的活动，主体在此活动中为了他自己而成为批判的对象、斗争的战场和疾病的病源。"把自己变成观察、研究和斗争对象，这是一种多么尖锐复杂的自我关系！和自己斗争，战胜各种干扰因素，确立对自己的主宰，这就是西方自我文化的关键。"问题在于把自己武装起来，并战斗终生。你们无疑都知道，有两个比喻是多么常用：竞技比赛的比喻（我们在生活中就像一位竞技者，必须不断战胜对手，即使不在竞技的时候也必须进行训练），战争的比喻（灵魂必须像军队那样做好准备，敌人会在任何时候发起攻击）。"基督教的诞生进一步强化了原来的自我关系："每个人都有责任知道自己是什么人，知道自己身上发生了什么，意识到他可能犯下什么过失，辨认出他所面临的诱惑；此外，所有人都有责任或者向上帝……，或者向其他人展示这些东西；因此所有人都有责任公开地或者秘密地作证反对自己。"这又是一种多么警觉和敌对的自我关系！由此可见，所谓"自我关注"并非自私自利意义上的自利行为，而是修行意义上的自我控制练习。西方人就是在这样的自我关系中炼成的。一个人能成为什么样的人，能做出什么样的事业，自我文化应该是一个重大因素。从非西方文化来看，福柯的研究也应该很有启发意义。为什么现代资本主义发源于西方文化？为什么由西方人开启现代化潮流，并由西方人的扩张而在全球引起如此翻天覆地的变化？如果把西方资本主义仅仅视为一种经济和政治制度，这是否忽视了自我文化和伦理主体？福柯对西方自我文化的研究或许为重新思考西方文化和西方资本主义的可能性条件提供了一个新的思路。

总之，如果主体和自我技术相关，政治和自我治理相关，那就可以从自我技术来理解主体，从自我治理来理解政治。不妨重提阿西比亚得的抱负：对内要胜过同僚，对外要胜过波斯等国君主。在此意义上我们可以说，在国内层次上，个体之间的竞争就是由相同的自我文化造就的不同主体之间的竞争；而在国际舞台上，那就是由不同的自我文化造就的不同主体之间的竞争。

福柯著作名缩写

AN   《不正常的人：法兰西学院讲课(1974—1975)》，V. 马尔凯蒂(V.Marchetti)，A. 萨洛蒙(A.Salomoni)主编，巴黎，Seuil–Gallimard，1999年。

CCS   《什么是批判？自我的文化》，H.–P. 弗吕绍(H.-P. Fruchaud)，D. 罗伦兹尼(D. Lorenzini)主编，巴黎，Vrin，2015年。

CV   《说真话的勇气——治理自己与他人Ⅱ：法兰西学院讲课(1984)》，F. 格罗(F.Gros)主编，巴黎，Seuil–Gallimard，2009年。

DE2   《言与文(卷二)，1976—1988》，D. 德菲尔(D.Defert)，F. 埃瓦尔德(F.Ewald)主编，合作者J.拉格朗日(J.Lagrange)，巴黎，Gallimard，2001年。

DV   《话语和真相：前附"说真话"的演讲》，H.–P. 弗吕绍，D. 罗伦兹尼主编，巴黎，Vrin，2016年。

GSA 《治理自己与他人：法兰西学院讲课(1982—1983)》，F. 格罗主编, 巴黎, Seuil–Gallimard, 2008年。

GV 《治理活人：法兰西学院讲课(1979—1980)》，M. 瑟内拉尔(M.Senellart)主编, 巴黎, Seuil–Gallimard, 2012年。

HF 《古典时代疯癫史》，巴黎, Gallimard, 1972年(第一版：《疯癫和无理性：古典时代疯癫史》，巴黎, Plon, 1961年)。

HS 《主体解释学：法兰西学院讲课(1981—1982)》，F. 格罗主编, 巴黎, Seuil–Gallimard, 2001年。

MC 《词与物：人文科学考古史》，巴黎, Gallimard, 1966年。

MFDV 《做错事说真话：坦白在司法中的作用》，F. 布里翁(F.Brion), B. 哈考特(B.Harcourt)主编, 新鲁汶, Presses universitaires de Louvain, 2012年。

OHS 《自我解释学的起源：1980年在达特茅斯学院的演讲》，H.–P. 弗吕绍, D. 罗伦兹尼主编, 巴黎, Vrin, 2013年。

SP   《规训与惩罚: 监狱的诞生》, 巴黎, Gallimard, 1975年。

SS   《性史(卷三): 自我关注》, 巴黎, Gallimard, 1984年。

SV   《主体性与真相: 法兰西学院讲课(1980—1981)》, F. 格罗主编, 巴黎, Seuil–Gallimard, 2014年。

UP   《性史(卷二): 快感的享用》, 巴黎, Gallimard, 1984年。

VS   《性史(卷一): 认知意志》, 巴黎, Gallimard, 1976年。

关于本书的说明

本书包括福柯于 1982 年 5 月 31 日至 6 月 26 日在多伦多大学维多利亚学院举行的第三届符号学和结构研究国际暑期研讨班上的演讲，以及由他主持的研讨班讲课。

关于本书文字的校订：

1)关于演讲

演讲未被录音，除了第二次演讲，这次演讲虽被录音，但效果不佳，仍不失为极其珍贵的资料。

除此之外，演讲的文字都根据保存在法国国家图书馆福柯资料库的打字稿和手稿整理而成（编号为 NAF 28730，第 29 和 76 号盒子），至于法语版第一次演讲，则是整理自保存在加利福尼亚大学伯克利分校和 IMEC 的资料。

关于前三次演讲的编辑，我们拥有多种参考资料，在它们之间进行选择有时候是困难的，而对后三次演讲来说，情况则相反：我们只有第四次和第五次演讲的不完整手稿，第六次演讲的手稿未能保存下来。

可能在去多伦多之前，福柯已经起草了前三次演讲的法语最初版本（他后来在撰写 1982 年度的法兰西学院讲课《主体解释学》的简介时再次使用了其中若干段落）。后来，这三次演讲的文字或许由维多利亚学院的学生译成英语，而福柯又根据这些译文用英语撰写了这三次演讲的新版本：

- 第一次演讲的新版本保存在题为"自我技术"的文件夹内，这也许确实是福柯演讲的文字（无论如何，研讨班上有一位听众关于"四项工艺"的一个评语可以使人这么认为）。

- 福柯根据修改过的版本来作第二次演讲，这次演讲的录音得以保存。

- 福柯还就第三次演讲写了一个新版本，并重写了开头部分。也有可能他改动了结尾部分，但这只是一个假设，因为文字并不完整。

此外，福柯在多伦多期间还到京士顿女王大学作过一次关于自我文化的演讲。我们无法辨认出这篇文字。有可能福柯再次使用了名为"自我技术"的演讲稿。

为了编辑这些演讲，我们选择介绍前三次演讲的最初版本（因为福柯是以母语写作的，这些演讲构成了一个非常严密的整体），我们还作了若干补充：

- 为第一次演讲补充了题为"自我技术"的不同稿本；
- 为第二次演讲补充了福柯实际使用并被录音的版本，但这样会有些重复之处；
- 为第三次演讲补充了福柯重新修改过的开头部分。

至于第四次和第五次演讲，我们介绍的是不完整但被保存下来的英语译文。

2）关于研讨班

研讨班讲课和演讲相反，它被正式录音，并被保存在维多利亚学院图书馆和IMEC。然而，没有任何手稿被保存下来。文字是根据录音整理而成的，文字整理工作得到戴维·K.汤姆林森（Davey K. Tomlinson）的帮助。

文字整理尽可能依据原文。我们只是在必要的时候才取消了若干重复，或者改正了一些不正确的句子结构。我们还简述了听众的提问。

克莱夫·汤姆森（Clive Thomson）参加了第三届符号学和结构研究国际暑期研讨班，出席了福柯的演讲会，他在本书编辑期间始终给予我们宝贵的帮助，尤其是他重新找到了第二次演讲录音的下落，我们谨向他致以衷心的感谢。阿兰·奥康纳（Alan O'Connor）非常善意地同意将此录音交给我们，我们也谨向他表示我们的感激之情。

我们在此也向法国国家图书馆表示感谢，它允许我们查阅福柯资料库的材料，本书的编辑便是根据这些材料才得以完成的。

H.-P. 弗吕绍
D. 罗伦兹尼

导　言

应组织者保罗·布伊萨克（Paul Bouissac）的邀请，福柯参加了第三届符号学和结构研究国际暑期研讨班，该研讨班于1982年5月31日至6月26日在多伦多大学维多利亚学院举行。福柯作了题为"自我坦白"（*The Discourse of Self-Discourse*）的六次演讲，并主持了同名研讨班。在多伦多暑期研讨班的其他发言者当中，特别包括约翰·R.塞尔（John R.Searle）和翁伯托·艾柯（Umberto Eco），还有丹尼尔·德菲尔（Daniel Defert），后者建议对自地理大发现时代到18世纪的游记中使用的描述策略进行分析[1]。

在前往多伦多之前，福柯于1982年第一季度在法兰西学院讲授《主体解释学》，致力于探讨古希腊—罗马的"自我文化"，他通过自我关注和自我技术的概念来进行研究[2]。也正是

---

[1]　关于这些发言的纪要，参见R.约瑟夫（R.Joseph），《符号学百科全书：ISISSS '82，见"回顾"》，《符号学》，45卷，1–2期，1983年1月，103–113页。

[2]　参见HS。

在此讲课中第一次出现了"说真话"（parrêsia）的概念（人们通常将该词译为"直言不讳"或者"自由说话"），福柯将在 1983年和 1984 年的研究中探讨此概念[1]。在此讲课中被研究的古代自我文化主题开启了后来的一系列演讲。1982 年 5 月，福柯在格勒诺布尔大学作了一次演讲，这是他从自我关注角度研究希腊—罗马哲学，并在此框架内对"说真话"所作的第一次总体论述[2]。几星期之后，他在多伦多作了一系列演讲，并主持了研讨班，本书介绍的就是这一系列演讲和研讨班讲课。1982 年 10 月，福柯在伯灵顿的佛蒙特大学主持了关于"自我技术"的研讨班，他在其中以更加综合的形式重提了他在多伦多系列演讲中探讨过的问题[3]。1983 年 4 月，他在加利福尼亚大学伯克利分校作了一次关于"自我的文化"的演讲[4]，主题与多伦多的前三次演讲主题相同，只是他明确地将主题置于由康德的历史 – 批判问题"我们现在是谁？"所开启的视角之中[5]。最后，研究古希腊—罗马的《性史》卷二和卷三于 1984 年

---

1 参见 GSA；DV；CV。

2 米歇尔·福柯，《说真话》，载于 DV，21–75 页。

3 米歇尔·福柯，《自我的技术》，载于 DE2，文章编号 363，1602–1632 页。

4 米歇尔·福柯，《自我的文化》，载于 CCS，81–109 页。

5 同上，84 页。

5—6月出版[1]，《自我关注》第二章的题目就叫"自我的文化"[2]。

福柯在多伦多系列演讲的开头部分就指出了他想要探讨的主题，他说，他想"研究自我解释学在相互连接的两个背景中的形成"，这两个背景相当不同，但它们"无论如何仍然具有确定的历史连续性"。一方面是"帝国时代的希腊—罗马哲学"；另一方面则是"在修道实践和机构发展时代的基督教修行"[3]。福柯解释说，他提出这样的问题，是因为他在其性史研究中注意到在西方社会里性方面的禁忌和坦白自己真相的义务这两者之间存在联系。

福柯在多伦多的演讲中所从事的研究介于他思想三次重大转变的交汇处，这三次转变发生在1980年代初，它们是相互联系的。第一次转变涉及主体问题，第二次转变涉及真相问题，第三次转变关系到其分析的历史背景。

主体的问题，或者更确切地说，主体化（subjectivation）

1　参见 UP 和 SS。

2　参见 SS，53–85 页。

3　参见本书法语原版 31–32 页。（编按：该页码为原书页码，请使用本书页边码查找。）

13

的问题，这在福柯那里并不是一个新的问题，但从1980年开始，他从一个不同的视角来探讨此问题：问题不再仅仅是研究主体如何在权力—知识机制中被构成，主体如何被此机制构成，而且还在于探讨主体如何通过一系列自我技术而自我构成。福柯的研究从此被纳入现代（西方）主体的谱系学计划当中[1]，谱系学的任务是分析主体如何历史地构成，同时赋有使命成为"我们自己的历史本体论"[2]，此本体论具有明确的批判层面[3]。

第二次转变涉及福柯给予历史进程中主体和真相这两者关系的基本作用：说真话就是主体性的一个模型。事实上，主体尤其是通过"真实行为"[4]，特别是通过某种坦白自己的真相，而且还要（面对）他人坦白真相，主体由此自我构成，改变和自己的关系，并通过把自己和由自己陈述的真相相联系

---

1 参见 OHS，33 页。

2 米歇尔·福柯，《自我的技术》，同前，84 页。也可参见 GSA，21–22 页；米歇尔·福柯，《什么是启蒙？》，载于 DE2，文章编号 339，1390，1393，1396 页；《什么是启蒙？》，载于 DE2，文章编号 352，1506–1507 页。

3 D. 罗伦兹尼和 A. I. 戴维森，《导言》，载于 CCS，21–26 页。

4 参见 GV，79–80 页。

来转变自己。在福柯所研究的说真话形式中，坦白过失，确切地说就是基督教的坦白罪孽，还有说真话 (parrêsia) 这种带有风险的、勇敢的、有时候还咄咄逼人的坦率直言，这些形式占据了主要地位。

　　第三次转变发生在这样的时候，即福柯扩大了其分析的历史背景，这使他感兴趣于古希腊—罗马的自我文化，尤其感兴趣于罗马帝国最初两个世纪。福柯在其中发现了非常不同于基督教模式，也不同于现代主体性形式的主体化实践及主体和真相的关系。于是，他不仅将此变成他的性史最后版本的出发点，而且还把它变成一个真正的研究领域，而他将在最后几年的法兰西学院讲课中予以研究。通过参照古希腊—罗马，这使福柯能够明确地指出基督教在现代（西方）主体谱系学中所代表的中断[1]。

　　主体谱系学，主体和真相的关系，以及对古希腊—罗马的持续兴趣，这三个层面使我们得以给福柯在多伦多的演讲

14

1　对福柯在 1980 年代思想中基本主题的综合介绍，参见 D. 罗伦兹尼，A. 勒维尔 (A. Revel) 和 A. 斯福尔齐尼 (A. Sforzini)，《"晚期"福柯的现状》，载于 D. 罗伦兹尼，A. 勒维尔和 A. 斯福尔齐尼（主编），《米歇尔·福柯：伦理和真相 (1980—1984)》，巴黎，Vrin，2013 年，7–28 页。

议题进行定位：问题在于描述自我认识，和自己的关系这种非常独特的类型，古希腊—罗马的主体即由此构成；问题还在于理解发生在基督教最初几个世纪（尤其是在修道团体中），并导致自我解释学诞生的那种逆转是如何进行的，按福柯的意思，尽管有很多变化，这种自我解释学今天在很多方面依然是我们的东西。

　　早在 1980 年秋，福柯先是在加利福尼亚大学伯克利分校的系列演讲中（题目是"真相和主体性"，福柯还说，这个题目可能是且应该是"自我解释学的起源"），继而是在达特茅斯学院所作的题为"主体性和真相""基督教和坦白"的演讲（对伯克利演讲作了一些改动）中，他就已经研究过自我解释学在古希腊—罗马和基督教最初几个世纪背景中的出现[1]。不过，在这些系列演讲和多伦多系列演讲之间还是存在一个基本差异。事实上，在 1980 年，古代的自我文化对福柯来说尚未成为深入研究的对象，因此他将其分析限于对古希腊—罗马背景和基督教最初几个世纪背景中的思想审查和坦白进行

1　参见 OHS（引文参见 41 页，注释 a）。

比较。相反，在多伦多，研究领域远为广泛：他对整个古代自我文化和在早期修道团体中出现的基督教自我解释学进行了比较。

可惜的是，我们对多伦多的演讲只有部分了解，而且不平衡，原因在于用来编辑这些演讲的材料的状况。事实上我们拥有前三次演讲的完整版本（我们甚至还有每一次演讲的若干版本），然而随后的两次演讲，它们部分或者全部涉及基督教，这两次演讲并不完整，而最后一次演讲则没有被找到（福柯想在此演讲中为"西方文化中自我解释学的可能历史打下若干基础"）[1]。由于这个原因，系列演讲的第一部分涉及古代自我文化，这部分占据了过于重要的位置，这就有损于基督教自我解释学的诞生，而在实际所作演讲中则并非如此。福柯于 1980 年秋在伯克利分校和达特茅斯学院所作演讲，尤其是在佛蒙特大学探讨"自我技术"的研讨班，这些无疑都能够给我们就多伦多最后几次演讲的告缺部分提供若干提示；不过，福柯在多伦多探讨基督教自我解释学的方法还是具有若

1　参见本书法语原版 38 页。

干独特性，他后来没有继续沿用。因此，有必要强调一点，即多伦多演讲的主旨并非阐述古代自我文化，人们可能在初看时会有这样的感觉，而是平衡地介绍两种自我认识形式和两种非常不同的自我关系模式，尽管它们之间存在某些不可忽视的连续性。

福柯在多伦多所作系列演讲的第一部分中对希腊—罗马自我文化的分析非常接近于几个月前他在《主体解释学》的讲课中所作的分析。除了"苏格拉底时期"（或者苏格拉底—柏拉图时期），福柯偏重于罗马帝国最初两个世纪，他认为这是自我文化的黄金时代。福柯并未仅仅通过哲人的观点来研究自我文化，他还感兴趣于确实被用来"自我关注"的实践。为了确定在鼎盛时期被践行的自我关注的特征，福柯以数世纪之前的一篇文字作为参照点，那就是柏拉图的《阿西比亚得篇》，自我关注这个概念在此第一次出现，他对苏格拉底—柏拉图的自我关注概念和帝国最初两个世纪的自我关注概念进行逐项比较，尤其指出了其中的四大差异。

第一点，《阿西比亚得篇》中的自我关注仅仅涉及某一类人以及这一类人的生活中某个确切时刻：他们是雄心勃勃的年轻贵族，而时间则是他们准备进入政治生涯之时。其至也因为这个原因，关注自己和关注城邦密切相关：必须通过关注自己来学习如何很好地治理他人。相反，在帝国最初两个世纪，自我关注变成了社会上广泛流行的一种活动，不仅应该在年轻时这样做，而且应该终生这样做，并且只有在老年的时候才能完成。因此问题不再仅仅是准备进入(政治)生涯，这就是一种真正的生活方式，以至于关注自己和关注城邦相互分离，它对某些人来说其至意味着拒绝政治生涯。

第二点，《阿西比亚得篇》中的自我关注的目的在于弥补一种有缺陷的教育，使年轻人得以发现他应该践行，然而没有教给他的良好治理原则。到了帝国时期，这一教育功能消失了，它被新的功能所取代：批判功能(摆脱虚假的观点)、斗争功能(修行之战)，还有医学功能(治愈偏激)。

17

第三点，在柏拉图那里，关注自己等同于认识自己：年轻人经由回忆(réminiscence)来冥想他的灵魂，他由此会发现什么是公正和良好治理原则。而在帝国最初两个世纪的自我文化当中，却由自我关注扮演主要角色：其目的在于用一整套真理来装备主体，使之能够面对外部世界。因此，自我认识从属于自我关注：它只是被用来衡量主体在把握这些真理的过程中的进展层次。

第四点，在《阿西比亚得篇》中，自我关注是在和导师的某种性爱—哲学关系背景中展开的；而在帝国时代，如果说某个他人的在场对践行自我关注来说总是必需的，但性爱关系消失了。教育、指导或者建议的关系可能伴随着友谊，但不一定必须这样，它们此后以多种形式进行，如学校、讲座、私人顾问、伊壁鸠鲁派的哲学团体等，并以规范的实践为基础。

福柯由此指出了一种自我关系形式的出现，这种自我关系非常不同于苏格拉底—柏拉图的自我关注。通过某些实践（比如倾听、书写、隐居乡村），以及一系列练习或考验（比如预先想到不幸 [praemeditatio malorum]、节欲、持续监视表象、冥想死亡），由此构成了一种新的主体性形式。帝国时代的自我文化就是通过这些实践而被实施的，这些实践的目的不仅是让主体学得真理，而且还要其领会真理，真理必须构成其行为的永久模型，并且一旦需要就必须自动出现[1]。在这种机

18

1　参见本书法语原版 121–126 页。也可参见 HS, 233, 303–313, 316 页；米歇尔·福柯，《书写自己》，载于 DE2，文章编号 329，1238 页；《关注自己作为自由实践的伦理》，和 H. 贝克尔（H. Becker）、R. 福尔内 – 贝当古（R. Fornet–Betancourt）、A. 戈麦兹 – 穆勒（A. Gomez–Müller）的谈话，载于 DE2，文章编号 356, 1532 页；《自我的技术》，同前，1618 页。

制中，认识自己只占据辅助地位：它的作用仅在于"控制以下过程：我们通过此过程来获取真实话语，将真实话语纳入我们自身，并借助于真实话语来改变我们自己"。福柯还补充道："问题不在于使自我经过真实话语而在其实在中出现；问题在于让真实话语通过始终有控制地占有真理来转变自我。"[1] 福柯再次引用了他于 1980 年在伯克利分校和达特茅斯学院就已经使用过的一个说法，他把这种自我认识称为"格言式"的[2]。

在多伦多系列演讲的第二部分，福柯把公元 4—5 世纪在基督教早期修道团体中出现的自我解释学和这种格言式自我认识相对立。为了说明由这一新的主体化模式所构成的转变，福柯对两种修行 (askèse) 形式（一个"面向真理" [truth-oriented]，另一个"面向实在" [reality-oriented]）作了相当复杂的区分，他在数月后的佛蒙特大学研讨班上没有再使用这一说法。因此，面向真理的修行作为古代自我文化的特征，它的"习性方面的" (éthopoétique) 目标在于使主体和自己建立

1　参见本书法语原版 124 页。

2　参见本书法语原版 125 页。参见 OHS，50 页："Gnômê 这个词指意志和认识的统一体；……在希腊，希腊化或者罗马哲学中被当作模式或对象而被提出的主体类型，那是一个格言式自我 (soi gnomique)，真理的力量和意志的形式在其中合二为一。"

一种"占有和主宰关系"，并使他"做好准备去面对世界"[1]，与此修行相对立的是一种面向实在的修行，这种修行具有"超活动意识的"（métanoétique）作用，因为问题在于通过转变自己来弃绝世界，以便进入另外一个世界，达到永恒生命："基督教的修行目的在于摆脱这个世界而到达另外一个世界。（它）是从一种实在到另一种实在，从生到死的'过渡仪式'，方法是通过一种表面的死亡，而这种死亡实际上是进入真正的生命。"[2]

然而，这种面向实在的基督教修行，它本身也意味着作为先决条件的面向真理的修行。按照福柯的意思，基督教事实上强制推行两种不同类型的，但又不可分离的"真理义务"，主体就通过这些义务在自己和真理的关系中转变自己：首先是有义务去相信启示真理（教条、圣经），其次是有义务去认识在其实在中的自我，去挖掘自己内心世界的深处，以便在其中追捕所有把他联系于此世界的东西。这一自我解释学的

1　参见本书法语原版 107，122 页。

2　参见本书法语原版 107，121 页。福柯将在法兰西学院的最后讲课《说真话的勇气》中再次提到"从异教禁欲主义到基督教禁欲主义的转变"问题（以及它们之间的相互关系）。参见 CV，290–294 页。

认识就是弃绝自己的条件。随着基督教产生了一种真理，此真理不同于古代异教，它不仅应该被领会，而且必须被辨认出来。

福柯就这样在基督教中区分了解释学认识的两种形式：一种是"解说的解释学"（herméneutique interprétative），旨在通过（历史、寓意、奥秘解说、比喻等）不同类型的认识去寻找圣经中的真理；另一种是"辨认的解释学"（herméneutique discriminative），它关注思想的活动，并试图通过一种辨认的操作来认出它们的来源（上帝或者魔鬼撒旦）。福柯详细分析了卡西安（Cassien）的《讲道录》（Conférences）中的一篇文字，他在其中发现了这种解释学的出现，可惜由于手稿在此分析的最后中断了，我们只能去推测他的话语的下文。有可能在描述了基督教的两种解释形式之后还有对"述说自己"（exagoreusis）的某种说明，这可以在卡西安那里找到，修道士即通过这一操作来践行辨认性自我解释学，方法是向他的修道院院长暴露他最隐秘的思想[1]。

20

---

[1] 关于"述说自己"，主要参见 GV, 283–307 页；OHS, 74–88 页；MFDV, 123–150, 161–166 页；米歇尔·福柯，《说真话》，同前，23 页；《自我的技术》，同前，1627–1632 页。

在对古代自我文化和基督教自我解释学的这一研究中，福柯尤其强调关注自己和认识自己、"关注你自己"和"认识你自己"这些格言之间不断摇摆的游戏，这些格言显然是密切相关的，它们相继占据上风。在《阿西比亚得篇》当中，雄心勃勃的年轻人为了准备进入政治生涯而必须践行的自我关注就明确采取了自我认识的形式：按照柏拉图的理论，人们是通过冥想自己的灵魂才得以达到理念，比如达到公正和良好治理的理念。而在罗马帝国最初两个世纪的哲人那里则正好相反，关注自己占据了主要位置：认识自己从属于关注自己，其作用仅仅在于对占有真实话语过程的控制，真实话语必须构成为主体行为的模式。后来，随着基督教的到来，新的转变产生了：被设计为挖掘和辨认主体内心的自我认识占据了上风，而自我关注最后消失了。福柯解释说，这一优势后来不再发生变化。在西方社会的历史上，这一优势首先得之于道德原则的某种变化，这种变化排除了把严格的道德建立在必须关注自己胜过关注其他一切这一格言之上的任何可能性；其次得之于认识自己在自笛卡尔以来的"理论"哲学中所获得的重要性；最后得之于人文科学的发展，人文科学首先把人变成了一个认识对象[1]。

　　福柯在多伦多主持的研讨班是在他的演讲之间进行的，　21
研讨班也涉及同样的主题，但有着不同的作用和目的。福柯
在 1982 年度的法兰西学院讲课的一开始就告诉听众，他想
把每次讲课的第一个小时用来进行一般的论述，而用第二个
小时来解释文本[2]。他在后来的讲课中并未奉行这一讲课规则，
但数月后在多伦多却可以发现这一规则，尽管表现形式略有
差异：福柯在演讲中进行理论阐述，他在研讨班中则对演讲
中提到的文本进行详细分析。这些分析，尤其是对爱比克泰
德的《谈话录》中若干段落的分析，表明了福柯对这些文本有
着多么深刻的认识，而他在他的讲课和书中却只选取了重要
之点。因此，在演讲和研讨班之间始终存在着某种参照游戏，
它们真正组成了一个整体。此外，福柯非常注意参加演讲和
研讨班的学生的反应，他始终努力说明在他看来没有被理解
的东西，并把演讲主题置于他自己的整体研究框架之中。

　　他还把研讨班第三课及第四课的开头部分用来阐明"说

1　参见本书法语原版 38–39 页。

2　HS，3 页。

真话"（parrêsia）概念。"说真话"首次出现于《主体解释学》的讲课之中，并和讲课中的自我关注概念密切相关：要很好地关注自己，这就绝对需要他人（朋友或导师）的帮助，需要他人对我们说出我们自己的真相，这位他人必须掌握"说真话"。福柯于是把"说真话"定义为"坦率、自由、开放，这使人能说出自己要说的话，一如自己想说的那样，在自己想说的时候，并以自认为必须说而采取的形式"[1]。不久之后，福柯首先在格勒诺布尔大学的演讲中，随后又在多伦多的研讨班上[2]，他通过分析"说真话"在古希腊、希腊化时期、罗马时期所具有的不同含义，由此极大地扩展了研究范围。这两次演讲尽管有很多相似之处，但它们之间还是有一个重要区别：在格勒诺布尔大学，福柯面对的是研究古代哲学的专家；而他在多伦多的演讲则更具教学色彩，他有时还引用古代不同作者的文字。

福柯在多伦多的演讲从"说真话"的定义开始，他在定义中引进了风险概念，把它的实践范围扩大到政治领域。"说真

1　HS, 356 页。

2　随着多伦多研讨班讲课的发表，我们现在已经拥有福柯关于"说真话"的所有讲话。

话"同时是伦理和政治领域中说真话的自由和义务：它以这样一种处境为特征，即说话者的权力少于听话者（公民大会、君主、被指导者），它可能对说话者具有某种危险，这是在如下意义之上的，即他显得和这一真话密切相连。福柯研究了三种不同背景中的"说真话"概念：雅典民主制背景，"说真话"在此是所有公民都享有的权利，公民有权利自由地对其他公民说出他所想到的东西；君主制背景，福柯在此引进了说真话契约这个概念，目的在于指出，如果说谋臣必须对君主"说真话"，君主则必须接受这些可能对他说出的真话，哪怕是令人不快的真话；自我关注的背景，在此提出了使人辨认出自己所需要的真正的说真话者的标准问题，答案就在于说真话者的生活图式的单一性，在于他的"逻各斯"和他的"生命"、他的话语和他的生活方式之间的一致性（至少在普鲁塔克 [Plutarque] 和盖伦 [Galien] 那里是如此）。

人们可以在福柯将于 1983 年和 1984 年论述"说真话"的研究中看到这些分析的一部分[1]。在多伦多，就像在格勒诺布

23

1　参见本书法语原版 11 页，注释 3。

尔大学，对苏格拉底"说真话"和对犬儒派"说真话"的研究，以及认为"说真话"的历史构成了批判态度谱系学的一个阶段这一观念[1]，都还没有出现。但福柯在分析自我坦白的同时，还开启了研究主体和真相关系的某种新形式的大门，也就是对他人（面对面）或者对其他人说真话，而这几乎将成为他最后研究中的唯一主题，看到这一点还是令人惊讶的。

H.–P. 弗吕绍

D. 罗伦兹尼

1　参见 GSA，322 页，和 DV，103，108-109，297-298 页。也可参见 D. 罗伦兹尼和 A. I. 戴维森，《导言》，同前，25 页。

自我坦白

福柯1982年在多伦多大学维多利亚学院的演讲

Dire vrai sur soi-même

Conférences prononcées à l'Université Victoria

de Toronto , 1982

自我坦白

在多伦多大学维多利亚学院第三届符号学
和结构研究国际暑期研讨班上的演讲
（1982 年 5 月 31 日—6 月 26 日）

第一次演讲 [a]

I

我清楚地意识到，在这次关于符号学的学术会议上，这里实在没有我的位置。必须要有你们全部的自由理智精神，你们所有的宽宏大量才能让我被接纳。有一天，我对保罗·布伊萨克[1]说起我的研究进程，于是他便设想在你们所从事的研究种类和我的研究之间存在某种关系。事实上，在西方基督教社会中，关于性的规则、责任、义务的历史，有一件事令我惊讶，那就是禁止做这件事或那件事，禁止有这种或那种关系形式的禁令，它们通常与谈论、坦白自己真相的某些义务相联系。更确切地说，这种坦白自己真相的义务不仅涉及人们可能做出（被允许或被禁止）的行为，而且还涉及人们可能感受到的情感，涉及感受和欲望；这一义务甚至促使主

---

a 文字整理根据演讲第一稿法语版打字文稿（加州大学伯克利分校图书馆，BANC MSS90/136z 1:10），以及《自我的技术》演讲的不同版本的译文（BnF NAF 28730，第 29 盒，卷宗 5）。

体去寻找自己身上隐藏着的东西，去寻找虚幻形式下被掩盖的东西。涉及性的禁令体系不同于大部分大型禁令体系，它和某种辨认自己的义务相联系 [2]。在现在的精神分析学历史中，这一点是明显的 [a]。而在精神指导和自中世纪以来的忏悔实践的漫长历史中，这一点也是真实的 [4]。这对早期基督教来说更是如此：4 世纪的大规模禁欲运动就把弃绝肉欲的主题和辨认灵魂中几乎难以察觉的波动这一原则相联系 [5]。人们或许还可以在希腊—罗马哲学中找到禁止做和说话义务（坦白自己的真相）的这一结合 [6]。

---

a 在《自我的技术》演讲中，此句后见以下文字：在我们的社会中，我想在涉及性体验（sexualité）的禁令和其他大型禁令体系之间存在非常明显的区别：前者，我是说关于性（sexe）的禁令，它们和坦白真相的义务，和对自己进行某种辨认这一义务相联系。

我当然非常清楚地意识到两个事实。第一个事实就是忏悔和坦白在司法和宗教机构中起着非常重要的作用：不仅涉及性方面的过失，而且还涉及所有类型的罪孽 / 违法和犯罪 [3]。但分析自己思想或者自己欲望的任务，相对于任何其他种类的罪孽（也许除了傲慢），这一任务在性过失方面总是更加重要，这是显而易见的。

另外，我也同样意识到性行为比任何其他行为都更加受制于非常严峻的隐私 / 得体和节制规则。

以至于在我们的社会中，性体验以某种相当奇怪和复杂的方式既和言语禁令相联系，又和真相义务相联系。性体验既和掩盖自己所做之事的义务相联系，又和辨认自己是什么人的义务相联系。

关于行为和言语方面的禁令，以及强烈地挑动人们来谈性，这两个方面的结合是我们文化中一个不变特征。

我们应该记得，精神分析学就是在维多利亚时代的中期诞生的。

我就这样构思了一个也许有些奇怪的计划，不是去研究性行为的演变（社会史的专家们在作这方面的研究，而且研究得很好），而是去研究这些禁令和这些义务之间的关系史：在我们的社会中，主体是如何就对他而言被禁止的东西而被引导去辨认他自己的？

你们看到了：这是以某种方式就某个确切的问题而重提 修行（ascèse）和真相的关系这一非常古老的问题。但依我看，在马克斯·韦伯（Max Weber）的传统中（至少就韦伯的某些继承人所理解的传统而言），问题似乎是这样提出的：如果人们要理性地行事，如果人们想根据真实的原则来调整其行为，那么人们应该禁止自己做什么，应该弃绝自己的哪一部分，应该服从哪一种类型的修行？总之，什么是理性的修行代价[7]？

然而，我想提出一个相反的问题：为了突出某个禁令，某些认识如何构成必须付出的代价？如果必须放弃这样或那样的东西，人们必须认识自己的什么？

由于提出了这类问题，这就促使我去研究古代异教和基督教的自我解释学方法。在古代文化中，神话和传说的解释学是一种普通的实践。人们已经很好地研究了这一解释学的原则和方法。然而，自我解释学相对来说还不那么为人所知，这有好几个原因。第一个原因就是基督教对它的信仰历史，对它的机构历史，而不是对它的真正实践更感兴趣。第二个原因就是自我解释学这一实践从来没有像文本解释学那样组织成一个理论整体（虽然它在方法上是非常明确的）。第三个原因就是人们往往把它和哲学，或者和关于灵魂、堕落、罪孽、淫欲的理论相混淆。最后一个原因，我感到这一自我解释学似乎经由极其众多的渠道而传播，并散布到西方文化当中，它逐渐融入向个人提出的体验模式和态度类型当中，以至于常常很难把它和我们自认为是我们对自己所作的自发体验相区别和区分。我们对自己所作的体验对我们来说无疑是最直接、最原始的东西。然而，事实上它有自己在历史上形成的图式和实践。我们自认为在自己身上如此清楚、如此透明地看到的东西，实际上却是经由历史上精心建构的辨认技术而给予我们的[a]。

---

a　在《自我的技术》演讲中，福柯在第一部分和第二部分之间加入以下这段文字，于是它便成了第三部分：

II

　　请允许我简短地回顾一下我研究自我解释学的背景。

在相当长的时间内，我的目的就是勾画这样一部历史，即在我们的文化中，人们借助于不同方式而发展出对他们自身认识的历史。这要经过多种实践，譬如经济或语法[8]，精神病学或医学[9]，再如司法机构[10]。

但对我来说，最重要的并非评价这一认识，不在于确认这是一种科学还是一种意识形态，问题也不在于指出——这是一个自明之理——这类认识具有某种经济重要性和某种政治作用。

我的目的是把这些所谓的科学当作非常独特的"真相游戏"来分析它们，这些游戏和人们对他们自身使用的独特技术相联系。

在我看来，一般来说可以区分四类主要工艺。使人得以生产、转变、操作事物的工艺。使人得以使用符号体系的工艺。使人得以确定个人行为，把某些意志强加给他们，或者使他们屈从于某些目的或某些目标的工艺。这就是说：生产工艺、意义工艺、统治工艺。

但我认为不管在什么社会中，还存在某些技术，它们使个人得以通过他们自己的方法，借助于他人的帮助，或者在其他人的指导之下，对他们自己的身体、他们自己的灵魂、他们自己的思想、他们自己的行为实施某些操作，这是为了转变自己、改变自己，并达到某种完美、幸福、纯洁和启示状态：成为智者，成为巫师，达到光明、不朽和超脱[11]。

这四大类工艺几乎从来都不是单独运行的，没有不运用符号体系而能够起作用的生产工艺，我们也清楚地知道，所有的生产技术都和独特的统治过程相联系：某个叫卡尔·马克思的人，他在《资本论》第二卷中关于此主题所说的东西远比经济基础和上层建筑那种代价昂贵的区分更加确切和有趣。

我们还可以补充说，所有的生产工艺都包含了训练和改变个人的某些模式，不仅是在如下明显的意义上，即个人必须求助于这些工艺去获取某种技能，而且还在另一意义上，即个人必须借助于这些工艺去接受某种针对他们自己，针对环境，针对他人的态度。

我们可以举出实践理性中这些主要模型的每一种类——生产工艺、符号工艺、权力工艺和自我工艺——并同时指出它们的独特性质和它们之间的恒常相互作用。

要相对于这个总体来确定我的研究，我会说首先是最后两种工艺，即统治工艺和自我工艺引起了我的关注，并占用了我的时间。当人们研究科学史的时候，人们通常参照前两种工艺，或者在于参照生产工艺（物质科学、生命科学、人类科学的经济和社会历史），或者在于参照符号工艺（分析科学话语的符号和形式结构）。为了平衡这一表格，我试图创建一门知识和知识组织的历史，它们就和统治以及自我工艺的过程相联系。

31   II

　　我想在两个相互衔接的背景中来研究自我解释学的形成。这两个背景相当不同，但无论如何它们之间有着确切的历史连续性。首先是帝国时代的希腊—罗马哲学；其次是在

32　修道实践和修道机构兴起时代的基督教修行。

　　但我不想仅仅在其理论表述中来研究它，而且还要通过在古代和古代晚期具有巨大重要性的一系列相关实践来研究它 [a]。这些实践构成了希腊文所谓的"关注自己"（epimeleia heautou），拉丁文叫作 cura sui[14]。[b] 这个概念现在对我们来说

　　譬如关于疯癫，我并没有试图通过参照正规科学的标准去评价精神病学的话语，也没有通过参照它在工业社会的使用来解释其诞生。但我想指出，精神病院内外管理个人的类型如何使这种奇怪的话语成为可能，目的是让其经济含义及其形式的怪异（只是在表面上才是荒谬的）变得可以理解 [12]。

　　不过，也许我过于强调权力和统治的工艺。不管怎么说，这促使我对自我的工艺越来越感兴趣。更确切地说，我对这些工艺之间的相互作用感兴趣，如个人之间相互统治的工艺借助于个人作用于他们自己的程序。这一接触点，它们相互连接之点，即个人被引导的方法和个人自我引导的方法相互连接之点，我想这就是所谓的"治理术"[13]。

　　我的目的就是在此治理术的背景中来分析自我解释学的历史。

a　《自我的工艺》演讲：至少在当时作为文化主要代表的社会团体内。

b　《自我的工艺》演讲：翻译这些词并不太容易："关注自己"。动词形式 epimeleisthai heautô 的意思类似于关怀自己，关心自己 [15]。

　　我清楚地知道，这一切不过是一个起点而已，一个对我们文化中自我关注进行可能分析的一个起点。这类研究的目的在于分析自我关注的不同形式和自我认识的不同形式之间的关系：这些关系构成了我们的主体性。

是荒谬的，也是枯燥无味的。以至于如果有人问我们，古代哲学最重要和最典型的道德原则是什么，我们头脑中立刻出现的答案就是德尔菲的箴言：认识你自己 (gnôthi seauton)。然而，首先应该记得，阿波罗的箴言在成为哲学原则之前曾经是求神降示神谕的一项规则（按照德弗拉达 [Defradas] 的说法，类似于说：你不要把自己当作神灵 [16a]）。但尤其要记得，必须认识自己这一规则通常联系于必须关注自己这一规则。在大多数情况下，这一联系还是一种从属关系：这是因为必须关注自己、必须关心自己才必须践行"认识你自己"这一德尔菲的箴言[b]。

在将近一千年的古代文化中就是这样的。我们现在就在此漫长历史中设置若干路标。

首先是苏格拉底本人。在《申辩篇》中，人们看到他向

_____

a 《自我的工艺》演讲：或者按照其他评论家的说法：你要意识到你事实上向神谕请求什么[17]。
b 在《自我的工艺》演讲中，此句后见以下文字：更有甚者：认识自己曾被认为是关注自己的一种方法。
　　在柏拉图的苏格拉底对话中，在色诺芬《回忆苏格拉底》一文中，这种联系都是明显的[18]；在爱比克泰德那里，在整个新柏拉图主义传统中，从 2 世纪的阿尔比尼斯 (Albinus) 到普罗克洛斯 (Proclus)，这一联系也是明显的。这一联系通常是一种隶属关系：这是因为必须关注自己，因为必须关心自己才践行"认识你自己"这一德尔菲箴言。

他的法官们自我介绍为自我关注的导师。他在路上呼唤路人，对路人说：你们关心你们的财产、你们的名誉和荣耀，但你们不关心你们的德性和你们的灵魂。苏格拉底就是这样一个人，他留意让他的同胞们关注他们自己。然而，关于这一角色，在《申辩篇》的稍后，苏格拉底说了三件重大事情：这是神托付给他的使命，只要一息尚存，他绝对不会放弃这一使命；这是一项毫无功利的任务，他并不为此任务而谋求任何报酬，他完成此任务纯粹是出于仁慈；最后，这对城邦来说是一项有益的职责，甚至比运动员在奥林匹克的胜利更加有益，因为通过让人们学习关注他们自己，而不是关心他们的财产，这也是让他们学习关注城邦，而不是它的经济事务。与其将他判刑，他的法官们最好奖励他，因为他教导人们关注自己 [19]。

八个世纪之后，"关注自己"这一同样的概念又在尼撒的贵格利（Grégoire de Nysse）那里出现，它的作用依然非常重要 [a]。他用这个词来指称这样一种活动，即人们由此来拒绝婚姻、摆脱肉欲，并借助于心灵和肉体的童真来重新获得失去

---

a 《自我的工艺》演讲：但意义完全不同。他并未用这个词来指称人们关注自己和城邦的那种活动。

的不朽 [20]。在《论童真》的另外一个段落中，他把丢失的古希腊银币的比喻转化为自我关注的范式 [21]。你们还记得《路加福音》中有这样一个段落：因为丢失了一枚古希腊银币，必须点上灯，在整个房子里搜索，检查房子的每一个角落，直到看见银币在灰暗中闪耀 [22]。同理，为了能够重新找到上帝在我们灵魂中印上的人头像，可肉体用污垢遮盖了此人头像，那就必须"关注自己"，点上理性之灯，在灵魂的每一个角落寻找。我们清楚地看到，基督教的禁欲主义就像古代哲学那样也在自我关注的影响之下，它把必须认识自己的义务变成了这一根本关注的一个因素。

在苏格拉底和尼撒的贵格利这两个极端的标志之间，我们可以注意到：自我关注不仅构成了一个原则，而且也是一项贯彻始终的实践。我再举两个例子，这是两个在思想模式和道德类型上相距非常遥远的例子。有一篇伊壁鸠鲁的文字，叫作"致梅内泽的信"（*Lettre à Ménécée*），它应该被当作一本道德教科书，它是这样开头的："就关注自己的灵魂而言，从来就不会太早，也不会太晚。所以无论年轻还是年老，都必须进行哲学思考" [23]——哲学被等同于关注灵魂（该词甚至非常富有医学意味：健康 [hugiainein]），而这种关注是一项必

34

须持续终生的任务 [a]。在《论冥想生活》[25] 中，我们知道菲隆（Philon）就描述了一个团体，人们对它几乎一无所知，除了菲隆自己给出的极少信息 [b]。不管怎么说，这是一个介于希腊化文化和希伯来文化之间的宗教色彩极其浓厚的团体，这些人过着苦行的隐居生活，专注于读书、冥想、个人和集体祈祷，他们还为了举行某些修行宴会而定期聚会。所有这一切都隶属于一个重要任务，按这篇文字的说法，那就是 epimeleia heautou（关注自己）。

35　　然而，我们不能局限于此。认为自我关注是哲学思想的一个发明，认为自我关注构成了专属哲学生活的一个格言，这样认为是错误的。事实上这是一个生活箴言，一般来说它在希腊极受推崇。普鲁塔克就引用过拉栖第梦的一句名言，这一名言由此观点来看是非常能说明问题的。有一天，有个人问亚历山德里德（Alexandride），为什么他的斯巴达同胞们把种地的任务交给奴隶，而不是由自己来耕种。回答是这样

a　《自我的工艺》演讲：尽管我们对希腊化时代的伊壁鸠鲁派团体，或者对意大利的晚期共和时代所知甚少，但我们能够从菲洛甸（Philodème）那里获取的信息却清楚地表明：这些团体内的教学和日常生活，其安排的主旨都在于促使每个人关注自己。整个团体——导师和学生——其目的就在于帮助团体的每一个人去完成"关注自己"的任务，[团体的目的还有]di allêlôn sôzesthai，即相互拯救（salut mutuel）[24]。

b　《自我的工艺》演讲：菲隆把他们称作"治疗者"。

的:"因为我们更愿意关注我们自己。"[26] 关注自己是一种特权,相对于那些必须照顾他人、为他人服务的人,或者相对于那些必须从事某一职业来谋生的人,关注自己是社会地位高贵的标志。财富、地位和出身所给予的好处,具体表现就是人们有可能去关注自己。我们可以注意到,罗马的 otium 观念就非常接近:这里指"闲暇",尤其指关注自己的时间。在此意义上,无论在希腊还是在罗马,哲学不过是把一个广泛传播的社会理想纳入其特殊要求之中而已。这也就可以理解,哲学以自我关注的艺术而自居,它为什么变成了贵族的一种活动(在柏拉图主义那里就是如此),或者为什么变成了某种贵族理想的民主化活动(在伊壁鸠鲁派,以及后来在斯多葛–犬儒派那里就是如此)。

然而,哲学把自我关注置于一个如此重要的位置之中,它并没有仅仅把一个非常传统的社会理想内在化并加以改变,哲学似乎也继承了来自一个外来领域的非常独特的实践。我在此就借用 E. R. 多兹(E. R. Dodds)的一个假设,J. –P. 韦尔南(J. –P. Vernant)在法国就引用了这一假设。按照这一假设,希腊人自 7 世纪开始接触了东欧的文明,他们继承了可在萨满文化中发现的若干实践[27]。

这些实践经过许多的变化，它们在我们和自己的关系史

36 上具有很大的重要性，可以说它们构成了可称之为哲学考古学的东西。我们可以如下方式非常简略地加以概述。它们包含了节制练习，饮食节制和性节制，这些节制的目的既在于净化身体，也在于完全控制这一身体。它们也包含了耐受力练习，人们通过这些耐受力练习来使身体麻木，这就降低了身体对外部世界的依赖，能够集中思想来关注内在对象。还应该加上屏气和假死练习，旨在使人摆脱死亡，使人和神灵接触。现在不难在某种哲学内部找到这些练习，而关于此哲学，必须始终记得它在古代既是一种活动，也是一种生活方式。这样我们就可以发现关于节制和禁欲的规则，这些规则旨在净化灵魂，并使灵魂能够冥想真理。我们还可以找到集中思想的规则，这些规则旨在使人摆脱外部世界，并把目光集中于更加内在或更加高级的实在之上。最后，我们还可以发现著名的 meletê thanatou，可以翻译为"冥想死亡"，没有更好的译法了，但冥想死亡不如说是一种真正的死亡练习，人们试图通过此练习在自己身上体验死亡，以便能够和不朽以及神灵交往。

我们不妨来思考一下如柏拉图某些对话所显示的苏格拉

底。他就是这样一些人当中的一个，这些人通过对他们自身
所下的功夫而获得了某种超人的能力：苏格拉底在曼丁尼亚
战役（bataille de Mantinée）中就能够忍受严寒[28]；他能够经受
得住阿西比亚得的美貌的诱惑[29]；就在他受邀的宴会旁边，
他纹丝不动，对周围发生的一切都无动于衷[30]。然而也是苏
格拉底嘱咐所有人按照某种实践，某种哲学的实践来关注他
们自己。把这些古老的自我技术转变成对自己的哲学警觉形
式，苏格拉底就代表了一个重要时刻，此外还有毕达哥拉斯
学派。

37

不管怎么说，即使自我关注变成了一项哲学原则，它依
然是一种活动形式。关注（epimeleia）这个词本身就不仅仅
指某种思想态度或某种对自己的注意形式，还指一种有规
则的工作，一种有自己的方法和目的的工作。譬如色诺芬
（Xénophon），他就使用 epimeleia 这个词来指管理其农业经
营的一家之主的工作[31]。人们也使用这个词来指祭拜神灵和
死者的仪式。君主关心他的臣民并管理城邦，这一活动也被
称作 epimeleia。所以，当哲学家和道德家后来嘱咐人们关注
自己，我们必须理解，他们并不仅仅是在建议人们注意自己，
避免过失或危险并保护自己，也是在参照某个复杂的、有规

则活动的整个领域。我们可以说，在整个古代哲学中，自我关注既被视为一种义务，也被视为一种技术，一种基本的责任和一整套精心设计的方法。

我正是想在这一伦理和这一自我工艺的基础上来描述古代主体解释学的发展。我在以前的一项研究中试图分析某种心理—病理知识的构成，出发点是监禁实践和机构[32]；我也曾经尝试去理解某种犯罪人类学的形成，出发点是司法和法律惩罚的实践[33]。同样，我现在想理解某种自我解释学的形成，更确切地说，是关于性的欲望和淫欲的解释学的形成，出发点就是这种自我的工艺。

在下一次演讲中，我想突出这一自我工艺的若干基本特征，那是在一个可被视为其历史上真正的黄金时期的年代：公元最初两个世纪，帝国初期。我将在第三次演讲中指出，自我文化在这一阶段中导致了什么样的自我认识和自我辨认形式。在第四次和第五次演讲中，我将重提这两个同样的问题，即自我工艺和自我辨认，背景是公元 4—5 世纪的基督教禁欲主义。在最后一次演讲中，我将为西方文化中自我解释学的某种可能的历史提出若干要点。

III

在结束之前，我想［提及］一个有理由提出的问题。如果我刚才所说的是真的，即自我关注，还有与之相联系的所有技术，它们在古代和古代晚期具有如此的重要性，那么为什么这一主题消失了？为什么它不仅不再是现在的话题，而且人们还趋于忘记它的历史重要性？极其简单地说吧，为什么人们保存了对"认识自己"的记忆，并把它视为古代思想和文化的最高表述之一，却忘记了它的孪生箴言"关注自己"在很长时间中所具有的重要性[34]？

我认为可以提及若干原因。

1）首先是西方社会中的道德原则发生了极为深刻的变化。在我们看来，现在很难把一种严苛的道德，一种严厉的、苛求的道德建立在这样的原则之上，即我们应该更加关注我们自己，更甚于关注世界上任何其他东西。我们会更倾向于认为，这是某种非道德主义的基础，会使个人摆脱所有规范，或者无论如何会使个人把自己构成为一切可能规则的有效标准。这是因为我们继承了某种基督教的道德，该道德怪异地把弃绝自己变成了获得拯救的条件。我们还继承了某种伦理 39

（其中一部分是基督教的，另一部分是世俗的），该伦理把遵守法律变成了道德行为的一般形式。最后，我们还继承了某种社会道德，该道德在和他人的关系中寻找可接受行为的规则。经过这样的思想传统，[自我关注]显得不再能够确立一种道德。一个事实就是自 16 世纪以来，对既有道德的批判恰恰是以应该承认自己的重要性之名进行的。自我总是这样的东西，即人们用它来反对禁欲主义的弃绝，反对大写法（Loi）的普世性，反对把我们和他人相联系的义务。

2）自我认识在理论哲学中具有越来越大的重要性。从笛卡尔到胡塞尔，认识自己的原则表现为某种认识理论的首要原则。任何认识都不能被认为是能够成立的，如果它不首先就认识主体进行思考：人们或者要求它给出直觉明显性的标准，或者试图从认识主体出发来确定可能认识的局限。所以我们可以简短地说，在"关注自己"和"认识自己"这两个原则之间发生了秩序的颠倒，而古代则把它们相互联系。在古代思想中，后者常常显示为前者的结果；而在现代哲学中，显然是认识自己构成了基本原则。

3）除了以上原因，还可以加入一点，就是人文科学试图把认识的一般形式给予对人类的所有关注。或许就这些科学的形式和目的来说，它们中的大部分都远离苏格拉底的"认识自己"，或者远离可在哲人那里看到的认识自己。但它们仍然以自己的方式表现了西方文化的一大基本的、贯彻始终的特征，即和自己的关系就是且应该主要就是一种认识关系。

再补充一下：也许自 19 世纪以来，人们可以看到自我文化某种新的发展迹象，可以通过很多不同的表现去追踪这一运动，其中美学的表现常常多于政治的表现。不过值得注意的是，尽管该运动以反对既有道德的政治反抗和斗争为形式，但它尤其表现为要"重新发现"并"解放"自我的意愿。这就是以某种方式把自我看作已经完全给予，并首先应该认识的一个对象。

我想颠倒这一现在已经如此流行的观点，并试图去寻找自我认识的各种模式是通过一整套什么样的实践而构成的[a]。

40

---

a "不过值得注意的是，[……] 是通过一整套什么样的实践而构成的。"在《自我的工艺》演讲中，此句后见以下文字：但必须注意到，尽管该运动以反对既有道德的反抗和斗争为形式，它的目的却在于解放自我。然而，自我也许不应该被看作是必须被解放或者被发现的某种实在，而应该被看作是在我们历史上被构建并发展起来的工艺的相关物。于是问题就不是解放自我；[问题是] 这些工艺，也就是自我[35]。

41 **注释**

1 保罗·布伊萨克是多伦多大学维多利亚学院的符号学教授，他邀请福柯参加第三届符号学和结构研究国际暑期研讨班，他是该研讨班的组织者。

2 参见VS, 80–82, 93–94页。

3 1981年5月13日和5月20日，福柯在鲁汶的讲课中再次描述了坦白在司法机构和程序中的作用，时间从中世纪直至20世纪。参见MFDV, 161–233页。

4 1975年2月19日在法兰西学院《不正常的人》的讲课中，以及1981年5月13日在鲁汶的讲课中，福柯都给出了关于这一历史的更为详尽的说明。参见AN, 161–179页，以及MFDV, 182–189页。

5 参见GV, 283–307页；OHS, 74–88页；MFDV, 123–150, 161–166页；米歇尔·福柯，《性和孤独》，参见DE 2, 文章编号295, 995–997页；《为贞洁而战》，参见DE 2, 文章编号312, 1124–1127页；《说真话》，参见DV, 23页；《自我的技术》，参见DE 2, 文章编号363, 1627–1632页。

6 关于这个非常微妙的问题，参见SV, 286–293页；HS, 403–404页；SS, 84–85页。

7 参见米歇尔·福柯，《自我的技术》，同前，1603页。

8 参见MC。

9 参见HF和米歇尔·福柯，《临床医学的诞生：医学视角的考古学》，巴黎，P.U.F., 1963年。

10 参见SP。

11 关于自我的技术或自我的工艺这一主题的一个相似介绍，参见OHS, 37–38页；米歇尔·福柯，《性和孤独》，同前，989–990页；《自我的技术》，同前，1604页。关于这一主题，另可参见SV, 37, 279页；MFDV, 12–13页；米歇尔·福柯，《主体性和真相》，参见DE 2, 文章编号304, 1032–1033页；UP, 16–17页。

12 参见HF和米歇尔·福柯，《精神病学的权力：法兰西学院讲课(1973—1974)》，J. 拉格朗日主编，巴黎，Seuil-Gallimard, 2003年。

13 参见OHS, 38–39页。

42 14 "关注自己"这个概念构成了福柯在法兰西学院的讲课《主体解释学》的分析中心（参见HS, 4页下），并贯穿了他的大部分后期研究，直至1984年6月《性史》卷三的出版，该卷恰恰叫作"自我关注"。

15 文中为法语。

16 参见J. 德弗拉达，《德尔菲的宣传主题》，巴黎，C. Klincksieck, 1954年, 268–283页。

17 福柯在此暗指W. H. 罗舍尔（W. H. Roscher）所作的解释（«Weiteres über die Bedeutung des E zu Delphi und die übrigen *grammata Delphika*», *Philologus*, 第60卷, 1901年, 81–101页）。参见HS, 5–6页。

18 色诺芬,《回忆苏格拉底》, 参见《色诺芬全集》, 卷三, P. 尚布里（P. Chambry）法译本, 巴黎, Garnier–Flammarion, 1967年。

19 柏拉图,《苏格拉底申辩篇》, 28a–31c, 参见《柏拉图全集》, 卷一, M. 克鲁瓦塞（M. Croiset）法译本, 巴黎, Les Belles Lettres, 2002年, 154–159页。

20 尼撒的贵格利,《论童贞》, XIII, M. 奥比诺（M. Aubineau）法译本, 参见《基督教渊源》, 巴黎, Éditions du Cerf, 1966年, 423–431页。

21 同上, XII, 3, 同前, 411–417页。

22 《路加福音》, XV, 8–10页。

23 伊壁鸠鲁,《致梅内泽的信》, 参见《伊壁鸠鲁派》, J. 德拉特（J. Delattre）和J. 皮若（J. Pingeaud）主编, "七星文库", 巴黎, Gallimard, 2010年, 45页："人们并不因为自己年轻就推迟哲学实践, 人们即使在年老的时候依然不倦于进行哲学思考。事实上, 当问题涉及关注自己灵魂的健康, 对任何人来说都不会太早, 也不会太晚。此外, 说进行哲学思考的时候还没有来到, 或者这个时候已经过去了, 这样说的人就好像在说, 当涉及他的幸福, 他的时间还没有到, 或者说他的时间已经过去了。"

24 参见M. 希甘特（M. Gigante）,《菲洛甸, 关于言论自由》, 参见《纪尧姆·比代学会第八届大会汇编（巴黎, 1968年4月5—10日）》, 巴黎, Les Belles Lettres, 1969年, 196–217页。

25 亚历山大城的斐洛,《论沉思的生活》, P. 米凯（P. Miquet）法译本, 巴黎, Éditions du Cerf, 1963年。

26 普鲁塔克,《拉栖第梦妇女的声音》, 217A, 参见《普鲁塔克道德论著》, 卷三, F. 富尔曼（F. Fuhrmann）法译本, Les Belles Lettres, 1988年, 171–172页。

27 主要参见E. R. 多兹,《希腊人和非理性》(1951), M. 吉布森（M. Gibson）法译本, 巴黎, Flammarion, 1977年, 140–178页; J. –P. 韦尔南,《记忆的神话方面》(1959)以及《希腊宗教中人的因素》(1960), 参见《希腊人的神话和思想》, La Découverte, 1996年, 109–136, 355–370页。

28 柏拉图,《会饮篇》, 220a–b, 参见《柏拉图全集》, 卷四之二, P. 维开利（P. Vicaire）及J. 拉博德里（J. Laborderie）法译本, 巴黎, Les Belles Lettres, 2008年, 86页。并非曼丁尼亚战役, 而是波堤达（Pitidée）战役。

29 同上, 217a–219e, 80–85页。

43

30 同上，174e–175e, 5–7页。

31 参见色诺芬，《经济论》，P. 尚特兰(P. Chantraine)法译本，巴黎，Les Belles Lettres,
1949年。

32 参见HF。

33 参见SP。

34 关于这个问题，另可参见HS, 13–20页，以及米歇尔·福柯，《自我的文化》，参见
CCS, 97–98页。

35 参见OHS, 90–91页："也许自我的问题并不在于发现自我在其实证性中是什么，也
许问题并不在于发现一个实证的自我，或者并不在于发现自我的实证基础。也许我们
现在的问题在于发现，自我不过是我们历史上所建构工艺的历史相关物，而不是任何
别的什么。也许问题在于改变这些工艺。这样的话，那么今天的一大主要政治问题，在
严格意义上说，就是我们自己的政治。"

第二次演讲

45

法语版[a]

I

"关注自己"这个原则在柏拉图的《阿西比亚得篇》中首次获得了哲学的表述[1]。

我们知道，注释家们还难以确定这篇对话的时间。有些因素使人把它看作是柏拉图年轻时代的一篇文字，譬如参与对话的人物类型、提问类型、对话进展的缓慢，以及所涉及的很多主题。但其他因素则使人认为这是其晚期作品：尤其涉及在神性中冥想自己的时候，谈话中有极其"形而上"的结论。我们就不去管这一争论吧，这也不是我的专长所在。

我们仅仅来关注新柏拉图主义者所提出的解决方案。就古代传统给予这一对话的意义，以及给予"关注自己"主题的重要性而言，这一方案是有趣的。公元 2 世纪，有一位作者叫阿尔比尼斯（Albinus），他就说过，一切"有天分"并"达

---

a　根据法语版演讲第一稿的打字文稿整理（BnF NAF 28730, 29 盒，卷宗 2）。

到进行哲学思考年龄"的人，如果他们想置身于政治动荡之外并践行德性，他们就必须从研究《阿西比亚得篇》开始；而这样做的目的在于"转向自身"，并确定什么应该是"自己的关注对象"。后来，普罗克洛斯（Proclus）也说，这篇文字应该被视为"arkhê apasês philosophias"，即所有哲学的根源和开始。奥林匹奥陶（Olympiodore）则把柏拉图的整个思想比作一座圣城，他把《阿西比亚得篇》看作圣殿的"柱廊"，而圣殿的神龛（aduton）则是《巴门尼德篇》[2]。

46

我不想在此详细探讨这篇文字，我只想指出"关注自己"这个概念的若干主要特征，此概念构成了这篇文字的中心。

1）问题在对话中是如何展开的？

阿西比亚得计划开始其公共生涯，更确切地说，就是"面对民众发言"，胜过伯里克利斯（Périclès），成为城邦中最强大的人物，问题就这样展开了。

当苏格拉底接触了阿西比亚得，并让后者关注自己，后者正处在一个转折点上。对一个非常年轻的雅典贵族来说，这是一个传统的转折点。但阿西比亚得想以一种非常独特的方式来经历这一转折点：他并不想满足于他的出身、他的财富和他的地位给予他的特权。他非常明确地说，他并不想利用这一切来"度过一生"。他想胜过城邦里的所有人，他还想在外部胜过斯巴达国王，胜过波斯君主，这些人对他来说不仅是国家的敌人，而且还是他个人的对手。

但从情欲的观点来看，阿西比亚得也处在 [一个] 转折点上：他在青少年时期很招人喜爱，他有很多仰慕者，他现在到了一个长胡子的年龄，仰慕者们也纷纷离他而去。当他还是光鲜漂亮的时候，他拒绝了所有向他献殷勤的人，他不愿意"屈服于"他们，坚持要做一个"最强者"（介于政治词汇和情欲词汇之间的双重性在希腊语中始终存在，这种双重性在此是重要的）。而现在苏格拉底出现了，他对阿西比亚得的身体不感兴趣，他将在所有其他人都失败的地方获得成功，他将向阿西比亚得表明，他比后者更强大，他将引导后者"屈从"，不过这是在另外一种意义上。

关注自己的问题将在年轻人对政治的独特志向（个人的雄心）和导师的特殊情爱（哲学之爱）的交叉点上产生。　47

2）为什么阿西比亚得必须关注他自己？

苏格拉底询问阿西比亚得有什么方法去实现其志向。他是否知道什么是良好治理？他是否知道什么是"公正"？或者什么是城邦内的"和谐"？阿西比亚得对这些一无所知，根本无法回答这些问题（这些提问在柏拉图早期对话中都是常见的）。但还有另外一个理由使提问更加完整，即阿西比亚得把自己和那些将成为他在城邦外的对手们相比较。斯巴达的国王在接受一种非常精致的教育，在学习必不可少的品德。至于未来的波斯国王，他自 14 岁起就被交给四位教育家，第一位给他讲授智慧，第二位给他讲授公正，第三位给他讲授克制，第四位给他讲授勇敢。然而，阿西比亚得接受过什么样的教育呢？他被交给一位无知的老年奴隶，而他的监护人伯里克利斯甚至都无法合适地教育自己的儿子们。

阿西比亚得要胜过他的对手们，他就必须获得某种技能（technê），一种能力；他必须专心致志去做——epimeleisthai（关注）。但人们看到了：他甚至都不知道专心做什么，因为他不知道什么是公正，什么是和谐，什么是良好治理。因此，阿西比亚得处在极大的尴尬之中，他感到绝望。但苏格拉底出现了，并告诉他这一重要的事情：如果你已经 50 岁了，情况就严重了，因为那时要"关注你自己"就太晚了。

这就是这一说法在对话中第一次出现的情况。我们可以看到，必须关注自己这个原则直接和某种教育的缺陷相联系，其次和生活中某个合适的时期相联系，这就是我们刚才谈到的转折点。过了这个时期就太晚了。

3)这种自我关注包括什么内容?

对话的整个第二部分就被用来回答这个问题，或者被用来回答提问本身提出的两个问题：(1) 这个必须关注的"自我"是什么? (2)"自我关注"这一活动包含了什么内容?

我很快说一下回答第一个提问的一段很长的讨论。必须关注的自我，这显然不是我们能够占有的东西，譬如我们的财富、我们的衣物、我们的工具，这也不可能是我们的身体，那是由医生和体育学校校长来关注的（我们在此可以看到，问题在于苏格拉底想把他所谓真正的自我关注和他通常被引导去探讨的经济活动和治疗实践等形式相区别）。我们必须关注的，就是使用我们的财物、我们的工具、我们的身体的根本要素 (principe)，那就是灵魂[3]。

至于自我关注的方法，对话的整个结尾部分就被用来确定这一点。方法就是通过推理，这里值得一提。要想知道如何关注自己的灵魂，那就必须认识灵魂。然而，要灵魂认识自己，它必须能够在和它同一性质的镜子中，也就是在神的因素中观察自己。灵魂就是在这种冥想当中既关注自己，同时又找到能够确立一种正确行为并给出政治行为规则的原则和本质。

这一段文字值得注意有很多原因。首先是这篇文字非常明显地带有晚期柏拉图主义的色彩。但还有一个我想特别强调的原因，那就是自我关注可以说完全被自我认识吸收和消解了。自我认识成了自我关注的必要和自足条件。在整个对话当中，作为讨论重要主题的自我关注原则始终围绕着必须认识自己这个德尔菲的箴言运转。"认识你自己"有好几次直接或间接地在"关注"［自己］的同时被提及。但人们可以看得很清楚：到了对话最后，"认识你自己"占据了由必须关注自己原则打开的整个空间。

49　　　我在这篇文字上面稍微耽搁了一会儿，而我以后研究的大部分文字都是很晚以后的材料。因为在我看来，这篇文字清楚显示了若干基本问题，而我们在之后的自我关注历史上还会发现这些问题：后来提出的解决方案往往不同于《阿西比亚得篇》中提出的解决方案，但问题依然存在：

- 自我关注和政治活动的关系问题。苏格拉底要求阿西比亚得关注他自己，因为后者声称要关注他人，并引导他人。而在后来，尤其是在帝国时期，问题往往以二选一形式出现：脱离政治活动来关注自己不是更好吗？

- 自我关注和教育的关系问题。在苏格拉底的话语中，对一位非常年轻而其教育又有缺陷的人来说，自我关注对他就表现为一种责任。而在后来，关注自己表现为一种成年人的责任，一项必须终生履行的责任。

- 自我关注和自我认识的关系问题。我们看到柏拉图笔下的苏格拉底把优先地位给予"认识你自己"，这一优先地位将是所有柏拉图主义运动的一大典型特征。虽然从未有人拒绝必须认识自己这一原则，但似乎关注自己在希腊化哲学，在希腊—罗马哲学中获得了某种自主性，或许甚至获得了相对于认识自己的某种优先地位：不管怎么说，哲学的重点往往在自我关注之上，而认识自己则成了正确关注自己的一个工具、一个方法。

II

　　我们现在就转向帝国最初的两个世纪，更确切地说，就是自奥古斯丁王朝到安敦尼王朝末年。大家都清楚地知道，这 150 年或者 200 年是古代文明的一个重要时期。但这一时期也是自我关注实践和理论的一个重要时期，一个"黄金时代"[4]。

　　从这个观点来看，爱比克泰德的例子很能说明问题。这是一位苏格拉底式的人物，他想再现苏格拉底的讲课和做事方法。但值得注意的是，他在其《谈话录》中提到的苏格拉底首先是一位自我关注的大师，苏格拉底在路边呼叫他的同胞们，以便告诉他们，他们必须关注他们自己[5]。但一般来说，爱比克泰德把自我关注变成了人类的优越性和人类使命的一个突出标志。他在《谈话录》(卷一，16) 中解释说[6]，大自然赋予动物它们所需要的一切，以至于它们无须关注它们自己。这是否意味着人类必须关注自己是因为大自然忽略了他们，并剥夺了他们必需的东西？并非如此：必须关注自己，这应该被理解为赋予我们的一项补充才能：宙斯把我们交给我们自己，由此在我们身上确立了自由人的可能性和责任。爱比克泰德时常强调认识自己的必要性。但相对于《阿西比亚得篇》，视角的变化是明显的。人的特性及其与神灵的关系正是在自我关注中表现出来，而不是在镜子中注视自己的可能性中表现出来。

但我不想仅仅限于这些理论上的参照。在爱比克泰德接触苏格拉底的时候，自我警觉这个主题已经取得了相当重要的地位。一个漫长的发展过程为此顶点做了准备。公元 1 世纪和 2 世纪并不标志着一种起源，不如说标志着一个漫长连续性当中的一次繁荣。

在那些自称为人生顾问或者人生导师的哲人那里，自我关注几乎被认为是一个普遍的箴言。伊壁鸠鲁派人士就在他们导师之后反复说，要关注自己，这样做从来不会太早，也不会太晚[7]。穆索尼乌斯·鲁富斯（Musonius Rufus）是一位斯多葛派人物，他也说过："只有通过不断地关注自己才能确保自己获得拯救"[8]；或者塞涅卡也说过："必须为自己操劳""为自己的灵魂操劳""赶紧面向自己""回归自身并停留在自身"[9]。普鲁塔克则建议人们把目光转向内心，并"尽可能把注意力转向自身"。普吕兹的迪翁（Dion de Pruse）专门用了一次谈话来阐述隐退（anachorèse），即退居自身[10]。盖伦（Galien）回顾到，需要多少时间来培养一位医生、一位演说家、一位语法学家，他认为需要更长时间来成为一个好人：他说，必须年复一年地"关注自己"[11]。

但这些并不是若干哲人或者身心技术员给出的某种抽象指令。在文化界，关注自己是一种非常普遍的活动，而且还在更广泛的范围内，不妨想到某些伊壁鸠鲁派团体的相当大众化的招生，或者倾听犬儒派人士说话的马路听众。此外，对自己的这种热情还有来自机构的支持：学校、私人或公共教育、演讲会，以及在多少有些封闭小圈子内进行的讨论。可以发现在某些结构严密的团体内，自我警觉以集体的规则生活形式出现：毕达哥拉斯派就是这样，比如还可以举出一个著名而又神秘，并介于希腊—罗马文化之间的例子，那就是由亚历山大城的斐洛（Philon d'Alexandrie）所描述的"治疗者"的例子[12]；不过还有一些非常松散的团体，它们聚集在一位导师周围，或者仅仅围绕着某种共同的哲学，某种共同的生活方式（forma vitae）。还有人们拜访的导师，或者是为了访问，或者是为了实习；还有被叫到自己家里来，并居住在自己家里的那些人：罗马贵族就喜欢这些生活顾问。这些活动中有一些是要付钱的，有一些则是免费的，但都属于义务和服务的系统。这一系列活动导致了一种非常激烈的竞争：在信奉修辞教育的人和主张关注自己灵魂的人之间；而在主张关注自己灵魂的人之间，又有各种学派相互对立，尽管它们的目的和方法往往非常接近；最后还有一些人，他们仅仅是为了争夺客户。吕西安（Lucien）不太喜欢哲人以及所有在市场上向路边看客兜售生活模式的人，他对所有这些实践作了一番非常不友好的描绘[13]。《埃尔莫蒂默》（*Hermotime*）这篇对话就提及那些信奉自我关注的人中的一个例子，他遇到一位朋友，便向后者夸耀自己已经交往了 20 多年的导师；他花费了大量钱财，而导师却让他有希望在新的 20 年之后能够达到幸福[14]。

这些实践当然有自己的运行模式和利害关系，但并非一切都是虚假的，并非都是欺诈行为。自我关注也是一种个人活动，人们真诚地身体力行。最好能够每天都预留若干时间来做这件事情，人们有时候用相当长的时间，如几个星期或者几个月来做。普林尼（Pline）就建议一位朋友这样做，而他本人则喜欢隐居乡村，这也是回归自身。如果把 scholê 或者 otium 叫作闲暇，即用于自身，并和自己度过的时间，那么必须记住，这是一种积极的闲暇，一种探讨的时间：阅读、谈话、各种冥想，预先想到不幸或者进行死亡练习，进行某些节制训练。书写也发挥着很大的作用，自我关注意味着就读到和听到的东西做笔记，人们为自己预备好希腊人所谓的笔记本（hupomnêmata），这些笔记本使人得以进行复读和记忆的练习。人们给朋友写论说文，与朋友们通信，这不仅是帮助朋友们进行自我实践的机会，也是给自己激活自己所需真理的机会[15]。

随着这些实践传播开来，自我体验似乎也由此被强化或者扩大了。人们对自己的关注更加细致、更加详尽。塞涅卡[16]或者普林尼[17]的书信，马可·奥勒留（Marc Aurèle）和弗朗托（Fronton）[18]的通信都表现出这种对自己的警觉和细微的关注，这种关注通常涉及日常生活的各种细节，涉及健康和情绪的细微变化，涉及身体上感受到的细微不适，涉及灵魂的波动，涉及阅读，涉及仍记得的引文，还涉及某一事件发生时的想法。一种和自己的关系模式，一整套体验领域出现了，而人们在之前的材料中则看不到这些。

由此观点来看，阿留斯·阿里斯蒂德（Aelius Aristide）的"神圣话语"（Discours sacrés）就构成了一个出色的见证[19]。这些文字表达了对阿斯克勒庇俄斯（Asclépios）这位治疗之神的感恩，因此它们属于传统的碑文类型，这些刻在石碑之上的碑文叙述了某一次治愈事例，并表达了感激之情。但阿留斯·阿里斯蒂德在保存这一传统框架的同时，还在其中讲述了大量关于疾病、不舒服、疼痛的故事，各种感受、预知梦或者规定做梦者在现实中要做什么事的那些梦、尝试过的药物，以及时而获得的疗效。他的疑心病的主要症状在此突破了极限吗？回答是肯定的。但问题不在于知道阿留斯在何种程度上患了病，重要的是他所处时代给他提供了工具，让他能够形成对自己疾病的个人体验，并让他人认识这些疾病。

请原谅我在此讲得太快了。我想提示一点，即自我关注在这个时代，即在帝国早期，不再表现为内在于这个或那个哲学理论的纲要。它是一个箴言，如果不是一个普遍的箴言，至少也是一个流行的箴言；它发挥了某种召唤的作用，很多人都听到了；它也是一种实践，有它的机构、它的规则、它的践行方法；最后它还是一种体验模式，既是个人体验，也是集体体验，有它的方法和表达形式。简短地说，自我关注被确认为一个公认的价值，它以某些有规则的实践作为形式，打开了一种体验和表达领域。我们可以有理由说，这是一种

"自我的文化"[20]。

在下一次讲课中，我将试图指出"认识自己"的原则在这一自我文化中占有什么地位，我还将试图分析在这个时代，在这一文化背景中发展起来的自我认识、自我辨认和自我审查形式。

54 今天我只想指出，人们可以在《阿西比亚得篇》当中看到的自我关注和在公元 1 世纪和 2 世纪被践行的自我实践之间有着什么样的重大区别。

III

1）我们还记得，苏格拉底建议阿西比亚得利用他的青春时光来关注他自己：如果到了 50 岁，那就太晚了。但伊壁鸠鲁说："在年轻的时候，不要犹豫去进行哲学思考；在年老的时候，也不要犹豫去进行哲学思考。要关注自己的灵魂，从来不会太早，也不会太晚（pros to kata psukhên hugiainon）。"[21] 非常明显，正是这种持续关注、终身关注的原则占据了上风。譬如穆索尼乌斯·鲁富斯说："如果要健康地生活，那就必须不断地关注自己。"[22] 盖伦也说："要成为一个完美的人，每个人都必须终身练习"，虽然最好是"从最小的年龄就开始关注自己的灵魂"[23]。

一个事实就是，塞涅卡或者普鲁塔克给他们的朋友提建议，这些对象不再是苏格拉底所面对的那些有雄心壮志并受人爱慕的青少年：他们是成年人，有时候是年轻人（如塞利纳斯[24]），有时候完全是成年人（譬如卢基里乌斯，当塞涅卡和他在修行方面进行长时期通信的时候，卢基里乌斯担任西西里岛财政长官这一重要职务[25]）。爱比克泰德开办了学校，他有非常年轻的学生，但他有时候也呼吁成年人，其中甚至有"执政官人物"，呼吁他们关注自己。当马可·奥勒留做笔记的时候，他是在履行皇帝的职责；可对他来说，重要的是在"帮助他自己"[26]。

所以，自我关注不仅仅是为了进入生活而临时做准备，它就是一种生活形式。阿西比亚得意识到他必须关注他自己，因为他以后还要关注他人。而现在重要的是为了自己而关注自己。人们必须把自己作为对象，这是为了他们自己，并且持续终生。

由此就有了转向自身（ad se convetere）的观念，有了回归自身的一整套生存运动的观念（eis heautou epistrehein）[27]。

你们会对我说，转向 (epistrophè) 是一个典型的柏拉图主题。但是，灵魂转向自身的运动也是这样的运动，即其目光被引向"上方"——被引向神圣因素——被引向本质，被引向超天体世界，而本质在这样的世界中是可见的（我们在《阿西比亚得篇》中已经看到这一点）。塞涅卡、普鲁塔克、爱比克泰德要人们实现的转向，可以说是一种就地转向：这种转向除了落户于自身，"定居于自身"，停留于自身没有别的目的和终点。转向自己的最终目的就是建立和自己的某些关系：

- 这些关系有时候按照法律—政治模式来设计：对自己的自主，对自己的完全控制、完全独立，彻底"自立"（fieri suum，塞涅卡就经常这么说）[28]；

- 人们也时常按照占有式享受模式来描述它们：享受自己，和自己取乐，在自身找到所有的快乐。

我们简短地说一下：在柏拉图那里，人们转向自身的运动不过是达到"彼岸"(au-delà) 的一个上升阶段。而在这里，却是把我们引至我们自身的一种运动，如果我们遇到神灵，它以存在于我们身上的"魔鬼"(daimôn) 形式出现。在这种思想形式中，和自我的关系由某种内在目的性来引导。

2) 第二个重大差异涉及教育。在《阿西比亚得篇》中，自我关注之所以必须，是因为教育有缺陷；问题在于充实这一教育，或者取代它；不管怎么说，问题在于给予某种"培训"。

当专注于自身变成一种成人的实践，而且要终身奉行，它的教育作用趋于消失，其他功能开始出现[29]。

(1) 首先是批判功能。自我实践必须能够使人摆脱所有坏习惯，摆脱可能从大众或者不良导师，也可以从父母和亲朋好友那里获取的所有虚假观念。"遗忘"（désapprendre[de-discere]）是自我文化的一项重要任务。

(2) 但它还有一项斗争功能。自我实践被设想为一场永久战斗。问题并不仅仅在于为了未来而培养一个有价值的人，还必须给个人提供武器和勇气，使他能够奋斗终生。你们都知道，有两个比喻是多么常用：竞技比赛的比喻（我们在生活中就像一位竞技者，必须不断战胜对手，即使不在竞技的时候也必须进行训练）；战争的比喻（灵魂必须像军队那样做好准备，敌人会在任何时候发起攻击）。基督教的灵魂修炼之战这个重大概念在古代异教自我文化中就已经是一项基本原则了。

(3) 但这一自我文化尤其还具有某种医疗和治疗功能。

它接近医学模式更甚于接近教育模式。当然必须回顾希腊文化中那些非常古老的事实：存在痛苦（pathos）这样的概念，它既指灵魂的偏激，也指身体的疾病，其比喻范围广大，使人可以把"治疗""治愈""截肢""净化"等词语用在身体和灵魂方面。还应该回顾一个为伊壁鸠鲁派、犬儒派和斯多葛派所熟悉的原则：哲学的作用就在于治愈灵魂的疾病。普鲁塔克有一天就说，医学和哲学构成了 mia khôra，即同一个领域，同一个方面[30]。

但我想特别强调医学和自我文化之间的实际关系。爱比克泰德就不愿意他的学校仅仅被视为一个培训的地方，还要被视为一个"治疗诊所"（iatreion）。他希望他的学校成为一个"灵魂的诊所"；他希望他的学生们带着自己是病人这样一个意识来到学校——他说："有一个人的胳膊脱臼了，另外一个人患有脓肿，第三个人生疮，还有一个人头痛。""你们想学习三段论吗？那么首先治好你们的创伤，止住你们身上流出的脓液，使你们的精神平静下来。"[31]

反过来，像盖伦这样的医生则认为治愈灵魂也是他的职责所在：偏激，"就是指混乱的、有悖常理的能量"，还指"由错误观念导致的过失"。他在《论灵魂的偏激》中就列举了他的治疗工作和治愈案例：他治愈了他的一位易于愤怒的伙伴；他还帮助了一位青年人，这位青年人的心灵因为琐事而心神不宁[32]。

所有这些观念可能会显得很平常，而且它们事实上就很平常，既然它们在西方文化中被代代相传。只是它们具有更多的历史重要性。事实上，自我关系成为人生的一项持续终生的任务，这对西方主体性的历史来说是重要的，因为基督教在这一点上并未抛弃异教哲人的教导。这种自我关系被定义为批判性的工作、战斗关系和医学程序，看到这一点也是重要的：在这里，西方也并未否定古老的自我文化的形式。

3) 我想快速地指出《阿西比亚得篇》中的自我关注和帝国时代文化中的自我实践之间的第三个区别。在柏拉图的对话中，和导师的情爱—哲学关系是至关重要的：这构成了一个背景，苏格拉底和阿西比亚得就在此背景中共同负责年轻人的灵魂。而在公元 1 世纪和 2 世纪，自我关系仍然被认为应该建立在和导师、和师傅，总之是和某个他人的关系之上。不过，它却越来越明确地独立于情爱关系[33]。

没有他人的帮助就不能关注自己，这是被普遍接受的一

58　个原则。塞涅卡就说过，从来就没有人强大到能够由自己来脱离他所处其中的"愚蠢"状态（stultitia）："他需要别人伸以援手，把他从中拉出来。"[34] 盖伦同样也说过，人们太爱自己了，他们无法治愈自己的偏激：他经常看到有人"失足"了，他们不愿意仰赖他人的权威[35]。这个原则对初学者是合适的，对于以后，直至终身，这个原则也还是合适的。塞涅卡在和卢基里乌斯通信时的态度就很有特点：尽管他年长，并且停止了他的所有活动，他给卢基里乌斯提出建议，但他还要求卢基里乌斯也给他提建议，他为这种相互通信而获得的帮助感到庆幸。

在这种心灵实践中，值得注意的是众多可以作为支撑的社会关系。

- 有严格的教学机构：爱比克泰德的学校就是一个例子；除了有更长学习期限而留下来的学生，学校还接受临时听众；学校还向那些想自己成为哲人和灵魂导师的人提供教学课程；由阿里安（Arrien）收录在《谈话录》中的某些文字就是给自我文化的未来践行者提供的技术课程。

- 人们还可以遇到私人顾问，尤其是在罗马：这些人置

身于 [大人物] 周围，并成为后者团队或者后者被护民的一部分，他们提出政治建议，他们指导年轻人的教育，他们在人生的某些重要时刻提供帮助。德米特里（Démitrius）就这样生活在特拉塞亚·帕埃图斯（Thrasea Paetus）的身边；当特拉塞亚·帕埃图斯被引致自杀（他是反尼禄 [Néron] 派的成员），可以说德米特里就充当了自杀的参谋，他以一篇论述不朽的谈话来支持特拉塞亚·帕埃图斯的最后时刻[36]。

• 但还有进行心灵指导的其他形式。心灵指导增加并激发了一系列其他关系：家庭关系（塞涅卡在被流放的时候给他的母亲写了一封安慰信）[37]；保护关系（塞利纳斯是塞涅卡的远亲，从外省刚刚来到罗马，塞涅卡既关心青年人塞利纳斯的前程，也关心后者的灵魂）；因为年龄、文化和境遇相当接近的两个人之间的友谊关系（塞涅卡和卢基里乌斯）；和位居要职人物的关系，人们拜访要人，并提出有用的建议（普鲁塔克和丰达努斯 [Fundanus] 就属于这样的关系，他急匆匆地把自己所写的关于灵魂平安的笔记寄给了后者）[38]。

59

可称作"灵魂的服务"就这样被建构起来，它通过多种社会关系而实现。传统的"爱欲"（eros）在此最多只有某种临时的作用。这并不意味着情感关系在此通常并不激烈。也许，我们现代的友谊和情爱范式并不太合适于解读它。马可·奥勒留和他的导师弗朗托的通信就可以被当作这种激烈性和复杂性的一个例子 [39]。

总之，我今天想给你们指出，"自我关注"这个原则不仅在思想中始终存在，而且贯穿于一般的古代文化。这种连续性并不排斥深刻的更新。尤其在帝国时代，人们看到了自我实践的繁荣，这给自我实践带来的形式非常不同于早期柏拉图对话中表现出来的形式。

自我关系在此变成了一种复杂和持久的活动，主体在此活动中为了他自己而成为批判的对象、斗争的战场和疾病的病源。但这种活动除了自身没有别的目的，可它并不因此是一项孤立的活动，它在和整个多样化社会关系领域的不断相互作用中发展起来。

录音版 [a]

60

[演讲的]主题就是我所谓帝国最初两个世纪的自我文化[40]。"自我的文化"这个相当自大的说法,我指的是下列意义上的自我关注,这种自我关注首先是一种生活模式,其次是一种和自己的持续关系,一种个人的体验,再次,它是一种和他人的关系类型,最后,它也是一整套技术。今天,我想把自我文化的最后一点先放一下,我是指技术,我想在下一次演讲中来展开。今天我想展开前面三点:作为生活模式、作为和自己的持续关系、作为和他人关系的自我关注。

我准备了一场两个小时的演讲,但我想,坐在这里两个小时,这对我和对你们都实在是一件劳累之事,所以我们可以在一小时后休息一下,如果你们想在演讲期间提问,或者在第一个小时之后,或者第二个小时之后提问,我当然想请你们立刻这样做,并尽可能经常这样做。

对基督教和现代伦理影响最大的拉丁和希腊道德学家们,他们在古代文化中也是自我文化最有代表性的人物,我

---

a 这是根据第二次演讲的录音整理的译文。英文打字稿的不同说法加在注释中。

想这是一个重要事实。譬如，亚历山大城的克莱曼特(Clément d'Alexandrie)是基督教的一流作者，当他撰写《教育家》[41]的若干章节，或者其《杂记》[42]的若干章节时，他是在逐字逐句地抄袭穆索尼乌斯·鲁富斯，后者是一位斯多葛派人物，是罗马帝国初期斯多葛派的一位主要代表。我们知道，圣奥古斯丁在谈到塞涅卡时就像在谈论"我们的"塞涅卡。还有就是，爱比克泰德的《论文集》[43](Enchiridion)在数个世纪当中被认为不是爱比克泰德的，而是一位叫圣尼罗(saint Nil)的，甚至到了 19 世纪，《论文集》还被认为是圣尼罗的：在由米涅[44](Migne)主编，并于 19 世纪中叶在法国出版的研究教会圣师著作的大型丛书中，就可以发现这本《论文集》被收入圣尼罗的著作当中。还必须补充一下，同样地，这些拉丁和希腊道德学家们，如塞涅卡、爱比克泰德、马可·奥勒留等人，自文艺复兴以来就被现代文化用来反对基督教和基督教伦理，或者被用来取代此伦理。因此，我们可以说，自我的文化或者通过基督教文化，或者通过非基督教文化而传给我们：就我们伦理的大部分来说，我们就是这种自我文化的继承者。

研究古代哲学的大部分史学家们，他们关注从巴门尼德，经柏拉图一直到亚里士多德的形而上学和本体论的发展。至于大部分科学史学家们，或者观念史学家们，他们则关心希腊数学、希腊宇宙学、希腊自然科学中理性思维的发展。但依我看，研究这一希腊—拉丁自我文化中某种类型的主体性，某种自我关系类型也是有趣的。事实上我们可以说，对我们和存在的关系来说，希腊形而上学是决定性的；在我们的历史中就我们和物质世界的关系来说，希腊科学和希腊理性是决定性的；对我们和自己的关系来说，希腊—拉丁的自我文化是决定性的[45]。人们当然可以自问，为什么古代传统的最后一个方面相对于其他方面远被忽略，为什么哲学史学家们如此深入地关心形而上学，或者关心理性的发展，为什么他们对这种自我文化的发展不感兴趣。我今天不想给出，或者不想勾画出一个答案，我想在以后的某一次演讲中这样做。

今天，我想给你们介绍一下这种自我文化的大概情况。你们还记得，我在上一次强调了两点或者三点。第一点就是，自我关注的原则并非一个纯粹的哲学箴言，而是一项广泛流传的社会活动，我想我们有很多证据可以证明这一点。我上次强调的第二点，就是这一主题并不表示某个衰落时期，并不表示社会、政治或者文化的堕落；相反，必须关注自己这一主题显示为一种非常古老的箴言，和古老的技术相联系。我上次强调的第三点，就是自我关注不能被等同于自我认识：一个事实就是这两个原则，即"自我认识"和"自我关注"，它们是相互联系的，但前者（"认识你自己"）似乎隶属于后者（"关注你自己"），或者是后者的一个结果。这就是我上次试图强调的三点。

尽管如此，我们还是要承认，人们可以在希腊古典时代初期找到这一自我关注义务的严格哲学表述，而在此哲学表述中，"认识自己"占有首要地位。这一首次哲学表述当然是在柏拉图的《阿西比亚得篇》当中[46]。这篇文字就作为我今天的出发点和标记，由此来阐明严格的柏拉图理论和自我文化一般形式之间的差异。

"你要关注你自己"这一原则，它的第一次哲学表述出现在《阿西比亚得篇》当中。

你们知道（或不知道），注释家们还难以确定这篇对话的日期。有些人趋向于假设这篇文字是柏拉图青年时代的作品：人物表[a]（dramatis personae），以及提问类型，对话和讨论的

---

a 福柯在打字稿中补充写道：人物。

缓慢节奏，还有其中涉及的众多主题都这样提示。相反，其他注释家们认为这是其相当晚期的作品，尤其是因为关于在神的本质中冥想自己的谈话包含极其教条和"形而上"[a]的结论，众所周知，这是柏拉图晚期思想的主题。

我们就不要管这一争论吧，这不是我的专长所在。但还是应该意识到，《阿西比亚得篇》这篇对话在柏拉图的著作中还真是奇怪的东西，以至于某些注释家们怀疑它的真实性。我认为现代大部分注释家们现在都认可这篇文字是柏拉图的，然而这一作品在柏拉图思想，在柏拉图晚期思想中占据的确切地位，这对我们来说完全是一个谜。但公元最初几个世纪的新柏拉图主义者，他们对《阿西比亚得篇》提出的问题却有一个非常巧妙的答案。这个答案令人感兴趣，这是在如下意义上的，即它清楚地指出了人们在古典传统中给予这篇对话的含义，以及给予"关注你自己"[b]这一主题、这一箴言的含义。这个答案是什么呢？

正如人们所知道的，从公元 2 世纪到 5 世纪和 6 世纪，新柏拉图学派的一个主要目标就是发表柏拉图的著作，并按

a 打字稿中加引号。

b 打字稿：作为主要的操心。

照教学模式把它们组织成学习课程，组织成百科全书式认识的一个母体。对新柏拉图学派来说，柏拉图和柏拉图著作的出版既是一种学院的课程，又是集所有认识的百科全书。由此观点来看，《阿西比亚得篇》在新柏拉图主义的传统中被视为第一篇对话：学生必须阅读的第一篇对话，注释家们必须解释的第一篇对话。

比如说阿尔比尼斯，他是公元 2 世纪的一位新柏拉图主义者，他就说过，一切"有天分"并"达到进行哲学思考年龄"的人，如果他们想置身于"政治动荡"之外并"践行德性"，这类人就必须从研究《阿西比亚得篇》开始。为什么他们必须从《阿西比亚得篇》开始？因为他们在《阿西比亚得篇》中可以学习"转向自身并确定什么应该是他们的关注对象"。后来在 5 世纪，普罗克洛斯则说，《阿西比亚得篇》这篇文字应该被看作"arkhê apasês philosophias"，这就是说，《阿西比亚得篇》应该被视为所有哲学的原则、起点和基础。到了 6 世纪，奥林匹奥陶把柏拉图的整个思想比作一座圣殿或者一座圣城，他把《阿西比亚得篇》看作圣殿的"柱廊"，而圣殿的神龛则是《巴门尼德篇》，这是圣殿中心和神圣之地。因此，要通过圣城走到圣殿，直至柏拉图思想的"神龛"，那就必须从《阿西比亚得篇》开始，直至《巴门尼德篇》[47]。

我不想详细地讲《阿西比亚得篇》，而只想指出 epimeleia heautou，即关注自己[a]这个概念的若干主要特征，因为人们可以在这篇文字中看到"关注你自己"这一原则的第一次哲学表述。

第一个问题："关注你自己"这一箴言是如何被引入对话当中的？

这个箴言是这样被引入的：阿西比亚得计划开始其政治生涯，更确切地说，他的计划就是"面对民众发言"，比伯里克利斯[b]更强大、更伟大，并成为城邦中最强大的人物。

当苏格拉底遇到阿西比亚得，这是在对话的一开始，他就建议后者对自己作一番审查，阿西比亚得正处在人生的一个转折点上。对雅典的所有年轻贵族来说，这一转折点是众所周知的，非常普通。这是在这样一个时期，即这位年轻的雅典贵族开始和他的同伴们，和其他平等人一起参与政治生活。这也是他不再 eromenos（即不能再被爱）的时期，他应该 erastês（爱上别人）。所以，此时他应该既在政治舞台上，

65

也在爱情中，在爱欲游戏中更加主动。

无论在政治生活中，还是在爱情生活中，阿西比亚得就处在这样一个众所周知的转折点上。这一传统转折点对所有年轻雅典人来说是共同的，但我认为阿西比亚得要通过这一转折点的方法非常独特，不同于其他人。事实上，阿西比亚得并不仅仅想和他的同伴们参与政治权力；他并不满足于他的出身、他的财富和他的地位给予他的特权；他非常明确地说，他并不想利用这一切来"度过一生"，不想和其他平等人，和他的同伴们处在同一水平。他要在城邦内胜过所有人，在外部则胜过斯巴达国王和波斯君主；这些人，即斯巴达国王和波斯君主，对他来说不仅是国家的敌人，而且还是他个人的对手。你们都看到了，在政治舞台上，阿西比亚得不想在雅典行使权力的人当中仅仅显示为一个贵族，他还想成为唯一的人，并和其他公民保持一种个人权力关系；他想和国家的敌人保持一种个人的竞争。这就是阿西比亚得和其他年轻贵族之间的差异。

从情爱观点来看，阿西比亚得也处在一个转折点上 [我刚才已经说过][a]。他在青少年时期很招人喜爱，有很多仰慕

---

a　推测；这一部分听不清楚。

者；他现在到了一个长胡子，而仰慕者也纷纷离他而去的年龄。当他还是光鲜漂亮的时候，他拒绝了所有向他献殷勤的人，他不愿屈服于他们，并坚持要做一个如他自己所说的 kreittôn，一个统治者。介于政治词汇和情欲词汇之间的双重性在希腊语中始终存在，这种双重性在此变得非常重要。可现在苏格拉底出现了，苏格拉底对阿西比亚得的身体不感兴趣，或者至少他拒绝阿西比亚得的身体，他在所有其他人失败的地方获得了成功，他还将向阿西比亚得证明，他比后者更强大，他要做的就是让后者屈从，但这是在一种完全不同的意义上。阿西比亚得要成为城邦中的第一人，他将不得不把自己的灵魂和意志交给苏格拉底。这是一个要点：要成为政治生活中的第一人，他必须屈服于他的求爱者，这不是在身体意义上，而是在精神意义上。你们由此看到了，苏格拉底在阿西比亚得这位年轻雅典人的人生关键时刻遇到了他，就在这个由年轻人向成年人转变的时期，苏格拉底掌握了阿西比亚得。阿西比亚得将以不同于其他年轻贵族的方式来体验这一转折。

66

我认为，关注自己的问题正是在年轻人的非常独特的政治抱负和导师的非常独特的情爱（哲学之爱）之间出现了。

第二个问题出现了：为什么阿西比亚得必须关注他自己？

苏格拉底询问阿西比亚得，他的志向是什么，或者说阿西比亚得认为他自己有什么才能。他是否知道什么叫治理好城邦？是否知道"公正"一词意味着什么？或者城邦内的"和谐"意味着什么？作为我们熟悉的苏格拉底式的古典年轻人，他对这些一无所知，无法回答这些问题。这一类情况，我们几乎可以在柏拉图的所有早期对话中看到。于是苏格拉底让阿西比亚得和他的对手们，和那些他要与之斗争的人，和斯巴达国王和波斯国王这些城邦外的对手们作一番对比。苏格拉底对阿西比亚得说："你清楚地知道，斯巴达的国王都接受一种非常精致的教育，他们学习必不可少的品德。"至于波斯国王，他自 14 岁起就被交给四位教育家：第一位给他讲授智慧（sophia），第二位给他讲授公正（dikaiosunê），第三位给他讲授克制（sophrosunê），第四位给他讲授勇敢（andreia）。这四种柏拉图的美德只是在柏拉图的晚期对话中才出现（难以确定这篇对话的日期，这又是一个证据）。不管怎么说，波斯国王接受一种非常优秀的、完整的、柏拉图式的教育。然而，阿西比亚得接受过什么样的教育呢？他被交给一位无知的老年奴隶，而他的监护人伯里克利斯甚至都无法合适地教育自己的儿子们。

阿西比亚得要胜过他的对手们，他必须获得某种技能（technê）、某种能力；他必须专心致志去做——epimeleisthai（关注）。我们现在已接近讨论的中心。但我们已经看到，他甚至都不知道去专心做什么，因为他不知道什么是公正，什么是和谐，什么是良好治理。阿西比亚得意识到他必须致力于某一件事情，但他不知道应该专心做什么。所以阿西比亚得身处极大的尴尬之中，他感到绝望。但苏格拉底出现了，并告诉他这一重要的事情：如果你已经50岁了，那么情况就严重了，甚至令人绝望，因为那时要 epimeleisthain seautô（"关注你自己"）就太晚了。

正是在这里，这一说法在这篇文字中，也许是在柏拉图的著作中首次出现（[保留演讲开头时关于这一点的讨论]ᵃ）。这个概念首次出现，至少是在此意义上。非常富有意味的是，你们都看到了，就是必须关注自己这个原则直接和某种不良教育有关，直接和某种有缺陷的教育有关，还有一点也非常富有意味，就是应该在人生某个确切时期专心履行关注自己

---

a 推测；这句话的后半部分听不清楚。

这一义务。这个确切时期就是当年轻人将投身于政治生活的时候。

在苏格拉底说明阿西比亚得必须关注他自己之后，现在出现了第三个问题，或者更确切地说，出现了最后两个问题：［必须关注的这个"自我"是什么？关注自己这件事情在于什么？

68　　有一段很长的讨论可以回答第一个问题，这里我就讲得快一些。这里涉及的自我，它显然不是我们能够占有的东西，譬如我们的财物、我们的衣物、我们的工具；它也不可能是我们的身体，身体是医生和体育学校校长的关心对象。我们必须关注的，就是有能力使用我们的财物，使用我们的工具，使用我们的身体的那个东西：实际上就是关注我们的灵魂。]ª

要关注自己的灵魂，当然就必须知道这一灵魂是怎么回事。而要灵魂认识自己，灵魂就必须观察一面和它具有同样结构的镜子，这就是说，人们必须在神的因素中观察自己的灵魂，灵魂即隶属于神的因素。正是通过神的因素并在神的因素中冥想灵魂，由此人们才能发现一个正确行为建立在其

---

a　录音中断；这一段文字根据打字稿复原。

之上的那些原则和本质，这些原则和本质将确定政治行为的规则。你们现在看到了，阿西比亚得为什么必须关注他自己，这是就他想成为城邦领导人而言的：如果他想知道什么是正确的政治行为的原则，那么他就必须在神的因素中观察他自己的灵魂，他可能在神的因素中看到永恒的本质。

这一段文字值得注意，其中当然有若干原因。首先是这篇文字显示的不是早期柏拉图主义，而是晚期柏拉图主义的所有特征。但我认为这篇文字值得关注的首要原因，就是自我关注在其中可以说恰恰被视为我上次所说内容的反面：在这篇文字中，自我关注被自我认识吸收了。在整篇对话中，作为讨论重要主题的自我关注原则始终围绕着必须认识自己这个德尔菲的箴言运转。"认识你自己"有好几次直接或间接地在"关注自己"的旁边被提及。但很明显，到了对话最后，当阿西比亚得被告知他必须像在镜子中那样来观察神的本质，这个时候，"认识你自己"占据了由必须关注自己原则打开的全部空间。对柏拉图来说，或者至少在《阿西比亚得篇》这一对话中，自我关注就在于自我认识。

我在这篇文字上面稍微耽搁了一会儿，而我将研究的大部分文字都是很晚以后的材料。我这样做是因为在我看来，

69

这篇文字似乎非常清楚地显示了自我关注历史的某些基本问题。[在此历史中] 被提出的解决方案将通常非常不同于《阿西比亚得篇》给出的解决方案，但我认为，在希腊、希腊化、希腊—罗马这一文明、这一文化、这一哲学的整个过程中，我们可以发现同样的问题，但解决方案并不相同。

有三个主要问题。

首先是自我关注和政治活动之间的关系问题。就像我们看到的，苏格拉底要求阿西比亚得关注他自己，这是在如下意义上说的：后者声称要关注他人，并引导他人。在此对话中，阿西比亚得必须关注他自己，因为他想统治他人：关注自己 (epimeleisthain seautô)，关注他人 (epimeleisthain allois) [48]，他必须关注他自己，因为他必须关注他人。到后来，尤其是在帝国时期，自我关注和政治活动之间的关系问题将非常不同。但在帝国初期这个时代，问题更倾向于以某种二选一的形式出现：脱离政治活动来关注自己不是更好吗？《阿西比亚得篇》的关系是自我关注和政治活动之间的一种包含关系；而后来到了希腊化和希腊—罗马时代，这种关系将以某种二选一形式出现。

我们可在整个古代文化中发现的第二个问题，就是自我关注和教育的关系问题。在苏格拉底的话语中，自我关注被说成是所有在教育上有欠缺的年轻人的一种义务。而到了后来，到了罗马帝国时代，自我关注完全不再被介绍成 [教育上有欠缺的][a] 年轻人的义务：而被介绍成成年人，所有成年人的义务，一项必须持续终生的义务。

你们在《阿西比亚得篇》中遇到的第三个问题，也是人们在以后的哲学中遇到的问题，那就是自我关注和自我认识的关系问题。我们已经看到柏拉图笔下的苏格拉底把优先地位给予"认识你自己"，这一优先地位将是所有柏拉图主义和新柏拉图主义运动的一大典型特征。相反，在希腊化和罗马哲学中，似乎自我关注原则往往获得了某种自主性，也许获得了相对于自我认识的某种优先地位。不管怎么说，哲学的重点往往在于自我关注，而自我认识则成了正确关注自己的一个工具和方法。

以上是一个起点，我现在想更加详细地进行分析，也就是分析帝国最初两个世纪的自我文化。更确切地说，我选择

---

a　推测；有一部分听不清楚。

的历史阶段是自奥古斯丁王朝末年到安敦尼王朝末年。大家都清楚地知道，这 150 年或者 200 年是古代文明的一个重要时期。我认为这一时期也是自我关注实践和理论的一个特殊时期，一个"黄金时代"。

从这个观点来看，爱比克泰德的例子就很能说明问题。我认为，实际上可以在《谈话录》中找到一种真正完整的自我关注理论。爱比克泰德非常清楚地指出，自我关注既是一种义务，也是一种责任，还是一种特权，一种相对于动物而言的人类特权。对爱比克泰德来说，人类就是这样的存在物，他们有能力关注他们自己，而且他们必须这样做。在以后的研讨班，即第一次研讨班上，我将和你们一起阅读爱比克泰德关于这一主题的若干文字[49]。[a]

但今天我不想仅仅限于这些纯理论和纯哲学的参照。在爱比克泰德重新提起自我关注这一原则的时代，自我警觉这个主题已经具有相当重要的规模。一个漫长的发展过程已经为此顶点做了准备。公元 1 世纪和 2 世纪并非一个起点，不如说是一个漫长时期的发展结果。

---

a 关于这一段的手稿部分没有被找到。因此，相对于福柯实际上所说的，我们不知道是否存在能说明问题的不同版本。

在那些自称人生顾问或者人生导师的哲人那里，关心自己的利益这一原则，当然不是在物质意义上说的，它几乎是被普遍接受的。伊壁鸠鲁派人士就在他们的导师之后反复说，要关注自己的灵魂，这样做从来不会太早，也不会太晚[50]。穆索尼乌斯·鲁富斯是一位斯多葛派人物，他也说过："只有通过不断关注自己才能确保自己获得拯救"[51]；塞涅卡也说过："必须为自己的灵魂操心，必须为自己操心，必须立刻这样做"，"回归自身并停留在自身"[52]。普鲁塔克则建议人们观察自己，并"对自身倾注所有的注意力"。普吕兹的迪翁作了一次讲道来阐述隐退，即退居自身[53]。盖伦回顾到，需要多少时间来培养一位医生、一位演说家、一位语法学家，他认为需要更长时间来成为一个好人，他说，必须年复一年地去"关注自己"[54]。

但这些并不仅仅是若干哲人或身心技术员给出的某种抽象建议。[在文化界，也许在更广泛范围内][a]，如果想到某些伊壁鸠鲁派团体的相当轰动的招聘，或者想到在马路上倾听犬儒派人士说话的听众，那么自我关注就是一种非常普遍的

---

a 这一缺失部分根据打字稿复原。

72　　活动。某些机构的支持也强化了对自己的这一热情：人们在
其中学习自我关注的学校、私人或公共教育机构、演讲会，
还有在多少有些封闭的小圈子内进行的讨论。可以发现在某
些结构严密的团体内，自我警觉以集体的有规则生活形式出
现，譬如在毕达哥拉斯派成员那里，或者在亚历山大城的斐
洛所描述的那个怪异团体内部，我上一次谈过这一点 [55]。[a] 不
过，还有一些非常松散的团体，它们聚集在一位导师周围，
或者仅仅是围绕着某一种共同的哲学，一种生活模式。人们
到某些导师那里去，或是为了拜访，或是为了听课。譬如说
普林尼，当他被派往小亚细亚去服兵役，他就急不可待地去
拜访欧弗拉德斯（Euphratès），后者是一位著名人物，是当时
斯多葛派的一位主要代表，普林尼就在欧弗拉德斯的指导下，
用他的大部分服兵役时间来关注他自己的灵魂 [56]。还有一些
导师，他们来到您的家里，并住在您家里，罗马的贵族们就
喜欢这样的生活顾问。举一个例子，德米特里是特拉塞亚·帕
埃图斯的宫廷哲人，当特拉塞亚·帕埃图斯被迫自杀，德米

---

a "或者在亚历山大……怪异团体内，我上一次谈过这一点。" 打字稿中此句后见以下
文字：比如还可以举出一个著名而又神秘，并介于希腊—罗马文化之间的例子，就是
由亚历山大城的斐洛所描述的"治疗者"例子。

特里就在他的身边，并给他讲授了灵魂的不朽，特拉塞亚·帕埃图斯的最后关注就是倾听德米特里谈论灵魂的不朽[57]。这些活动中有一些是要付钱的，有一些是免费的，但所有这些活动都以一个广泛的义务和服务网为前提。这一活动导致了一种非常激烈的竞争，首先是在信奉修辞教育的人和主张关注自己灵魂的人之间；这一点非常重要，我以后当然会多次谈论这个问题。修辞表述和哲学表述之间的对立和两极化，就这种对立涉及自我关注来说，我认为它是古代文化在帝国初期这个时代的一大主要特征。对那些试图给他人讲授自我关注的人来说，其中当然有不同学派在相互竞争，尽管它们的目标和方法往往非常相近。最后还有一些人，他们相互间只是为了争夺客户。吕西安属于2世纪末的第二期诡辩派，他并不太喜欢哲人以及所有在市场上向路边看客兜售生活模式的人，他对所有这些实践和竞争作了一幅非常不友好的画像。如果你们想对此有一个大致了解，不完全是对这些实践，而是对它们的漫画式画像有一个大概了解，你们就应该阅读吕西安所写的《埃尔莫蒂默》这篇对话，其中描述了一个信奉自我关注的人，这个人就是埃尔莫蒂默，他对此非常自豪，他在路上遇到一位朋友，并告诉朋友说，他有一位哲学导师在教导他自我关注，他跟随这位导师已经有 20 年了，他当然为这位导师耗尽了钱财，因为这些咨询要花费很多钱，但导师依然让他抱有希望，说他也许能在新一轮 20 年之后达到幸福[58]。

当然有些人会从这些实践当中获取好处，但这其中并非一切都是虚假的，并非都是欺诈行为。但某些人真诚地致力于自我关注这项个人活动，而这一活动的重要方面将是下一个小时的主题。

你们对我所说的有什么提问和建议吗？[a]

[能够至少每天都预留若干时间来（关注自己）是一个好

---

a 在本次演讲第一部分的最后有过一次短暂讨论。可惜所提问题和福柯的回答都非常难以听清，因此无法被整理出来。我们只能在此作一简述。

首先有两个提问。在回答第二个提问时，福柯提到了由吕西安描述的导师和弟子间关系和在精神分析治疗的时代背景中所发生之事的某种相似性。

在回答第三个提问时，福柯回答说，在古代自我文化中，没有他人的帮助是无法践行自我关注的。然后他解释说，在苏格拉底那里，在罗马时代，以及在基督教修道制度初期（关于此修道制度，福柯引用了一句成语："谁没有被指导，谁就会像落叶一样失落"[59]），导师和弟子间的关系分别具有不同的形式。

第四个提问似乎涉及如何理解苏格拉底对阿西比亚得的抱负的态度。福柯回顾说，阿西比亚得想成为雅典的第一人，苏格拉底就对他说，他为此就必须首先关注他自己。自我关注随后应该会使他发现，他的个人抱负会导致僭主制，他应该在城邦行使的不是这一类权力。对于一位听众的提问，福柯将在研讨班第二课开始时再次谈到，他解释到，可以说苏格拉底给阿西比亚得布置了一个圈套。参见本书法语原版 190 页。

主意，人们甚至在一段时间内做这件事。^a] 譬如说，普林尼 74
就熟知这类隐居实践，时间可以是几个月或者几个星期：他
曾建议他的一位朋友这样做，而他本人就很喜欢在乡村隐
居^b。乡村在当时被认为是一种哲学之乡、哲学之地，隐居乡
村就是退居自身。如果可以把这一闲暇叫作 scholê 或者
otium，那么必须记住，这也是一种积极的闲暇，一种学习
的时间：其中有阅读、谈话、冥想和预先想到不幸或者死
亡等多种活动，还包含某些节欲练习。我们以后会谈到这
一点。

我想强调一点，就是书写这件事发挥着非常重要的作用。
自我关注就包含做笔记，书写内容涉及您在白天遇到的事情、
您的感受、您的体验、您曾经阅读过的书、您以前进行过的
谈话等。人们为自己预备好希腊人所谓的笔记本，即能被反
复阅读和记忆的笔记本⁶⁰。人们给朋友撰写论说文，给他们
寄信，和他们通信，这既是帮助朋友们从事他们的事业的一 75
种方法，也是在自己身上激活自己所需真理的方法。譬如，
有一次塞涅卡给卢基里乌斯写信，内容涉及后者一位朋友儿

---

a　根据打字稿复原的缺失段落。
b　打字稿：这也是退居自身。

子的死亡，那是"为了让信给丧儿之父展示，目的是安慰他"，但这也可以说是给卢基里乌斯上了一课，目的是帮助后者，使后者能够有朝一日因为自己的儿子或者自己的某个亲戚而使用到；当塞涅卡写这封信的时候，这对他本人来说也是一种练习，因为这是激活他所熟知的关于生死等的真理的方法[61]。我认为书写的重要性非常突出：这是这一自我文化的一大主要特征。众所周知，阅读和书写在希腊和罗马社会非常普遍。当然，在希腊和罗马社会，除了奴隶，所有人，或者几乎所有人都能阅读和书写。但我想存在一个真正重要和明显的差异。在政治生活中，至少在古典时代，直至帝国初期，口头文化远远占据上风，而书写在政治生活中并不重要。只是随着行政结构和官僚体制在帝国后期的发展，在帝国时期，尤其是在 3 世纪的巨大危机之后，书写才变得重要起来，成为政治生活中一项必需的活动。在此之前，政治生活、政治活动主要是口语的。但我们应该记住，至少在希腊化时期，自我的问题和自我关注显然是这样的主题之一，即书写对这些主题是绝对必需的。在此阶段，使用书写的发展和自我文化的发展始终是相互联系、相互依赖的。自我是必须关注的对象，方法是通过某些活动，其

中就有书写活动 ª。

　　主体性作为书写活动的主题，它并非现代的发明：它不 76
是来自浪漫主义的发明，它不是宗教改革的创造，它也不是
圣奥古斯丁或早期基督教修行的创新。相反，主体性成为这
一书写活动的主题，这是西方最古老的一个传统。当圣奥古
斯丁和基督教修行出现的时候，这一传统已经根深蒂固了。
我认为在古代文化的时代，政治活动是一种口头活动，而自
我关注则主要是一种书写活动，这是一个 [重要事实]ᵇ；然而
在基督教时代发生了某种转变：政治生活变成了一种书写活
动，而自我文化则由于忏悔变成了一种口头活动。这一转变
在卡西安（Cassien）[那里出现]ᶜ。我想强调书写这个方面以
及它的重要性。

　　随着这些实践传播开来，具体的、个人的自我体验似乎
也因为这一活动而被强化、被扩大了。我想这一体验并不仅

---

a　"只是随着行政结构和官僚体制在帝国后期的发展，……其中就有书写活动。"手稿
中此句后见以下文字：一个事实就是，行政结构和官僚体制的发展增强了书写在帝国
政府中的作用。但我们必须记得，书写的作用在自我治理中很早就是决定性的。自我
作为必须关注的对象，它是某种持续书写活动的主题。

b　推测；这一部分听不清楚。

c　推测；这一部分听不清楚。

仅和某种外部活动相联系。我认为，人们对他们自身的体验，[他们和] 自身相关的方法，这些都经由我们可以叫作内省的东西而被改变；对自身的观察类型比以前更加细致、更加详尽、更加深刻。譬如，塞涅卡[62] 以及普林尼[63] 的书信，马可·奥勒留和弗朗托的通信[64]，所有这些书信都表现出那种对自己的警觉，表现出应该给予自己的那种细致入微的关注。这种关注时常涉及日常生活的各种细节，涉及健康和情绪的细微变化，涉及身体上感受到的略微不适和不舒服，此外还涉及灵魂的细微波动，涉及精神上的微小波动，涉及阅读，涉及仍记得的引文，涉及某个事件发生时的想法。某种和自己的关系模式，一个完整的体验领域出现了，而人们在之前的材料中则看不到这些。

由此观点来看，马可·奥勒留给他的朋友、他的导师，也许是情人弗朗托所写的那些信，以及由弗朗托写给马可·奥勒留的信，它们都非常能够说明问题。如果我能找到这些信件的英译本 [我找到了法译本，不过情书却总是由希腊文译成拉丁文……][a]，我们将在研讨班期间一起来阅读一封或两封

---

a　推测；这一句有一部分听不清楚。

信件 [65]。

还有一篇文字没有被翻译，但它真的也非常有趣，那就是阿留斯·阿里斯蒂德的《神圣话语》[66]。我认为这些话语是关于这一切的一个非常明显的见证。阿留斯·阿里斯蒂德是一个非常奇怪的人物，他就政治、罗马宪法、帝国政府等写过非常有趣的东西；"命运"[67]这一罗马政治[68]的整部历史，它非常精彩。但除了这些，阿留斯·阿里斯蒂德在长达10年中患有各种各样的疾病。他在10年中走遍了地中海东部，从一个国家到另一个国家，从一个教堂到另一个教堂，从一个神谕到另一个神谕，从一个神父到另一个神父，为了他的痊愈而祈祷。事实上，他在10年后痊愈了。他写了六篇文章来表达对阿斯克勒庇俄斯这位治疗之神的感激之情。这六篇文章，从它们的一般形式来看，隶属于传统的碑文类型，传统碑文叙述某一次治愈事例，并对神灵表示、表达感激之情，这可以说是碑文的整理记录：他编写了一本书，而这本书，通常在石碑上只有若干字就能表达。阿留斯·阿里斯蒂德把一种传统框架变成了某种文学作品，他在此传统框架中展示了大量的描述，关于他自己的疾病、不舒服、疼痛，包括各种感受，给他某些提示的预知梦，他尝试过的药物，以及时

78

而获得的疗效，如此等等。在这个例子中，我想通常的疑心病症状的极限已被超越。但问题不在于知道阿留斯·阿里斯蒂德是否患病了，他的确有病。重要的是注意到，他在自己的文化中找到了方法去表达这种个人体验。我想你们在这篇文字中首先可以看到一种创新，一种将持续很久的文学体裁所代表的创新，同时也看到对疾病的叙述，还可看到一个事实，[阿留斯·阿里斯蒂德] 能够在他自己的文化中找到去实现这一创新的工具，或者至少找到创新的鼓励。

请原谅我在此讲得太快了。我只想提示一点，就是不应该仅仅在这个时代，在早期帝国的某个特殊哲学理论中去寻找自我关注的主题。它是一个普通的箴言，或者至少是一个极其流行的箴言。很多人回应了它的召唤，这一实践有它的机构、它的规则和它的方法，它还是一种体验模式，一种个人体验模式，它也是一种集体的体验，有它的方法和表达形式。

总之，我认为自我关注在体验中显示为一种被肯定的价值，它在有规则的实践中形成，它打开了个人体验和集体表述的领域，所以我认为我们有理由使用"自我的文化"这个词。

下周二，我将试着指出"自我认识"原则和自我分析技术在这一自我文化中占据什么地位；我还将试图分析在这个时代，在这一文化背景中发展起来的自我认识、自我审查和自我辨认形式。

这是我的计划，但我还有一些东西要对你们说，我怕你们已经累了……实际上，我今天想阐述的就是自我关注从柏拉图到帝国早期的两三个重要变化。第一个变化就是自我关注变成了一种成年人的文化。[……]ᵃ 我想强调的第二点，就是这类文化和[新出现的功能]ᵇ之间非常密切的关系；第三点，我想给你们指出"自我认识"在这一文化中的地位。我不知道该如何……我们可以在这里停一下，并进行一次讨论……

第一个问题是这样的：你们都记得，苏格拉底要求阿西比亚得利用年轻时光来关注自己，如果到了 50 岁，那就太晚了。如果你们把这一点和希腊化和罗马时代的文字相比较，区别是明显的。譬如，伊壁鸠鲁就说 [……]ᶜ："在年轻的时候，不要犹豫去进行哲学思考，在年老的时候，不要犹豫去进行哲学思考。要关注自己的灵魂，从来不会太早，也不会

---

a　这一部分听不清楚。

b　根据打字稿推测；这一部分听不清楚。

c　这一句听不清楚。

太晚[a]。"[69] 穆索尼乌斯·鲁富斯是一位斯多葛派人物，他就说，"如果要健康地生活，那就必须不断地关注自己。"[70] 盖伦也说："要成为一个完美的人，每个人都必须终身练习"，当然最好是"从最小的年龄就开始关注自己的灵魂"[71]。

一个事实就是，塞涅卡或者普鲁塔克给他们的朋友提建议，这些对象不再是苏格拉底所面对的那些有雄心壮志并受人爱慕的青少年：塞涅卡或者普鲁塔克的朋友是成年男子，有时候相当年轻（如塞利纳斯[72]），有时候完全是成年人（如卢基里乌斯，当塞涅卡和他就修行方面进行长时期通信的时候，卢基里乌斯担任西西里岛财政长官这一重要职务[73]）。爱比克泰德为年轻人开办了一所学校，但他有时候也对成年人说话，其中甚至有执政官人物。有一篇对话非常有趣，其中说到爱比克泰德要求他的年轻学生们走遍全城，去扮演苏格拉底式的某种角色，去和他们在城里遇到的执政官人物见面，并提醒后者自我关注的任务；成年人必须关注他们自己，爱比克泰德的年轻学生们必须提醒成年人，他们必须关注自己。当马可·奥勒留整理笔记的时候，他是在履行皇帝

---

a 打字稿：(pros to kata tên psuchên hugiainon)

的职责，他并不是年轻人，可问题对他来说在于终生"帮助他自己"[74]。

所以，自我关注不仅仅是为了进入生活而作准备[a]。我想在《阿西比亚得篇》中，不管自我关注原则有多么重要，问题不过就是为生活而作准备，或者至少阿西比亚得认为是这样，不为任何其他事情。阿西比亚得意识到他必须关注他自己，这是在如下情况下，即他以后还要关注他人。而现在重要的是为了自己而关注自己，并且持续终生。

由此就有了改变对自己的态度这一非常重要的观念，有了转向自身的观念，有了在生存中返回自身的运动这一观念（希腊语的说法是 eis epistrephein）[75]。转向是一个典型的柏拉图主题。正如我们在《阿西比亚得篇》中所看到的，按照柏拉图的理论，灵魂转向自身的运动，柏拉图要求阿西比亚得去完成的运动，此运动是这样一种运动，目光和眼睛由此被引向"上方"，也就是被引向神圣因素，被引向本质，被引向超天体世界，而本质在此世界中是可见的。相反，塞涅卡、普鲁塔克、爱比克泰德要人们完成的转向，此运动非常不同

a　打字稿：这是一种生活方式。

于转向理念：可以说这是一种就地转向，这种转向除了"落户于自身"，停留于自身没有别的目的和终点。转向自身的最终目的就是建立和自己的某些关系。

这其中的若干关系有时候被按照法律—政治模式来描述：譬如人们应该自己做主，能够对自己进行完全的控制，完全独立，彻底属于自己（塞涅卡就经常这么说）[76]。

人们也时常按照享受模式来表述这些关系：完全"享受自己"，在自身取乐，在自身找到欲望的满足，如此等等。

我们简短地说吧：在柏拉图那里，人们转向自身的运动不过是上升到"彼岸"过程中的一个阶段；而在这里，问题在于把我们引向我们自身的一种运动。如果我们在此遇到神灵，它会以现在我们身上的"魔鬼"形式出现。可以说，和自我的这一关系形式由某种内在目的来引导。

我认为第二个重要差异，第二个变化涉及教育。你们都记得，在《阿西比亚得篇》中，自我关注之所以必需，是由于教育有缺陷，是由于教育的不足，阿西比亚得必须以自我关注来充实并取代这一教育。而现在，自我关注变成了一种成年人的实践，必须终身践行；它的教育作用当然趋于消失，其他功能开始出现。我认为这些功能有三个。

首先，自我的文化没有教育的功能，而具有批判的功能。正相反：自我的文化绝对无法使人获得某种教育，但能够使人摆脱以前接受的所有不良教育，摆脱来自公众，来自不良导师，还有来自家庭，来自周围的人，来自父母的所有不良习惯。塞涅卡曾就父母的不良影响写过一些非常能够说明问题的书信[77]。人们必须摆脱所有这一切。自我的文化是一种批判的文化，这个观念非常重要，它将通过基督教、宗教改革、浪漫主义和 [革命活动][a] 而在我们的社会中拥有漫长的生命。自我关注是一项批判的 [活动][b]。"遗忘"是 [自我发展][c] 的一项重要使命。

但这一自我文化还有一项斗争和战斗的功能。自我的实践被设想为一场永久的战斗。我想从早期柏拉图主义的观点来看，可以说自我关注以雕塑为模型：年轻人应该把自己雕塑成一件艺术作品。而现在的自我文化，其目的并非把 [人生] 变成一件艺术作品，问题在于把自己武装起来，并战斗 [终生。你们无疑都知道，有两个比喻是多么常用：竞技比赛

82

---

a 推测；这一部分听不清楚。

b 推测；这一部分听不清楚。

c 这一部分听不清楚，现根据打字稿复原。

的比喻（我们在生活中就像一位竞技者，必须不断战胜对手][a]，即使不在竞技的时候也必须进行训练），战争的比喻（灵魂必须像军队那样做好准备，敌人会在任何时候发起攻击）。

基督教的精神之战这个重要概念在古代异教自我文化中就已经是一项基本原则了。

不过，我认为这一自我文化尤其具有某种医疗和治疗功能。较之于教育模式，它更加接近医学模式。当然必须回顾希腊文化中那些非常古老的事实：有一个概念，譬如痛苦，它指灵魂的偏激[b]，也指一个比喻领域，譬如[c]治疗、皮肤划痕、截肢、净化等，你们在这些文字中会看到这一切。你们应该记得一个为伊壁鸠鲁派、犬儒派和斯多葛派所熟悉的原则：哲学的作用就是治愈灵魂的疾病[d]。

我想强调医学和自我文化之间的这种相关联系。譬如，爱比克泰德就不愿意他的学校仅仅被视为一个培训之地，[人们在那里学习纯粹的诡辩理论][e]，这不是一个培训之地；他

83

---

a 录音中断；这一句根据打字稿复原。

b 打字稿：也指身体的疾病。

c 在打字稿中，"譬如"后见以下文字：可以把诸如……等用语用在身体和灵魂方面。

d 打字稿：普鲁塔克有一天说，哲学和医学构成了 mia khôra，即同一个领域，同一个方面。

e 推测；这句话有一部分听不清楚。

的学校对他来说真的就是一个医疗诊所，他称之为 iatreion（iatreion 就是诊所）；他希望他的学校成为一个"灵魂的诊所"；他希望他的学生们意识到自己是患者这个事实："他说，有一个人的胳膊脱臼了，另外一个人患有脓肿，第三个人生疮，还有一个人患头痛病。""你们想学习三段论吗？请你们先治好你们的创伤，止住你们身上流出的脓液，还要让你们的精神平静下来。" [78]

反过来，像盖伦这样的医生则认为治愈灵魂的错乱和偏激也是他的职责所在，错乱和偏激"就是混乱的，有悖常理的能量"，还是人们"由错误观念导致的过失"。他在《论治愈灵魂的偏激》中就列举了他的治疗活动和治愈案例：他治愈了他的一位易怒伙伴；他还帮助了一位青年人，这位青年人的心灵因为琐事而心神不宁 [79]。

当然，所有这些观念可能会显得很平常，而且它们事实上的确很平常，既然它们在西方文化中被代代相传。它们只是具有更多的历史重要性罢了。事实上，自我关系成为人生的一项永久任务，这对西方主体性历史来说是重要的。由此观点来看，基督教并未抛弃异教哲人的教导。这种自我关系被定义为批判性的，被定义为批判性的关系，被定义为战斗

84 关系和治疗实践，看到这一点也是重要的。在这里，西方也并未拒绝古老的自我文化的形式。

苏格拉底周围那些雄心勃勃的年轻人，以及那些和塞涅卡通信，或者像阿留斯·阿里斯蒂德或者马可·奥勒留那样写笔记的人，我想在此强调他们之间的区别。对前者，对苏格拉底面对的年轻人来说，主要危险是自大（hubris），是夸张（pathos），是自大的偏激，这种偏激就在于超越 [界限]ᵃ，危及自己的地位。对苏格拉底面对的年轻人来说，危险在于高估自己，人称 hubris, 可以说他们自身就和过多的能量相关。而对和塞涅卡通信的那些人来说，或者对马可·奥勒留以及阿留斯·阿里斯蒂德来说，危险不再是他们自身的过分能量，现在的危险是他们自身的弱点，[而不是] 自高自大的毛病。似乎存在着自我关系的病理化和极大的医疗化。我认为这一点非常重要。

我现在简短地说一下最后一点。《阿西比亚得篇》中的自我关注和帝国时代文化中的自我实践之间的第三个区别是这样的：在柏拉图的对话中，和导师的情爱—哲学关系是非常重要的，这构成了一个背景，而苏格拉底和阿西比亚得就在

---

a 推测；这一部分听不清楚。

此背景中共同负责年轻人的灵魂。背景既是情爱的，也是哲学的。而在公元 1 世纪和 2 世纪，和自我的关系仍然被认为应该建立在和导师、和师傅，总之是和某个他人的关系之上，不过，这却越来越明确地独立于情爱关系[80]。

没有他人的帮助就不能关注自己，这是被普遍接受的，我将在研讨班上给你们指出这一点[81]，然而现在两个合作者，即指导者和被指导者之间的关系不再是一种情爱关系，而是一种家庭的关系，或者是一种保护关系，或者是地位高的人和地位低的人之间的一种关系。这是一种灵魂的服务，由众多的社会关系来实施。传统的爱欲在此只具有偶然的作用，这并不意味着这些情爱关系或者这些性关系在这类活动和实践中往往并不强烈，并不出现。但我想我们可以说，在指导者和被指导者之间的情爱关系，这一背景非常不同于可以在所谓苏格拉底之爱中找到的东西，也不同于在我们体验中被我们叫作"同性恋"的东西。譬如，马可·奥勒留和弗朗托之间的通信就可以表明这种激烈性和复杂性。我想，询问 [他们之间是否有性关系][a]，这是毫无用处的；在他们两人之间存

85

---

a 推测；这一部分听不清楚。

在着某种非常独特、非常有趣的关系，存在一种强烈的情爱关系，而突出并展示这种体验的独特性，这是历史学家 [的工作]ᵃ，这种体验是一种内在的体验，一种个人的体验，但也许是 [……]ᵇ。

以上只是我想就自我文化所说内容的一个概要，下周二，我将试着给你们指出什么是自我辨认的技术ᶜ。

---

a 推测；这一部分听不清楚。

b 这一部分听不清楚。

c "没有他人的帮助就不能关注自己……什么是自我辨认的技术。"打字稿中此句后见以下段落：没有他人的帮助就不能关注自己，这一点是普遍被接受的。塞涅卡就说过，从来就没有人强大到能够由自己来脱离他所处其中的"愚蠢"状态(stultitia)："他需要别人伸以援手，把他从中拉出来。"⁸² 塞伦也同样说过，人们太爱自己了，他们不能治愈自己的偏激：他经常看到有人跌倒，因为他们并不愿意信赖他人的权威⁸³。这个原则对初学者是真实的，对于以后，直至终身，这个原则也还是真实的。塞涅卡在和卢基里乌斯通信时的态度就很有特点：年长对他来说毫无用处，他仍然需要被指导；他给卢基里乌斯提出建议，但他还要求卢基里乌斯给他提建议，他为在这种相互通信中获得的帮助而感到庆幸。

在这种心灵实践中，值得注意的是能够作为基础的众多社会关系。

·有严格意义上的教育组织：爱比克泰德的学校就是一个例子；除了有更长学习期限而留下来的学生，学校还接受临时的听众；学校还向那些想自己成为哲人和灵魂导师的人提供教学课程；由阿里安收集的《谈话录》中的某些文字就给自我文化的未来践行者提供的技术课程。

·人们还可以遇到私人顾问，尤其是在罗马：他们置身于 [大人物] 的周围，并成为他们的团队或者他们的被护民的一部分。他们提出政治建议，他们指导年轻人的教育，他们在人生的某些重要时刻提供帮助。德米特里就这样生活在特拉塞亚·帕埃图斯的周围；当特拉塞亚·帕埃图斯自杀(他是反尼禄派的成员)，

86

注释   87

1   柏拉图，《阿西比亚得篇》，《柏拉图全集》，卷一，M. 克鲁瓦塞法译本，巴黎，Les Belles
    Lettres，2002年，47–114页。福柯在法兰西学院讲授《主体解释学》时从自我关注角度详
    细分析了柏拉图的《阿西比亚得篇》。参见HS，33–46，50–58，65–76页等多处。另可参见
    米歇尔·福柯，《自我的技术》，同前，1608–1611页；《自我的文化》，同前，89–91页；CV，
    117–119，147–149，227页。
2   关于新柏拉图主义者对柏拉图著作的分类，福柯主要依据A. –J. 费斯图耶尔（A. –J.
    Festugière）的研究，《5—6世纪阅读柏拉图对话的顺序》，参见《希腊哲学研究》，巴黎，

可以说德米特里就充当了自杀的参谋，他以一篇论述不朽的谈话占据了特拉塞
亚·帕埃图斯的最后时刻。

但还有进行心灵指导的其他形式。心灵指导增加并激发了一系列其他关系：家庭
关系（塞涅卡在被流放的时候给他的母亲写了一封安慰信）[84]；保护关系（塞利纳斯是塞
涅卡的远亲，从外省刚来到罗马，塞涅卡既负责青年人塞利纳斯的前程，也负责后者
的心灵）；因为年龄、文化和境遇相当接近的两个人之间的友谊关系（塞涅卡和卢基里
乌斯）；和位居要职人物的关系，人们拜访老人，并提出有用建议（普鲁塔克和丰达努
斯就属于这样的关系，普鲁塔克紧急地把他自己所写的关于灵魂平安的笔记寄给丰达
努斯）[85]。

我们可以看到，可称作“心灵的服务”发展起来，它通过多种社会关系而实现。传
统的“爱欲”在此只有偶然的作用。这并不是说，情感关系在其中往往并不激烈。也许，
我们现代的友谊和爱情范畴并不太合适于解读这些情感关系。马可·奥勒留和他的导
师弗朗托的通信就可以被当作这种激烈性和这种复杂性的一个例子。

总之，我今天想给你们指出，“自我关注”原则不仅在思想中始终存在，而且还贯
穿于一般的古代文化。这种持续性并不排斥深刻的更新。尤其是在帝国时代，人们看
到了自我文化的繁荣，这一繁荣给予自我文化的形式非常不同于早期柏拉图对话中的
形式。

和自我的关系在此变成了一种复杂和连续的活动，主体在此活动中为了他自己而
变成了批判对象、斗争的战场和疾病的病源。但这种活动除了自我没有别的目的，可
它并不因此是一项孤立的活动，它是和整个多样化社会关系领域不断相互作用中发
展起来的。

Vrin, 1971年，535–550页。关于新柏拉图主义者对《阿西比亚得篇》所作的评论，参见HS, 163–167页。

3　福柯在研讨班第一课中详细评论过《阿西比亚得篇》中的这一段落。参见本书法语原版170–173页。

4　关于"自我的文化"在帝国时代的突出特征，参见HS, 79页下；米歇尔·福柯，《主体解释学》，参见DE 2, 文章编号323, 1174–1178页；《自我的文化》，同前, 91–97页；SS, 57–85页。

5　爱比克泰德，《谈话录》，卷四，J. 苏伊雷(J. Souilhé)和A. 亚古(A. Jagu)法译本，巴黎，Les Belles Lettres, 1945—1964年。关于爱比克泰德和苏格拉底的关系，参见福柯在研讨班第一课的最后对《谈话录》卷三, 16–23的评论(参见本书法语原版174–184页)。

6　爱比克泰德，《谈话录》，卷一，16，《论神意》，同前, 61–63页。福柯在研讨班第二课中对这一文字作了评论。参见本书法语原版197–210页。

7　伊壁鸠鲁，《致梅内泽的信》，同前, 45页。

8　普鲁塔克，《论控制愤怒》，453D, 参见《道德论著》，卷七之二，J. 迪莫捷(J. Dumortier)和J. 德弗拉达斯(J. Defradas)法译本，巴黎，Les Belles Lettres, 1975年, 59页："希拉(Sylla), 在我们保存的美好格言中有一个是这样的：如果要以健康的方式生活，那就必须不断地关注自己！"

9　关于塞涅卡所使用的这些说法，参见SS, 61页。另可参见HS, 82–83页。

10　迪翁·克里索斯托姆，《讲道录20：论隐退》，参见《讲道录》，卷二，J. W. 柯翁(J. W. Cohoon)英译本，Loeb Classical Library, 1959年, 246–269页。

88　11　盖伦，《论诊断和治疗每个人灵魂中特有的偏激》, 4, 参见《灵魂及其偏激》，V. 巴拉斯(V. Barras)、T. 比奇勒(T. Birchler)和A. –F. 莫朗(A. –F. Morand)法译本，巴黎，Les Belles Lettres, 2004年, 16–17页。

12　亚历山大城的斐洛，《论沉思的生活》，同前。

13　萨摩萨塔的吕西安，《待出售的哲人生涯》，J. 伯派尔(J. Bompaire)法译本，参见《哲人画像》，巴黎，Les Belles Lettres, 2008年, 160–203页。

14　萨摩萨塔的吕西安，《埃尔莫蒂默》，A. –M. 奥扎拉姆(A. –M. Ozanam)法译本，参见《哲人画像》，同上, 322–459页。

15　关于书写在自我文化中的关键作用，尤其是关于"笔记本"和通信，参见HS, 341–345页，以及米歇尔·福柯，《自我的文化》，参见DE 2, 文章编号329, 1234–1249页。

16　塞涅卡，《致卢基里乌斯的信》，卷五，H. 诺布洛(H. Noblot)法译本，巴黎，Les Belles Lettres, 1945—1964年。

17　小普林尼，《书信集》，卷四，A. -M. 吉耶曼（A. -M. Guillemin）、H. 泽纳克（H. Zehnacker）、N. 梅蒂（N. Méthy）和M. 迪里（M. Durry）法译本，巴黎, Les Belles Lettres, 1927—1948年。

18　《马可·奥勒留和弗朗托未发表的书信》，A. 卡桑（A. Cassan）法译本，巴黎, A. Levavasseur, 1830年。福柯在研讨班第二课的最后对其中若干信件作了评论。参见本书法语原版213-220页。

19　阿留斯·阿里斯蒂德，《神圣话语》，A. -J. 费斯图耶尔法译本，巴黎, Macula, 1986年。参见米歇尔·福柯，《自我的技术》，同前, 1623页，以及《自我的文化》，同前, 97页。

20　参见本书法语原版87页，注释4。

21　伊壁鸠鲁，《致梅内泽的信》，同前, 45页。

22　参见本书法语原版87页，注释8。

23　盖伦，《论诊断和治疗每个人灵魂中特有的偏激》，4，同前, 12-13页。

24　参见塞涅卡，《论灵魂的平安》，《对话录》，卷四, R. 华尔兹（R. Waltz）法译本，巴黎, Les Belles Lettres, 2003年, 71-106页。

25　参见本书法语原版88页，注释16。

26　马可·奥勒留，《沉思录》，Ⅲ, 14, É. 伯里耶（É. Bréhier）法译本, J. 佩潘（J. Pépin）校对, "七星文库", 巴黎, Gallimard, 1962年, 1157页。

27　关于三种"转向"形式的区分（柏拉图的转向、希腊化和罗马转向，以及基督教的皈依上帝[metanoia]），参见HS, 201-209页。作为帝国时代自我实践共同目标的"转向自身"（epistrophè eis heauton），参见SS, 81-84页。

28　譬如参见塞涅卡，《书信75》, 18，参见《致卢基里乌斯的信》，卷三, H. 诺布洛法译本，巴黎, Les Belles Lettres, 1957年, 55页："做到转向自己具有不可估量的益处"（inaestimabile bonum est suum fieri）。

29　关于帝国时代自我关注的三个功能（批判的功能、斗争的功能和治疗的功能），另可参见HS, 90-96, 222, 307-308页；米歇尔·福柯，《主体解释学》，同前, 1176页；《自我的文化》，同前, 93-95页。

30　普鲁塔克，《关于健康的格言》，122E，参见《道德论著》，卷二, J. 德弗拉达斯、J. 哈尼（J. Hani）和R. 克尔（R. Klaerr）法译本，巴黎, Les Belles Lettres, 1981年, 101页。关于自我关注和医学的密切联系，另可参见SS, 69-74页。

31　福柯参照爱比克泰德《谈话录》中的两个段落。一段出自卷三, Ⅲ, 23, 30-31, J. 苏伊雷和A. 亚古法译本，巴黎, Les Belles Lettres, 1963年, 92页："喂，这是一个治疗诊所，不只是某个哲人的学校：当人们出门的时候，他们不应该经历过享受，而应该忍受过疼痛。因为你们健康的话就不会到那里去。有一个人的胳膊脱臼了，另外一个人患有脓肿，第三个人生疮，第四个人患有头痛病。那么，我这就坐下来给你们详细讲述那些美妙的思想和美丽的格言吗？为的是让你们在临走之前对我赞不绝口，但是一个人的肩膀依然是原来的样子，另一个人的头部情况也是原来的状态，第三个人还在生疮，第四个人还带着脓肿？"另外一段出自卷二，21, 21–22，J.苏伊雷法译本，巴黎，Les Belles Lettres，1949年，95页："如果你现在问我，'三段论有用吗？'我会回答说它们是有用的，如果你愿意的话，我将给你证明。—但对我，它们对我来说有什么用呢？喂，你不是在问我它们是否对你有用，而是在问它们一般来说是否有用，难道不是这样吗？如果一个患有痢疾的人问我，醋是否有用，我会告诉他，醋是有用的。—但对我来说，醋有用吗？—我会回答说：没有用。还是先努力止住你身上的脓液，让你的脓肿结痂吧。先生们，你们要先治愈你们的创伤，止住你们身上流出的脓液，让你们的精神安静下来，你们再带着摆脱了所有分心之事的精神来到学校，那时你们就会知道理性拥有何等的力量！"

32　盖伦，《论诊断和治疗每个人灵魂中特有的偏激》，4, 8–10，同前，15–16, 28–39页。

33　关于自我关注在希腊—罗马社会历史上和色情慢慢"脱节"这个观点，参见SV，185–200页；HS，58–59, 330–331页；SS，219–261页。关于教育和情欲的关系在古典希腊的问题化，参见SV，93–97页。

34　塞涅卡，《书信52》，1–3，参见《致卢基里乌斯的信》，卷二，H. 诺布洛法译本，巴黎，Les Belles Lettres，1947年，41–42页。

35　盖伦，《论诊断和治疗每个人灵魂中特有的偏激》，2，同前，5页。

36　关于德米特里这个人物，参见HS，137–138, 221–222页；DV，223–224, 249–250页；CV，179–181页。

37　塞涅卡，《对我母亲赫尔维亚的安慰》，参见《谈话录：致卢基里乌斯的信》，R. 华尔兹法译本，巴黎，Robert Laffront，2003年，49–73页。

38　普鲁塔克，《论灵魂的平安》，464E–465A，参见《道德论著》，卷七之一，J. 迪莫捷和J. 德弗拉达斯法译本，巴黎，Les Belles Lettres，1975年，98页。文章的收信人实际上是一个叫帕奇乌斯（Paccius）的人。

39　参见福柯在研讨班第二课的最后就马可·奥勒留和弗朗托之间的情爱关系提出的看法(参见本书法语原版216页)。

40　参见本书法语原版87页，注释4。

41　亚历山大城的克莱曼特，《教育家》，卷三，M. 阿尔（M. Harl）、C. 芒德塞（C.

Mondésert) 和C. 马特雷 (C. Matray) 法译本，参见《基督教的渊源》，巴黎，Éditions du Cerf, 1976年。

42　亚历山大城的克莱曼特，《杂记》，Ⅰ–Ⅶ，C. 芒德塞等法译本，参见《基督教的渊源》，巴黎，Éditions du Cerf, 1951—2001年(第七卷的法译本尚未出版)。

43　阿里安，《爱比克泰德的讲课》，P. 阿多 (P.Hadot) 法译本，巴黎，Le Livre de Poche, 2000年。

44　"教父著作全集，拉丁文系列"(Patrologiae Cursus Completus, Series Latina) 是一套数量庞大的丛书，其中收录了神父和教会作者的文字，从德尔图良到英诺森三世，丛书有221卷，由雅克-保尔·米涅神父主编，于1844年至1864年出版。

45　参见米歇尔·福柯，《自我的文化》，同前，88页。

46　柏拉图，《阿西比亚得篇》，同前，47–114页。参见本书法语原版87页，注释1。

47　关于新柏拉图主义者对柏拉图著作的分类这个问题，福柯主要依据A. -J. 费斯图耶尔的研究，《5—6世纪阅读柏拉图对话的顺序》，同前。参见本书法语原版87页，注释2。

48　Epimeleisthai allois：关注他人，关心他人。

49　爱比克泰德，《谈话录》，Ⅰ，16，《论神意》，同前，61–63页。福柯在研讨班第一课中没有时间评论这篇文字，他将在研讨班第二课中作评论。参见本书法语原版197–210页。

50　伊壁鸠鲁，《致梅内泽的信》，同前，45页。

51　普鲁塔克，《论控制愤怒》，453D，同前，59页。参见本书法语原版87页，注释8。

52　关于塞涅卡使用的这些用语，参见本书法语原版87页，注释9。

53　迪翁·克里索斯托姆，《讲道录》，20，《论隐退》(Peri anachôrêseôs)，同前。

54　盖伦，《论诊断和治疗每个人灵魂中特有的偏激》，4，同前，16–17页。

55　亚历山大城的斐洛，《论沉思的生活》，同前。

56　小普林尼，《书信10》，《书信集》，卷一，H. 泽纳克法译本，巴黎，Les Belles Lettres, 2009年，21–23页。参见HS, 146页；SS, 63页。

57　参见本书法语原版90页，注释36。

58　萨摩萨塔的吕西安，《埃尔莫蒂默》，同前，322–459页。

59　参见MFDV, 132页；HS, 381页。也可参见F. 布里翁 (F. Brion) 和B. E. 哈考特 (B. E. Harcourt)，参见MFDV, 152–153页，注释17。

60　参见本书法语原版88页，注释15。

61　塞涅卡，《书信99》，参见《致卢基里乌斯的信》，卷四，H. 诺布洛法译本，巴黎，Les Belles Lettres, 1962年，125–134页。

62　塞涅卡,《致卢基里乌斯的信》,同前。

63　小普林尼,《书信集》,同前。

64　《马可·奥勒留和弗朗托未发表的书信》,同前。

65　福柯在研讨班第二课的最后对其中若干信件作了评论。参见本书法语原版213–220页。

66　阿留斯·阿里斯蒂德,《神圣话语》,同前。参见本书法语原版88页,注释19。

67　福柯用法语表述。

68　阿留斯·阿里斯蒂德,《罗马的荣耀》,《希腊人对罗马的赞美》,L. 佩尔纳(L. Pernot)法译本,巴黎, Les Belles Lettres, 1997年。

69　伊壁鸠鲁,《致梅内泽的信》,同前,45页。

70　参见本书法语原版87页,注释8。

71　盖伦,《论诊断和治疗每个人灵魂中特有的偏激》,4,同前,12–13页。

72　塞涅卡,《论灵魂的平安》,同前。

73　塞涅卡,《致卢基里乌斯的信》,同前。

74　马可·奥勒留,《沉思录》,Ⅲ, 14,同前,1157页。

75　参见本书法语原版88页,注释27。

76　譬如参见塞涅卡,《书信75》, 18,同前, 55页(参见本书法语原版89页,注释28)。

77　譬如参见塞涅卡,《书信33》, 4,参见《致卢基里乌斯的信》,卷一, H. 诺布洛法译本,巴黎, Les Belles Lettres, 1945年, 143页。

78　福柯参照爱比克泰德《谈话录》中两个段落:卷三, 23, 30–31,同前, 92页;卷二, 21, 21–22,同前, 95页。参见本书法语原版89页,注释31。

79　盖伦,《论诊断和治疗每个人灵魂中特有的偏激》, 4, 8–10,同前, 15–16, 28–39页。

80　参见本书法语原版88–90页,注释33。

81　参见福柯在研讨班第四课开头部分(参见本书法语原版257页下)对盖伦《论诊断和治疗每个人灵魂中特有的偏激》(3,同前, 7–11页)一文的评论。

82　塞涅卡,《书信52》, 1–3,同前, 41–42页。

83　盖伦,《论诊断和治疗每个人灵魂中特有的偏激》, 2,同前, 5页。

84　塞涅卡,《对我母亲赫尔维亚的安慰》,同前。

85　普鲁塔克,《论灵魂的平安》, 464E–465A,同前, 98页。参见本书法语原版90页,注释38。

第三次演讲

法语版 [a]

I

今天我想提及由自我文化引起的若干实践。我再重复说一下：这些在公元最初几个世纪出现的实践，它们并不是这个时代的新发明，它们的背后有着漫长的历史，但可以肯定，它们在帝国初期广为传播，并具有越来越"精致的"形式。

先说两个看法。

1) 当时，人们通常给这些自我文化的实践形式一个一般名称，叫 askêsis，就是练习、训练、修行 (ascèse) [1]。穆索尼乌斯·鲁富斯就说过 (他不过是在重复一种传统教育而已)，生活的艺术 (technê tou biou) 就像所有其他艺术一样：不能仅仅通过理论教育 (mathêsis) 来学习，还需要实践和训练 (askêsis) [2]。不过，基督教修行对该词的使用不应该产生回顾性错觉。无疑，某些 askêsis 的练习形式将在基督教的禁

---

a　根据法语版演讲初稿打字版整理 (BnF NAF 28730，29 盒，卷宗 8)。

欲主义中，尤其是在修道机构中被使用（心灵审查或者持续检查表象就是这样）。

94　　　然而，基督教修行的一般意义却非常不同于古代哲学的修行含义。概括地说：

- 基督教修行的最终目的是牺牲自己；然而对哲学修行来说，关键在于能够和自己建立一种决定性的占有和主宰关系

- 基督教修行的根本主题是脱离世界；然而在哲学修行中，问题在于使个人做好准备，"装备"他，使之能够面对世界

2) 这种自我实践是和自我认识相联系的。但在这里也必须避免混淆，避免通过柏拉图主义来重新解释一切。

- 事实上，柏拉图的传统保存并发展了在《阿西比亚得篇》中就已经存在的主题，也就是说，自我关注必须以自我认识作为主要的，甚至是唯一的形式；而这种自我认识必须以某种回忆行为作为形式，灵魂就在此行为中重新发现自己的真正本性

- 在斯多葛派、犬儒派、伊壁鸠鲁派的哲学实践中，自我认识远不是自我实践的主要形式，尤其是它不以回

忆为形式，而以准备未来为形式

今天我想首先分析作为准备未来的自我实践，然后寻找什么样的自我认识形式和这种准备未来相联系。我们习惯于把自我认识和回忆相联系：这也许是由于柏拉图主义的长远影响，也是由于仍然作为现实的基督教影响，这当然还由于精神分析的实际作用。对我们来说，自我解释学或多或少总是辨认过去。而在我在此谈论的自我文化中，可以有趣地看到某些自我认识形式，它们处在一种和时间完全不同的关系之中：不安地、怀疑地准备未来[3]。

II

作为准备工作的修行

塞涅卡在《论利益》一文中引用了一位犬儒派哲人的文字，他叫德米特里，他和斯多葛派非常接近。德米特里在这段文字中使用了竞技者这一非常流行的比喻：我们必须像竞技者那样进行练习（exercitatio）；竞技者并不学习所有可能的动作，他并不试图去做一些无用的壮举；他只练习他在竞技中必需的那些动作，目的是战胜对手[4]。同样，我们无须在我们自身完成什么壮举（哲学的修行非常怀疑神人 [theioi andres] 这类人物，这些人在古代很常见，他们夸耀他们的节欲，他们的节食，他们能预知未来等奇迹）。就像一个好的竞技者，我们必须仅仅学习那些能够使我们应对可能发生之事的东西，我们必须学习不被这些可能之事所难倒，学习不被它们可能在我们身上引起的情绪所驱使。

然而，为了能够在这些可能发生之事面前保持我们的自控力，我们需要什么呢？我们需要"话语"：需要被看作真话以及合理话语的逻各斯（logoi）。卢克莱修（Lucrèce）就谈到真话（veridica dicta），这些真话能够使我们消除恐惧，不让我们被我们视为不幸的东西所击倒。我们面对未来所需要的装备，那就是真实话语的装备。正是真实话语才能使我们正视现实。

关于它们有三个问题。

1）它们的性质问题。关于这一点，各哲学学派之间，以及在同一流派内部都有很多争论。争论的要点涉及理论认识的必要性。关于这一点，伊壁鸠鲁派一致赞同以下说法：认识支配世界、诸神本性、奇迹原因、生命和死亡规律，这些在他们看来无论如何都是准备面对人生可能发生之事所必需的。斯多葛派按照他们和犬儒派理论的关系而分成两部分人：

一部分人极其重视信条（dogmata），重视理论原则，实践的规定完善了理论原则；另一部分人则相反，重视行为的具体规则。塞涅卡的编号为 90 号和 91 号的信件就非常清楚地阐明了这些对立观点[5]。我只是提及而已。我想在此仅仅表明一点，那就是我们所需要的这些真实话语，它们只是在关系到我们和世界的关系，我们在自然秩序中的位置，以及我们是独立于还是取决于所发生之事时，才涉及我们所是之人。它们绝不在于辨认我们的思想、我们的表象和我们的欲望。

2）所提出的第二个问题涉及这些真实话语在我们自身的存在模式。说它们对我们的未来是必需的，这就是说一旦有需要，我们就能够求助于它们。当某个意外事件，或者当某个不幸发生的时候，我们必须能够求助于相关的真实话语来保护我们自己。它们在我们身上必须受我们支配。希腊人用一个常用的措辞来表达这一点：procheiron echein，拉丁人将此译为 habere in manu，in promptu habere，即随手可用。

必须知道，这里涉及的东西完全是另外的东西，而不仅仅是在需要之时想到的回忆。

譬如普鲁塔克，他为了说明我们自身的这些真实话语而使用了若干比喻。他把它们比作我们为应对人生各种变故所需要的药物（pharmakon）（马可·奥勒留把它们比作外科医生必须随身携带的手术器械箱）。普鲁塔克说它们就像这样的朋友，"最可靠、最好的人是这样的人，他们在灾难时出现，并给我们带来有用的帮助"，此外，他还说，它们就像内心的一种声音，此声音在偏激开始激荡的时候自动使人听到它；它们在我们身上就应该像"一位主人，而主人的声音足够能让低声嗥叫的狗安静下来"。[6] 我们可以在塞涅卡的《论利益》中看到类似的渐次比喻，从人们使用的工具一直到会在我们身上自动表明它自己的话语。关于由德米特里提出的建议，塞涅卡说"必须用双手拿着"（utraque manu），永远不能松手，但还必须把它们固定，并拴（adfigere）在他的精神上面，直至它们成为他自己的一部分（partem sui facere），最后达到这样的结果，即每天通过冥想，"健康思想就会自动出现"（sua sponte occurrant）[7]。

你们在此看到了一种运动，它非常不同于柏拉图要求灵魂转向自身来重新找到自己真正本质的那种运动。相反，普鲁塔克或者塞涅卡，他们建议的是吸收由某种教诲、某次阅读，或者某个建议所给予的某一真理；人们吸收它，直到它成为自己的一部分，直到把它变成一种内在的、永久的，并且始终起作用的行为原则。在这样一种实践中，人们并不通过灵魂回忆理念的运动来寻找隐藏在自己内心深处的某种真相，而是通过越来越深入地同化所接受的真理而使它们内在化。

3) 于是就提出了一系列技术问题，涉及同化的方法。回忆在此显然发挥着一种巨大作用，但不是以柏拉图的形式，即灵魂重新发现自己原来的本质和自己的故地，而是以不断练习的记忆形式。我们将在下一次研讨班上更加详细地谈论这一点[8]。我只想简短地指出这一真理"修行"（ascèse）的若干要点：

- 倾听的重要性。苏格拉底提问，并试图让人说出已经知道的东西（但人们不知道自己知道），但对斯多葛派或者伊壁鸠鲁派弟子来说（就像在毕达哥拉斯团体内），他们却必须保持沉默，必须倾听。我们可以在普鲁塔克[9]或者在亚历山大城的斐洛[10]那里看到一系列正确倾听的规定，如必须摆出的身体姿势，如何引导其注意力，如何记住刚才说过的内容[11]。

- 还有书写的重要性。当时有一整套文化，可以称之为个人书写的文化：就听到的，或者自己的阅读、谈话、

98

思考等作笔记；把重要的主题记录在小本子上（希腊人
称之为笔记本 [hupomnêmata]），必须时常阅读这些笔
记本，以便把其中的内容再次变成现实[12]。

- 此外还有回归自身的重要性，但这是在练习记忆所知
之事的意义上说的。这就是 anakhôrêsis eis heauton 这
一用语的确切技术含义；马可·奥勒留正是在此意义
上使用该用语的：回归自身，并检查自身积累的"财
富"；人们在自己身上必须拥有一本可以不时反复阅读
的书[13]。人们在此印证记忆艺术的实践，弗朗西斯·耶
茨（Frances Yates）就研究过此艺术[14]。

我们在此看到了一整套技术，它们的目的就是把真理和
主体相联系。不过应该很好地理解：问题不在于发现主体身
上的某个真相，也不在于通过本质的相近或者起源的权利而
把灵魂变成真相所在之地，亦不在于把灵魂变成某种真实话
语的对象。我们距离后来的主体解释学还非常遥远。相反，
问题在于用主体并不认识，也不在他身上的某种真理去装备
他；在于把这一所学到、被记忆且被逐渐实施的真理变成一
个准主体，此准主体能最终主宰我们[15]。

再简短地说吧，在柏拉图那里，练习、修行（askêsis）是

帮助灵魂回忆理念的有用工具，灵魂对理念的回忆将发现灵魂和本质的相近关系。而在我在此谈到的哲学技术当中，学习和记忆都是这一修行的有用工具，这种修行的目的是使真理在我们身上说话，并在我们身上不断起作用。

这并不是说，人们在这些练习中就不需要对自己有某种认识。只是这种自我认识非常不同于柏拉图的灵魂回忆，或者不同于后来的基督教灵魂解释学。这种自我认识以两种主要形式出现：检验和审查。

Ⅲ

检验

这里涉及这样的练习，即主体由此将自己在思想上或者真实地置身于某种情境之中，以便能检验他是否能够面对发生的事件，是否能够使用他所装备的真实话语。可以说问题在于检验装备（paraskeuê）。各种可能的检验分为两极。希腊人用"准备"（meletê、meletan）来称呼其中一极，用"练习"（gumnasia、gumnazein）来称呼另一极[16]。

1) 拉丁人用 meditatio 来翻译 meletê。我们今天赋予该词的含义比较宽泛，这一点不应该使我们忘记这曾经是一个技术用语。它是从修辞学借来的：它指人们为了预备某个即兴之作所进行的准备工作；在头脑中回顾重要主题和有效的论据，以及如何回答可能的反驳；人们预先想到真实的情景。哲学的沉思也属于同样的类型。它部分包含记忆，以及激活已知的东西；它也是以某种方法在想象中置身于一种可能的处境中，以便估计届时会采用的推论，以及会采取的行为，总之就是在实践上使用已知的真实原则。这是一种理论—实践的想象练习。

一个最著名的思想练习就是预先想到不幸（praemeditatio malorum），思考未来的不幸 [17]。这也是一个最有争议的练习。伊壁鸠鲁派就摒弃这一练习，说提前就为尚未发生的不幸而痛苦，这是徒劳的，不如练习回想以前的快活，由此免遭现在的不幸。但严格的斯多葛派，如塞涅卡和爱比克泰德，还有普鲁塔克这些对斯多葛派的态度非常暧昧的人，他们十分热衷于预先想到不幸的练习。必须理解这样做的目的何在：表面上，这是对未来的一种灰暗的、悲观的预见。实际上却完全是另外的东西。

• 首先，问题不在于想象有可能如此发生的未来。问题在于非常系统地想象可能发生的最糟糕的事情，即使这样的事情发生几率很小。塞涅卡就说过这一点，那是关于曾经摧毁整个里昂城的一场火灾：这个例子应该使我们学习把最糟糕的事情永远看作必然之事[18]。

• 其次，不应该认为这些事情可能在多少有些遥远的未来才发生，而应该想象它们已经是现实的，正在实现。比如我们想象自己已经被流放，已经在遭受酷刑。

• 最后，如果把不幸想象为现实，这不是为了提前去遭受它们将会给我们造成的苦难或者痛苦，而是为了使自己确信，这些无论如何都不是真实的不幸，只有我们对它们的态度才使我们把它们视为真正的不幸。

我们可以看到：这一练习并不在于想象一个可能发生真实不幸的未来，以便去习惯它；而在于同时取消未来和不幸。未来：既然人们把它想象成在极端的现实中已经发生了。不幸：既然人们在练习不再把不幸视为不幸。

2) 在练习的另外一极，人们可以发现那些实际上被践行的练习。希腊人以动词 gumnazein 来称呼，即练习。这些练习有着源远流长的传统，就是节制、节俭或者身体耐力的实践。它们可能具有某种净化的价值（毕达哥拉斯派在性和饮食方面的节制）；或者测试练习者的"恶灵"之力，你们可以看一下苏格拉底，他在曼丁尼亚战役中不知不觉地忍受了寒冷[19]。但这些练习在自我文化中具有另外一种含义：关键在于确立并测试个人相对于外部世界的独立性。

两个例子。一个例子来自普鲁塔克的《苏格拉底的魔鬼》。其中有一位对话者提到一种实践，他还说这一实践起源于毕达哥拉斯派。首先从事体育活动，这能开胃口；然后置身于摆满了美味佳肴的餐桌前面；在观赏了美味佳肴之后，就把它们让给下人享用，而自己则吃穷人的粗茶淡饭[20]。

塞涅卡在致卢基里乌斯的第 18 封信中，说到整个城市都在准备农神节，而出于礼貌原因，他也想以某种方式参与节日。但他在好几天当中所做的准备工作，就是穿粗布衣服，在一张简陋的床上睡觉，并且只吃粗粮。这样做不是为了在节日期间有一个好胃口，而是为了确认，贫穷并非一件坏事，同时确认他能够忍受贫穷[21]。在塞涅卡本人或者在伊壁鸠鲁那里，有些段落提到这样的短期自愿考验是有用的。穆索尼乌斯·鲁富斯也推荐到乡村实习：像农民那样生活，也像农民那样从事农业劳动。

3) 在沉思（meditatio）这一极，人们在思想中进行练习，而在训练（exercitatio）这一极，人们进行实际练习，在这两极之间还可以有一系列其他旨在考验自己的实践。

尤其是爱比克泰德，他在《谈话录》中就给出了这些训练的例子。这些例子很有趣，因为人们将在基督教修行中看到非常相近的例子。这里所涉及的，可以被称为"表象控制"[22]。

爱比克泰德要求人们对思想中可能产生的表象始终采取警觉的态度。他用两个比喻来表示这一态度：守夜人的比喻，守夜人不会让随便什么人进城或者进入家中[23]；钱币兑换商或者鉴定人的比喻，即 arguronomos，当有人递给他一枚钱币，他就观察钱币，掂掂分量，检查金属和人头像[24]。对自己的思想，就必须像警觉的钱币兑换商那样，这一原则差不多以同样措辞又出现在埃瓦格里乌斯（Évagre le Pontique）和卡西安那里[25]。不过在埃瓦格里乌斯和卡西安这里，问题在于要求对自己采取一种解释学的态度，即在表面上纯洁的思想中辨认出可能藏有的淫欲，辨认出哪些思想来自上帝，哪些思想来自魔鬼。而在爱比克泰德那里，问题在于别的东西：必须知道我们是否为头脑中出现的东西所触动或者感动，被触动的原因是什么，不被触动的原因又是什么。

在此意义上，爱比克泰德向他的弟子们推荐了一种控制

102

练习，这一练习参考了在学校中极受推崇的诡辩派挑战，但不是相互提出难以回答的问题，而是相互提出必须回应的境遇："某人的儿子死了。—请回答。这不取决于我们，这不是恶。—某人的父亲剥夺了他的继承权。你觉得怎么样？—这不取决于我们，这不是恶 [……]。—他为此感到苦恼。这取决于我们，这是恶。—他勇敢地忍受了这件事。—这取决于我们，这是善。"[26] 爱比克泰德还建议做某种散步练习，人们在散步练习中可能面对来自外部世界的各种表象，我们就要考验自己如何回应："你上午刚出门，你所看到的所有人，你听到他们说话的所有人，你观察他们，并予以回答，就像有人在向你提问。你看到了什么？一位美男子，一位美妇人？那就运用规则：这是一个独立于你或者取决于你的东西吗？独立于你的东西，那就抛弃它。你看到什么了？某人在为他去世的儿子而哭泣？那就运用规则：死亡并不取决于我们。那就把它抛得远远的。你遇到某个执政官了吗？再次运用规则：执政官一职，这是个什么东西？它独立于我们还是取决于我们？也把它抛弃吧，它经不起考验，那就取消它。如果我们这样行事，每天都这样专心致志进行这一练习，从早到晚，它会对我们有用。"[27]

我们看到了：这种对表象的控制，它的目的并不是在外表之下去辨认出某个隐藏的真相，辨认出主体本身的某个真相；相反，主体在如此出现的表象中找到了一次机会去回顾某些真正的原则，譬如关于死亡、疾病、痛苦、政治生活等；而通过这一回顾，人们可以看到自己是否能够按照这些规则来回应，按照普鲁塔克的比喻说法，它们是否变成了主人的声音，即每当偏激在低声嗥叫的时候，这一声音便响起来，使偏激平静下来 [28]。

4) 在这些练习的顶端可以找到著名的 meleté thanatou，即沉思或者死亡练习 [29]。此练习实际上并不在于简单地回顾，甚至强调性地回顾人终有一死。它是让死亡在生活中现实化的一种方法。在所有其他斯多葛派人物中，是塞涅卡设计了这种实践。此实践趋向于使人度过每一天就像最后一天那样。

为了很好地理解塞涅卡提出的练习，必须回顾一下传统对不同时间周期所确立的对应关系：白天从黎明到黄昏这段时间象征性地和一年四季相联系，即从春天到冬天；这些季节又和人生的年龄相联系，即从童年到老年。塞涅卡在其书信中提到的死亡练习 [30] 就在于度过漫长的人生，好像 [它] 就像一天那么 [短暂]，并这样度过每一天，好像全部人生都在这里一样；每天早晨，人们应该是在其人生的童年，当度过一整天的时间，好像晚上就将是死亡的时刻。他在第12封信中说，"去睡觉的时候""我们脸带笑容喜悦地说，我活了"[31]。马可·奥勒留写道，"道德的完美（teleiôtês tou êthous）就包含着度过每一天就像最后一天"[32]，当他这样写的时候，他想到的正是同一类型的练习。他甚至愿意每一个行为都完成得"好像是最后一次"[33]。

104 　　沉思死亡之所以具有独特的价值，不仅仅因为它把一般观念认为是最大不幸的事件提前了，不仅仅因为它能够使人确信死亡并非一件坏事，它还提供了这样一种可能性，可以说它使人预先回顾性地注视自己的一生。通过想象自己就要死了，由此人们就能够评价自己正在做的每一个行为的固有价值。爱比克泰德说，死亡在种田人劳作时抓住了他，在水手航行途中抓住了他："那么你呢，你喜欢在做什么事情的时候被抓住？"[34] 塞涅卡把死亡看作这样的时刻，即能够对自己进行评价，并衡量自己直至最后一天所取得的道德进步。他在第26封信中这样写道："关于我能够取得的道德进步，我信任死亡［……］。我等待着有一天评判我自己，并知道我具备的美德是在嘴上还是在心里。"[35]

英语第二稿的开头部分 [a]

在上一次演讲中，我试图突出自我文化在公元最初两个世纪的重要性，社会重要性。我只是提出了这一历史现象的一个概要。我的意图只是勾画一个框架，以便进行更加确切的分析。

我想提到的第一点涉及修行 (askêsis) 这一概念，希腊人通常用这个词来指称与自我文化相联系的实践和练习。

第二点涉及逻各斯 (logos) 和真理在此修行中的作用。这些就是我想在第一个小时讲的内容。

在第二个小时，我想分析两类主要练习：(1) 检验、测试；(2) 审查、自我审查，这构成了我想在这些演讲中详加说明的中心。

I

askêsis 这个词通常被用来指称自我文化的各种形式：askêsis 的意思就是练习、训练。穆索尼乌斯·鲁富斯在 [公元]1

---

a 根据演讲手稿翻译，其中有几页英语打字稿（BnF NAF 28730，28 盒，卷宗 7）。

世纪中叶写过一篇论述 askêsis 的文章，该文的残篇经由斯多贝 (Stobée) 的《文选集》被保存下来。穆索尼乌斯说 (他不过是在重复一种传统教育而已)，生活的艺术 (technê tou biou) 就像所有其他艺术一样，不能仅仅通过理论教育 (mathêsis) 来学习，还需要实践和训练 (askêsis)。穆索尼乌斯区分了三种类型的 askêsis：

- 涉及身体本身的训练和练习

- 涉及灵魂的训练和练习

- 同时涉及灵魂和身体的训练

106

对穆索尼乌斯来说，只有后两种练习才属于哲学训练[36]。把体育逐出哲学的生活，这一点是这种文化的特征。我们知道，柏拉图，尽管他对关注身体和关注灵魂做了非常明确的区分 (比如在《阿西比亚得篇》当中)，他还是在《理想国》和《法律篇》中要求年轻人进行非常艰苦的体育训练，为的是不仅把他们培养成好的士兵，而且把他们培养成拥有美德的公民[37]。从柏拉图到穆索尼乌斯，显然发生了某种变化：就是从被视为灵魂质量和表现的身体，向着身体方向，或者更确切地说，向着身体和灵魂的关系和相互作用方向发展，这种关系和相互作用被视为危险的领域，偏激可能会在此出现。由此来看，没有必要去参照阿留斯·阿里斯蒂德，只要读一下塞涅卡的书信就可以了：这些书信中充斥了各种琐事，关于他的疾病、他的头痛病，还有他不得不吸入的劣质空气。马可·奥勒留和弗朗托的通信表明了同样的东西。身体和灵魂的关系被视为、被感受为疾患（pathos）和偏激的摇篮。医学作为涉及身体时的主要伦理关注取代了体育。

我们再回到 askêsis 这个一般概念，它是这一自我文化的一大重要概念。我们不能在该词中读到它应该在基督教修行中所具有的含义。这是一种错觉。恐怕尼采就是一位受害者，也许马克斯·韦伯（Max Weber）也是。

古代的某些修行实践无疑被用于基督教的修行，被用于修道院的制度（譬如斋戒，或者心灵审查，或者持续对思想进行控制）。

不过，基督教修行的一般含义非常不同于古代哲学的修行。

• 简短地说吧，基督教修行的最终目的是摆脱世界和牺牲自己。基督教修行者必须牺牲自己，因为他的自我就属于他必须摆脱的世界，他也同样必须摆脱这个世界，因为他和世界的关系即表达了他对自己的宽容，而这会使他离开上帝。

• 相反，异教或哲学修行则必须建立一种和自己的关系，一种占有和主宰的关系；同时，异教修行的主要目的是使个人做好准备，使他能够面对世界。

这里也有一种相互关系。人们必须能够应对可能发生的所有事情，以便维持一种完全独立的自我关系：人们必须确立一种尽可能强大的自我关系，以便能够面对世界。

在和世界的关系和自我关系之间建立相互联系，更确切地说：确立对自己的控制和相对于世界的独立，这就是哲学修行的特殊任务。你们可以衡量一下，这和基督教的修行形式有多么遥远。

但还有一点比这个更重要。

基督教修行的目的是摆脱这个世界，并到达另一个世界。基督教修行是从一种实在到另一种实在，从生到死的一种"过渡仪式"，方法是通过一种表面的死亡，而这种死亡实际上就是进入真正的生命。用一个词来说，就是基督教修行面向实在 [reality-oriented]。

相反，异教修行则面向真理 [truth-oriented]。真理既是目的也是手段。修行是一种训练，人们通过此训练就能获得真理; 而占有真理是手段, 人们借此能够面对世界, 并同时保持对自己的主宰[38]。

我们在修行这个一般概念这里再停留一下, 既然它是我们伦理的一个重要概念, 并且它还是自尼采和马克斯·韦伯以来的历史分析的一个重要范畴[39]。

我想提出修行的一个定义, 这个定义比通常的含义更加宽泛, 它通常参照某种牺牲: 一种自愿的、代价昂贵的自我转变, 方法是通过一整套有规则的技术, 这些技术的目的不是获得某种能力或者某种认识, 而是自我在其生存模式中转变自己。

我认为在西方文明中有或有过两大类型的修行 (ascèse):

- 一类修行面向实在, 这种修行的目的是从一种实在走向另一种实在

- 另外一类修行则面向真理, 这类修行的目的在于把真理变成我们和自己关系, 我们和世界关系的准则。

我认为西方文化在若干世纪中动摇于这两种类型的修行之间:

- 面向真的修行, 其早期形式在异教的"自我文化"中获得了完整的发展

- 面向实在的修行，其最初形式在基督教的自我工艺中获得了完整的发展

我并不是说，这两种修行形式相互间是完全不相容的。它们大部分时间都是密切相关的。但依我看，这两种 [修行] 类型之间的冲突可以解释我们文化中的若干特征、若干方面或若干危机。

- 譬如在文艺复兴时期，被分析为中世纪和现代化、宗教改革和反宗教改革、独断论和新理性主义之间的斗争，这就可以被分析为从面向实在的修行转入面向真理的修行，或者至少可以被分析为在这两种 [修行] 类型之间找到一种新平衡的努力。在文艺复兴时期发展起来的这场伟大运动，它通过启蒙一直延续到今天（伴随着科学文明的伦理问题），它或许应该被视为面向真理修行的现代形式和现代变体。

- 我可以举一个处在我们历史另外一极的例子。我们可以说，柏拉图主义，它较之于亚里士多德主义更是西方文明的"哲学"，或者它至少第一次，并且最持久地表述了西方的伦理和理论问题。理由就是柏拉图主义第一次，并且最完美地表述了这两种修行的相互配合，

因为柏拉图主义把真理置于另外一个世界当中，并把朝着另外一个世界的运动变成了获得真理的手段。

- 我们可以举出西方文明的那些伟大的神话，如俄狄浦斯神话、浮士德神话。这两个神话可以被理解为表达了两种修行之间的困难关系。实在意义上的真理代价。

- 你们来看一下精神分析这一机制。它 [恰恰]ᵃ 关注这两个问题：真理的代价和实在的代价。

为什么我以如此暗示的方式提到这些主题？这里有一个一般秩序的原因：我认为这个视角可以打开某个研究领域，或者至少有必要摆脱"修行"这个过于宽泛的概念，我认为这一概念把很多混乱引入了历史研究之中。

还有一个个人方面的原因。在通过疯癫、犯罪、性问题而对主体性的历史问题作了研究之后，我想研究革命的主体性问题。现在是研究革命的时候了，不仅把它当作社会的运动或者当作政治的转变，而且被当作主体的体验，当作主体性的类型。我觉得，可以通过面向真理的修行和面向实在的修行之间的相互连接和冲突来对这种革命的主体性作某种阐 110

---

a 推测；该词听不清楚。

明。依我看，由法国大革命的观念对个体私人生活所产生的魅力，部分得之于许愿两种修行形式可以被同时践行：通过获得真理，通过作为认识真理之主体的自我构成，由此放弃这种实在而走向另外一种实在[40]。

我们在此已经远离穆索尼乌斯了。只是你们当中有些人曾经建议我说明一下，是什么原因使我从事这一类研究[41]。我想研究我们的性文化体验，不是作为法律和欲望之间的永恒冲突，而是从我们文化中面向真理的修行和面向实在的修行的历史连接这一视角来研究。

II

我们现在返回穆索尼乌斯·鲁富斯，回到晚期异教文化中的修行（askêsis）概念。观念就是这一训练，这些练习，以及这一对自己的工作，它们的目的就是获得真理，作为面对世界的准备工作。

三个问题：

• 这一准备工作是怎么回事？做准备意味着什么？

• 如何能够获得真理？

• 这是什么类型的真理，以及什么是自我认识的地位？

我想在休息之前简短地回答第一个问题，在休息之后回答第二个问题。第三个问题将是下一次演讲的主题。

基督教的修行目的是将个人和世界隔开，将灵魂和肉体分开，把人和他自己分开；而哲学的修行目的是准备，它必须让个人对一切可能发生之事做好准备。准备（paraskeuê）和做准备（paraskeuazesthai），这些是希腊修行中最常出现的词汇。

这些措辞意味着什么？我们做准备被认为要应对什么？回答是清楚的，尽管回答并不太确切：我们必须为一切可能发生，并影响我们的事情做准备。

我不想更详细地评论这一原则，尽管它提出了很多问题。

我[想]稍微关注一下由这个概念提出的另外一个问题。

生活中是否有这样的时刻，即这种修行届时就大功告成、圆满结束了？

关于成为智者的可能性，我不想进入理论讨论的细节。如我们所知，这曾经是斯多葛派和他们的对手，或者他们自己内部争论中的一个常见主题。

但从我的观点来看，我是说从自我文化的体验观点来看，可以很有趣地注意到：这一"准备"可以被认为大功告成，这样的时候只有一个，那就是老年的时候。从这个观点来看，老年是受到推崇的时期，是人生受到推崇的时候[42]。我们知道，老年人的地位在古典时代是多么模糊。[老年] 既是智慧的年龄，因为这个原因它受到重视，但它同时又是衰弱和依赖的年龄，因为这个原因它又被看轻。西塞罗的《论老年》就还带有这种模糊性[43]。

但在塞涅卡这里，事情就非常明确了：老年是人生最宝贵的时期，只要有可能，我们应该希望尽快变老。我们应该赶快走向我们人生的这些最后岁月[44]。

相对年轻人而使老年人重新具有价值，这就是这种自我文化中最令人惊讶的一个特征。

对年轻人的怀疑就是这一新伦理的特征。这当然是和若干社会现象相联系的。

譬如，一个事实就是年轻人不再发挥城邦守卫者的作用。守卫在帝国边界的士兵都是职业军人。此外，政治权力愈加广泛地由行政官员来行使，很快又由公务员来行使，这些人追求很长的职业生涯。

但对我的分析来说，富有意味的是人们开始对他们自己的人生所采取的新观点。人生不再应该被比作一个循环，或者被比作一个在青年时期达到高峰，而到老年就下降的曲线。应该把人生体验为一条导向某个目的、某个终点的直线，这个终点就在人生的最后。

众所周知，在我们的科学认识中，在我们的理性当中，时间的线性观点取代世界的循环观点有多么重要。但这一变化在中世纪末之前并未发生。

在内在体验中，或者至少在内在体验的某种伦理模式中，有一种类似的变化在很早之前就发生了。按照这一模式，人生应该被安排成一条路，一条朝着某个结论、某个终点而我们应该尽快走完的路。生活就是不断接近一个目的。

但一个问题会立刻被提出来：人们应该接近什么目的？依我看，这个问题对我们来说是如此显而易见，但它对一个拉丁人和希腊人来说会显得相当奇怪。我们知道，除了毕达哥拉斯派和若干严谨的柏拉图主义者，不朽，或者至少个人死后的存在对罗马人和希腊人来说并不是一个真正的问题，并不是一个重要的问题。

人们应该做准备的目的并非死后的生命。甚至不是死亡，因为死亡在本体论意义上什么都不是；人们应该准备的，是一种接近死亡的持续关系；人们应该以尽可能接近死亡的方式生活，但在河流的此岸。正是这一点才使老年人获得了其本体论优先地位。

这也是自杀在此修行中具有怪异作用的原因，至少在塞涅卡那里是这样。

一方面，按照塞涅卡的看法，人们应该时刻准备自杀，应该始终意识到这种准备就是一种最接近死亡的生活方式。但在另一方面，不到必须这样做之前又不应该自杀，因为我们生命的完成并不在死亡当中，而在和死亡的连续、持续，以及不确定的接近当中。

我想，研究这个时代的自杀艺术可能是有趣的[45]。可以说自杀是一种哲学的演出（représentation philosophique），人们由此结束自己的生命，并以自身为他人树立榜样。这其中有一些自杀获得极大的成功，就像一首美丽的诗，就像一件美丽的艺术作品，就像一个英雄的壮举，譬如特拉塞亚·帕埃图斯的自杀。但其他人却受到指责。比如塞涅卡就严厉批评了一位叫帕库维乌斯（Pacuvius）的人，此人习惯于每天晚上大量饮酒，然后他躺在葬礼床上，让一些漂亮的男童为他痛哭和悲哀。对塞涅卡来说，这种做法和哲学毫无关系，仅仅和放荡相联系 [46]。

不管怎么说，如果我也许有些过于强调这些因素，原因是我想指出：个人通过这类修行在体验自己、自己的生命、自己的年龄、自己的时间性上发生了变化。

你们会感觉到这完全是一种另外的体验，不同于一个雄心勃勃的年轻人如阿西比亚得可能对他自己产生的所有体验，那是在四个世纪之前，当时阿西比亚得被苏格拉底说服要关注他自己。

III

我现在想研究作为获得真理的修行 (askêsis)。[……][a]。

---

a 福柯由此开始继续演讲第一稿的第二部分文字。不过，由于文字并不完整，我们不知道演讲的最后部分是否和第一稿的最后部分相同。我们实际上可以自问，福柯是否还对它作了改变，因为他在开头部分说，在谈到检验和测试之后，他将探讨自我审查，也许会重提对塞涅卡《论愤怒》(如他将于 1982 年 10 月在佛蒙特大学所做的那样 [47]) 和《论灵魂的平安》所作的分析，他于 1980 年 10 月和 11 月在加州大学伯克利分校和达特茅斯学院已经介绍过这些分析 [48]。在研讨班的第三课中，对塞涅卡和塞利纳斯的一个看法似乎证实了这一假设 (参见本书法语原版 247 页)。

115   注释

1   关于希腊人的修行观念，参见SV，35–36页；HS，301–306，398页；DV，266–268页；
     UP，84–90页。

2   穆索尼乌斯·鲁富斯，《论练习》，1–3，参见A. –J. 费斯图耶尔，《德勒斯和穆索尼乌
     斯：两位古代讲道者》，巴黎，Vrin，1978年，69页；参见HS，302–303页。

3   参见HS，306页："修行在于使个人为未来做好准备，这一未来由无法预见的事件组
     成，人们一般都知道事件的性质，但人们不知道它们何时发生，甚至不知道它们是否
     会发生。因此修行在于做准备，做这样的准备（paraskeuê），使之和可能发生的事情相一
     致，仅仅和此相一致，甚至和此事发生的时候相一致，这是就此事将会发生而言的。"

4   塞涅卡，《论利益》，VII，I，4，F. 佩尚（F. Préchac）法译本，巴黎，Les Belles Lettres，
     2003年，76页："[德米特里]说，伟大的竞技者并非是深入了解所有动作和手法，而在竞
     技场上并不怎么使用这些动作和手法的人，他是一个很好地、有意识地训练（exercuit）
     其中一到两个动作和手法的人，他寻找机会认真运用，因为他所知道的很多东西对他
     来说并不重要，如果他知道的东西足够他克服敌制胜的话。"

5   塞涅卡，《书信90》和《书信91》，《致卢基里乌斯的信》，卷IV，同前，27–50页。

6   普鲁塔克，《论灵魂的平安》，465C，同前，99页："就像恶狗会因为任何声音而兴奋起
     来，只有一个它们熟悉的声音才能使它们安静下来，偏激也是这样，如果它们变得粗
     野，如果不是日常的熟悉道理在那里使它们平静下来，它们是很难平息的。"

7   塞涅卡，《论利益》，VII，II，1，同前，77页。

8   也许由于缺乏时间，福柯后来在研讨班期间没有再回到这一主题。不过，我们可以参
     考他于1982年3月3日和24日在法兰西学院讲授《主体解释学》讲课时所作的分析。参见
     HS，315–353，435–470页。也可参见米歇尔·福柯，《自我的技术》，同前，1615–1619页。

9   普鲁塔克，《如何倾听》，A. 菲利蓬（A. Philippon）法译本，参见《道德论著》，卷I –2，
     巴黎，Les Belles Lettres，1989年，36–62页。

10   亚历山大城的斐洛，《论沉思的生活》，77，同前，139页。

116 11   关于"倾听的艺术"，参见HS，317–334页，以及米歇尔·福柯，《自我的技术》，同前，
          1615–1616页。

12   参见本书法语原版88页，注释15。

13   关于马可·奥勒留的隐退和返回自身的实践，参见HS，50页；米歇尔·福柯，《主体
     解释学》，简述同前，1180–1181页；《加州大学伯克利分校法语系讨论会》，参见CCS，
     167页；DV，292–293页，注释b；SS，66页。

14　F. A. 耶茨，《记忆艺术》(1966)，D. 阿拉斯(D. Arasse)法译本，巴黎，Gallimard，1982年。

15　关于这一"真理主体化"过程，参见HS, 233, 303–313, 316页；米歇尔·福柯，《书写自我》，同前，1238页；《作为自由实践的自我关注伦理》，与H. 贝克(H. Becker)、R. 福尔内–贝当古(R. Fornet–Betancourt)、A. 戈麦兹–穆勒(A. Gomez–Müller)的谈话，参见DE2，文章编号356，1532页；《自我的技术》，同前，1618页。

16　关于这一区分，参见HS, 406–407页；米歇尔·福柯，《自我的技术》，同前，1619–1621页。

17　对"预先想到不幸"练习的更详细分析，参见HS, 445–454页。

18　塞涅卡，《书信91》，同前，43–50页。也可参见《书信24》，2，参见《致卢基里乌斯的信》，卷一，同前，101–102页。

19　参见本书法语原版43页，注释28。

20　普鲁塔克，《苏格拉底的魔鬼》，585A，《道德论著》，卷八，J. 哈尼(J. Hani)法译本，巴黎，Les Belles Lettres，1980年，95页。

21　塞涅卡，《书信18》，1–5，参见《致卢基里乌斯的信》，卷一，同前，71–73页。

22　关于爱比克泰德的表象审查，参见HS, 285–288页；米歇尔·福柯，《主体解释学》，简述同前，1183页；《自我的技术》，同前，1621–1622页；《加州大学伯克利分校法语系讨论会》，同前，166–167页；DV, 286–290页。

23　爱比克泰德，《谈话录》，Ⅲ，12，15，同前，45页。

24　同上，Ⅰ，20，7–9，76–77页。

25　关于基督教最初几个世纪，尤其是卡西安的自我审查，参见GV, 290–298页；OHS, 78–82页；MFDV, 143–149页；HS, 286–287页；米歇尔·福柯，《为贞洁而战》，参见DE2，文章编号312，1124–1125页；《自我的技术》，同前，1628–1630页；DV, 287–288页。

26　爱比克泰德，《谈话录》，Ⅲ，8，1–3，同前，32页。

27　同上，Ⅲ，3，14–16，18页。

28　参见本书法语原版115页，注释6。

29　关于meleté thanatou，参见HS, 457–460页，以及米歇尔·福柯，《主体解释学》，简述同前，1184页。

30　在"塞涅卡"之后，演讲的打字稿中有一处空白，似乎福柯想补充一些更加确切的参考材料。

31　塞涅卡，《书信12》，9，参见《致卢基里乌斯的信》，卷一，同前，43页。

32　马可·奥勒留，《沉思录》，Ⅶ, 69, 同前, 1147页。

33　同上，Ⅱ, 5, 1199页。

34　爱比克泰德，《谈话录》，Ⅲ, 5, 5–6, 同前, 23页。

35　塞涅卡，《书信26》，5, 参见《致卢基里乌斯的信》，卷一，同前, 116页："关于我能够取得的道德进步，我信任死亡。我正在不倦地为了这一天而做准备，届时抛弃了借口和伪装，我会更好地评判我自己，并且我还会知道，美德是在嘴上还是在心里，是否在我对命运发出的反抗言论中只有虚假和演戏。"

36　穆索尼乌斯·鲁富斯，《关于练习》，同前, 69–71页。

37　参见HS, 408–409页。

38　福柯在法兰西学院讲授《说真话的勇气》的最后一堂课中，谈到了异教禁欲主义，尤其是犬儒派禁欲主义向基督教禁欲主义的转变，以及它们之间的相互关系，但他没有重提"面向真理的修行"和"面向实在的修行"这一区分。除了修行实践、忍耐力形式、练习模式层次上的某些"共同点"，福柯强调了异教禁欲主义和基督教禁欲主义的两大差异。一方面，"在基督教禁欲主义中当然有着和另一世界的关系，而不是和另外世界的关系"，这就是说，"修行者致力于并选择的另一生命"，其目的不仅仅在于改变这个世界，而尤其在于"使个人，可能使所有基督徒，使整个基督教团体进入另一世界"。另一方面，在基督教的中心有一个前所未闻的原则，在异教禁欲主义那里看不到这一原则，那就是"在此世界中，由此世界服从他人的原则，这样做是为了能够进入真正的生命"。因此，基督教开创了"一种新的自我关系，一种新型的权力关系和另外一种真理体制"。参见CV, 290–294页。

39　尼采，《道德谱系学》(1887), 参见《尼采全集》，卷二，H. 阿尔伯特(H. Albert)和J. 勒·里德(J. Le Rider)法译本，巴黎，Robert Laffront, 1993年, 766–889页；马克斯·韦伯，《新教伦理和资本主义精神》(1904—1905), J. -P. 格罗森(J. -P. Grossein)法译本，巴黎，Gallimard, 2008年。

40　福柯从未展开这一计划。不过，他于1984年2月29日在法兰西学院讲授《说真话的勇气》一课的第二小时，当他分析作为"历史范畴"的犬儒派时，该范畴"以多种不同形式和多种不同目的贯穿于西方历史"，这时候他恰恰关注到革命，但不是作为政治计划的革命，而是作为"生命形式"的革命，"生命形式"提出了"另一生命，另一种真正生命"的问题。参见CV, 161, 169–172页。

41　参见研讨班第一课，本书法语原版158–160页。

42　关于老年人在古代自我文化中的地位，尤其参见HS, 105–108页等多处。

43　西塞罗，《论老年》，P. 乌勒米耶(P. Wuilleumier)法译本，巴黎，Les Belles Lettres,

2008年。

44 塞涅卡,《书信12》,同前,39–44页。

45 1979年,福柯给《性吟步履》(*Le Gai Pied*)杂志第一期写了一篇文章,专门论述可以称之为"自杀的艺术"这一主题,他写道:"幸运的是我们有此绝对独特的时刻[死亡时刻]受我们支配:这是所有时刻中最值得我们关心的时刻——不是为了担忧,或者不是为了安心,而是为了把它变成一种极大的快乐,而为它所做的耐心准备,从不懈怠,也没有宿命,它将照亮全部的人生。"参见米歇尔·福柯,《一种如此简单的快乐》,参见DE2,文章编号264,779页。

46 塞涅卡,《书信12》,8,同前,42页。

47 米歇尔·福柯,《自我的技术》,同前,1616–1618页。

48 参见OHS,42–48页。关于福柯对塞涅卡《论愤怒》第三卷的其他评论,参见GV,235–241页;MFDV,94–97页;HS,157,461–464页;DV,269–273页;SS,77–79页。关于他对《论灵魂的平安》的分析,参见GV,235页;MFDV,97–101页;HS,86,126–129,150–151页;DV,274–284页。

第四次演讲 ^a

I

我在上一次演讲中试图阐明"修行"这个一般概念。

我假设 askêsis、ascèse 并不必然和牺牲相联系，就像我们通常经由基督教文化或者后基督教文化所想象的那样，于是我提出了修行的一般定义。

我提出把某种有规则的，并且代价昂贵的自我转变技术叫作修行，而所谓"自我转变"，我并不是指：

• 获得能力或者认识

• 而是在自己的生存模式中转变自己

因而，如果我们想给出一个更加普遍的图式，我们可以说，在我正在研究的自我技术当中，我们可作如下最初划分：

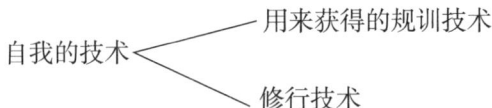

自我的技术 ⟨ 用来获得的规训技术
修行技术

---

a　根据英文版演讲手稿翻译（BnF NAF 28730，第 29 盒，卷宗 4）。

当然，在我使用"获得"这个词的时候，我赋予"规训"一词一种非常宽泛的含义：

- 可能涉及获得某种认识或者能力
- 但我还想指以下一点：对行为的极其严厉的规定。譬如，在 17 和 18 世纪军队中强加给士兵的严格纪律，它就属于某种"规训技术"[1]。这种规训在于习得某种行为模式，是为了有效，也为了避免在战场上死亡或者在训练中受到惩罚

两种 [技术] 往往相互联系，把它们分割开来往往是相当困难的[a]。

在自我修行技术当中，至少在西方文化中，我想有可能区分出面向真理的修行和面向实在的修行。我在上次演讲中已经略微谈过这一主题[2]。

但我担心在提到这一区分的时候讲得不够清楚。我想稍微给出更多的细节。

1) 我把面向实在的修行说成是这样的技术，它们使个人能够从一种类型的实在走向另一种类型的实在。我应该说得更确切一些，我应该说，这些技术赋予个人这种能力，这是

---

a　手稿空白处的文字。

在它们转变他作为主体的自身实在范围内说的³。

譬如，当我们谈到基督教修行作为面向实在的修行，我们应该设想，这不仅仅是从这个世界走向另外一个世界的问题，这同时也是转变主体自身的存在模式。

这一运动和这一转变不能被相互隔离，不能被相互分开。

如果基督教修行能够使人进入天堂并获得永恒的真福，它能够做到这一点，这是在主体已经转变的范围内才有可能（问题在于知道他如何被转变，这里出现了恩宠的问题。这是另外一回事，或者可能是同一回事）。

不管怎么说，在这一类修行当中，没有主体的彻底转变，那就没有通过实在的运动。

基督教作者们用一个词来指称这一双重变化：

• 从一种实在类型进入另外一种

• 主体从一种存在模式转变为另一种存在模式

这个词就是皈依（metanoia）⁴。词源意义就是：精神状态的转变。

该词在基督教文献中有如下参照：

（1）当注意力从地上转向天上，从肉体转向精神世界，从此岸转向彼岸，灵魂的注视方向发生了变化，这就是

metanoia。

(2) 不过，metanoia 这个词还参照灵魂地位的变化。更确切地说，还参照这样的变化，即从堕落、从远离上帝到灵魂获救、到接近上帝，并获得永恒生命。

通过使用基督教作者们从希腊伦理词汇中借来的这个词，我们可以说，面向实在的修行具有一种皈依功能 (fonction métanoétique)。

2) 关于我已经说过的面向真理的修行，我还想进一步说明一下。

我对你们说过，这些技术使人能够获得真理。

我上次使用的"获得"(acquérir 或 acquisition) 一词并不是完全合适的用词。当我说到面向真理的修行，我并未想到那些使个人拥有认识的程序 (仅仅使个人得以扩大其认识的程序应该被视为"用来获得的技术" [technique d'acquisition]，而不应该被视为修行的技术)。所谓面向真理的技术，我参照的是一种特殊类型的技术：使获得真理能够在生存模式上转变个人的技术，反过来，它们又使个人通过其生存模式的转变而能够获得真理。

122　　　　相对于获得真理，这更是占有，并吸收真理的问题，因为发现真理和主体的转变密切相关，它们相辅相成，有时候是同时进行的。

　　我以启示（illumination）作为例子：某种彻底的转变对启示来说是必需的；没有预先的纯化，主体就不能接受真理的光明。

　　但反过来，真理之光在启示主体的同时也转变了他；启示他并不仅仅是扩大个人的认识，并不仅仅是增加他的洞察力。真理之光改变了他的地位，它把一种蒙昧的生存转变成为一种光明的生存。

　　希腊人用一个词来指主体在其生存模式方面的转变：êthopoiêsis，即习性（êthos）的形成和转变[5]。

　　在我使用这个词的时候，我说面向真理的修行具有一种"实用功能"（fonction éthopoétique）。

自我的技术

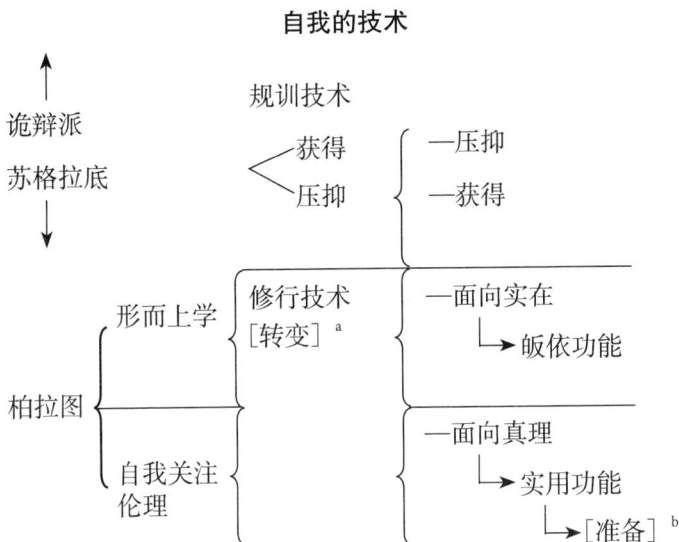

这是一张大致的简表。

我们现在就返回来分析在帝国时代初期由面向真理的修行所使用的技术。

我在上一次演讲中提到了这样获得真理的两大工具，即在于使真理和真实话语融入主体，而不仅仅是认识的对象。

这两大工具就是：

---

a 推测；该词看不清楚。

b 推测；该词看不清楚。

- 倾听，或者更确切地说，倾听的艺术，它和保持沉默的艺术相联系

- 书写，或者更确切地说，一种个人的书写，它以笔记本形式作为其一大主要方面

正如你们能够注意到的，这两个技术和最著名的柏拉图主题既接近又遥远。

对柏拉图来说，问题也在于找到一条通往真实话语的道路，或者比这个更好：他想建立或者发现灵魂和真实话语之间的某种本体论关系。

为达此目的，他使用了提问和回答的艺术。

倾听艺术和保持沉默的艺术代表了和柏拉图这一传统的某种决裂。这种决裂当然和哲学教学的职业化和"教学化"（scolarisation）相关。

正如大家也都知道的，柏拉图为了给作为从一种实在向另一种实在运动的不朽灵魂回忆理念（reminiscence）留出位置，他对文字，对"笔记本"抱有深深的怀疑。

在我所谈到的自我文化中，系统地使用"笔记本"，这是另一种和柏拉图传统的决裂，一种对回忆的非常不同的使用。

现在，我们就从如下技术开始，这些技术所关注的：

• 并非直接的领会（assimilation）

• 而是控制这种领会

124

我们在此遇到了自我认识。

这是我想在本次演讲中予以强调的要点。

我们在这一自我文化中发现了很多的程序和技术，它们被认为能给我们带来对我们自身的认识。

这种自我认识的目的并不是构成关于我们自身的真相（真实话语），它的目的在于控制我们由它而获得真实话语的那个过程，我们把真实话语融入我们自身，我们借助于这些真实话语来转变我们自身。控制这一过程就意味着意识到此过程，衡量它，同时强化它，使它加速。

问题不在于使自我经过真实话语而在其实在中出现；问题在于让真实话语通过始终有控制地占有真理来转变自我。

在这样的工艺中，自我认识不应该被视为一种自我解释学，自我解释学是在表象的外表下辨认某种隐藏的实在。自我认识应该被看作在其"实用功能"中对把握真理过程的必要检验。

或许这些在你们看来都很平常，或者很奇怪。我只想提醒你们，自我认识的这一概念在我们的文化中并不是非常流行的。你们都清楚地知道，自我认识在我们的文化中有两大主要形式，它们是：

（1）在如下范围内的自我认识，即我们的实在对我们来说是被隐藏的：这是对自我的解释学认识。

（2）对结构或者超验条件的认识，这些条件使我们能够认识真理：这是对自我的批判认识。

我们在异教的自我文化中发现有一种自我认识，它并不关注认识的一般和永恒条件——就像在自我的批判认识中——但它关注占有真理的实际活动过程；它也不关注隐藏在我们自身内部的某种实在，它关注的是为了真正成为这一真理的主体而必须经过、必须越过的距离（这是它和自我解释学认识的区别）。

希腊人用一个词来指称一个真实命题，即当此命题深入人心，当它不仅是一种看法，而且还是行为的模型。这种真实话语被看作信仰，被看作坚定的信念，被看作行为的实际规则，它被称作格言（gnômê）[6]。

这种对占有真理及其实用功能的持续检验，我想把它叫作"格言式自我认识"（connaissance de soi gnomique），并且把这一格言式［自我认识］和以下自我认识相对立：

- 和解释学的自我认识
- 和批判的自我认识 [7]

恐怕这些都太过抽象，或许你们被这个自命不凡的希腊术语搞得有些晕头转向。在给你们简要地解释这些"格言练习"之前，我想举一个确切的例子。这是马可·奥勒留的一段文字，人们把这段文字说成是柏拉图影响马可·奥勒留的一个证据，并把它解释为其哲学中某种神秘主义倾向的一个表现[8]。

我认为这里涉及非常不同的东西。依我之见，这里涉及某种非常确切的格言式自我认识的练习。很容易确定它的功能和目的：

- 检验我们自认为已经被我们掌握的真理
- 尽可能明确地、完整地回顾这些真理
- 使这些真理面对某个真实的实际情况
- 通过这一完整的审查来强化这些真理

初看起来，我们可以设想马可·奥勒留的这篇文字仅仅是一种消极的"回归自己"，或者类似于基督教"心灵审查"的东西[9]。[a]

126

---

a 演讲手稿中标明页码的若干页文字到此中断。我们随后看到两页未标明页码的文字，它们并非这段文字的下文，因为这段文字继续分析马可·奥勒留的段落，它们可能是演讲第二部分的开头。演讲的最后部分未能找到。

127   **II**

我的观点是：

1) 自我认识的作用在自我文化中真的很重要，尽管它更是"关注你自己"这一规则的结果，而不是某个独立原则的结果。

2) 这一自我认识建立在某些技术之上，这些技术大部分都是对领会真理过程的测试和检验。

要给出这些真理修行练习的一个大致概况，我想我们可以使用这些文献中的一个常见区分。

注释

1 参见SP, 137–138, 153–155, 164–171等多处。

2 参见第三次演讲的第二稿，本书法语原版106–109页。

3 福柯在一张预备页上进一步说明："譬如在如下范围内，即它们把注定死亡之人转变成能够享有不朽的人。"

4 福柯在法兰西学院讲授《治理活人》和《主体解释学》时对"皈依"这一概念作过一系列非常详细的分析。参见GV, 125–131, 140–142, 174–175, 222页；HS, 201–209页。更进一步的解释，参见L. 克雷莫内西（L. Cremonesi），A. I. 戴维森，O. 伊雷拉（O. Irrera），D. 罗伦兹尼，M. 塔齐奥利（M. Tazzioli），参见OHS, 100页，注释26。

5 关于习性方面的转变（êthopoiêsis）这一概念，参见HS, 227–228页；米歇尔·福柯，《书写自己》，同前，1237页；DV, 56页，注释a。

6 参见OHS, 50页："Gnômê这个词指意志和认识的统一体，也指一种简短的句子，真理即通过这样的短句而表现出其所有的力量,深入人的心灵。"关于gnômê这个概念,也可参见OHS, 51–52页,注释a;MFDV, 130页;米歇尔·福柯,《加州大学伯克利分校法语系讨论会》,同前,162页。更多的解释,参见MFDV, L. 克雷莫内西, A. I. 戴维森, O. 伊雷拉, D. 罗伦兹尼, M. 塔齐奥利,参见OHS, 62–63页,注释35。

7　早在1980年11月,福柯在达特茅斯学院所作的系列演讲中就把"格言式自我"和"认识论自我"相对立,对前者来说,"真理的力量和意志的形式合二为一",而后者则提出了通过解释学工作去发现并辨认自我的秘密真相这一问题。参见OHS, 50–51、88–89页。这两种自我的历史设置似乎相当准确地和福柯在多伦多演讲中所谓"格言式自我认识"和"解释学自我认识"相吻合。而在1980年10月,福柯在加州大学伯克利分校的系列演讲中则把这种二分法搞得更为复杂,因为他还谈到某种"诺斯替自我",这种诺斯替自我必须在个人身上"作为原始光明而被遗忘的一丁点火花"而被发现。参见OHS, 68页,注释a;91页,注释a。然而,在多伦多的演讲中,西方文化中第三种自我认识形式在福柯看来由"批判的自我认识"构成,也就是由"使我们能够认识真理结构和超验条件的认识"构成,就像现代笛卡尔和康德所开创的那种认识。在第五次演讲的手稿中,福柯把诺斯替主义解释为基督教历史内部的一种永恒"诱惑",这种诱惑旨在把"揭示真理和发现我们自身的实在"这两者结合起来。参见本书法语原版148页。

8　手稿中没有明确指出福柯所说的马可·奥勒留一文。这里涉及《沉思录》中论述退居自身的一段,在该书卷四第三节之中:"他们给自己寻找隐居之地、乡村住宅、海滩或者山区;你也是,你通常也强烈追求这一类东西。现在这样做是极为平常的,因为你很容易在你愿意的时候退居你自身。对人来说,没有比自己灵魂更平静,更能摆脱烦琐事务的隐居之地了,尤其是我们自身就拥有一切来达到这一容易的自在,条件是你自己要去关注,而这一自在不过是秩序的别名罢了。所以,你要不断给你自己提供这种隐居;你要自我更新;你要拥有一些简短的、基本的格言,这些格言一旦出现,它们就足以驱除你的所有忧愁,而当你返回日常事务,它们又足以让你毫无气恼地回到事务之中。你因为什么而生气? 因为人的恶意吗? 那么你就要重温如下道理:'理性的活人生来就是相互需要的;公正,部分地就在于容忍他们;他们做坏事也是身不由己;有多少敌人、怀疑者、仇恨者、战斗者都长眠地下或者化为灰烬了!'因此你要停止生气。一因为不满人世间分给你的那一部分吗? 那么你就要重复以下取舍:或者天意,或者微粒(atomes);一切都表明世界就像一个城邦。一你还和身体相联系吗? 那么你就要思考:一旦你恢复自制力,并认识到你所特有的自由,思想就不再混合于这一生命的气息,此气息的运动是自然的或者是激烈的;至少你要思考一下人们告诉过你的关于悲伤和快乐,以及你所赞同的一切。一你听任向往荣耀的欲望摆布了吗? 那就思考一下所有人都会被很快遗忘，思考无限时光的深渊，无论是朝一个方向还是朝另外一个方向，想到那些似乎在赞美你的人和他们那些轰动一时的言论之虚荣，还有他们的多变和犹豫性格，想到这一荣耀的局限之地的狭窄；因为整个大地不过是一个点，而这个国家不过是这个点当中的极小部分；甚至在这里，有多少人能够受到赞美，他们又怎么样？—还是想到退居到这一块完全属于你的方寸之地吧；首先，不要让你陷入烦恼，不要勉强自己；你要自由自在；你要刚强地看待事物，作为人、作为公民、作为不免一死的动物。你要让两个原则始终为你所用，并在你的注视之下：首先，万物并不触及灵魂，它们在外部永恒不动，困扰仅仅来自内心的观点。其次，你看到的所有东西，它们很少变化，而且它们很快就不在了；你还要想到你自己看到他们发生变化的所有人。'世界就是变化；生命就是观点'"（马可·奥勒留，《沉思录》，IV，3，同前，1159–1160页）。1983年秋，福柯在加州大学伯克利分校就"说真话"作了一系列演讲，他为第六次，也就是最后一次演讲准备了一篇对此文字的评论，但他后来因为时间关系没有讲，不过评论的手稿被保存了下来。参见DV，290–294页，注释b。在伯克利分校以及在多伦多，福柯开始抛弃柏拉图或者新柏拉图主义对这篇文字的解释。

9　参见本书法语原版116页，注释13。

第五次演讲 [a]

导言

1) 正如你们所知道的，哲人们有他们自己的方式去关注真理。一种更为狡猾的方式。我并不是想说他们没有试图说真话，我也不是说他们没有不时成功地说出某些确实为真的东西。是否他们多少比其他人成功？这不是我的主题。但就像所有人一样——既不比他人多，也不比他人少——他们使用了证明 (affirmation)，他们以这种方式声称在说真话。

但他们声称就真理本身说真话：

- 或者涉及为了确定一个命题是否为真而必须使用的标准
- 或者涉及人们为提出一个真实命题而必须接受的必要条件
- 或者涉及谬误的地位 (谬误的认识论或本体论地位)

我想，还有一系列关于真理的问题值得被提出来。这些问题属于以下类型：

---

a　根据演讲的英语版手稿翻译 (BnF NAF 28730，29 盒，卷宗 9)。

• 我们为什么想要认识真理？

• 我们为什么喜欢真理胜过喜欢谬误？

• 我们为什么必须说真话？这种义务的性质是怎么回事？

132   我想这一类问题不如其他问题那么常见。我并未假设没有人提出过这些问题。譬如：

你们在柏拉图那里就可以找到一种作为渴望真理的爱欲（Eros）理论。

你们在亚里士多德那里会找到一种关于好奇的理论。

你们在叔本华或尼采那里会找到一种关于 Wille zum Wissen（认识意志）和 Wille zur Wahrheit（真理意志）的观念。

或者我们还可以在威廉·詹姆斯（Wlliam James）那里看到对以下问题的理论发展，这个问题就是：我们为什么喜欢真理胜过喜欢谬误？

正如你们所知道的，可以说海德格尔就从"为何存在？"的问题转向"为何真理？"的问题。

请原谅我参照了这些如此可怕的庇护人。我的意图仅仅是指出这一研究领域，这个领域并不关注

• 真实命题的内部规律

• 真实话语的一般条件

• 意识形态或神话谬误的因素

它关注真理意志，关注我们接受束缚于说真话义务这一事实[1]。

2）我想在这个一般领域内所做的事情，就是分析这一"真理意志"的若干历史形式，涉及人类、人类行为和人类意识。

譬如，疯癫为什么，又如何进入真理和谬误的某种游戏之中，为什么，又如何从真理和谬误的某种游戏转入另外一种游戏之中？

为什么真理和谬误的某种类型会在某个时候进入我们和疯癫的关系之中[2]？

关于犯罪[3]，关于性和性行为[4]，也可提出同样的问题。

当我提出性和性行为这个问题的时候，我被引导去分析我们和自己关系中的真理和谬误游戏。

133

关于大概的计划，已经说得相当多了。我不能肯定这一简介是否能给某些人一个回答，他们因为这些关于塞涅卡和马可·奥勒留等人的小蠢话而感到吃惊。但在真理史中使人感兴趣的，就是真理是奇怪和怪异的，它有时候显得愚蠢（我想我们就真实话语的逻辑结构也可以这样说)。真理，如果它不是如此怪异，我恐怕它会显得有些令人厌倦。

不管怎么说，我想在前几次演讲中给你们指出的，就是希腊—罗马文化的自我真相游戏中一种非常独特的形式。

这一真相游戏具有 [五个]ᵃ 主要特征：

1) 它处于一个非常重要主题的一般框架之中，这个主题也是古代伦理的一个主要箴言：自我关注。

2)"关注你自己"这一箴言在希腊化和帝国时代导致了一种相当广泛的社会实践，同时还导致了一整套非常确切的技术。这些技术，你们可以在自我关注的技术人员，我是说在哲人的著作中找到它们，既然他们自称是这样的技术人员。

3) 希腊人用一个词来指称这些技术，那就是修行，但我们必须意识到，这一修行完全不同于我们在传统上所谓的"禁欲"(ascèse)，禁欲包含着作为其主要特征之一的牺牲。

修行应该被理解为用以转变自己的代价昂贵且有规则的一整套技术。

134　　4) 这种修行的目的是获得真理：

---

a　手稿中写"三个"。

(1) 必须进行练习的理由，就是人们必须获得真理，更有甚者，就是人们必须吸收真理，并把逻各斯变成自己行为的永久模式。

(2) 吸收真理的方法就是通过如下程序学习它，并把它内在化，譬如：倾听的艺术，书写的练习，持续努力地记忆所学到的东西。

5) 这种面向真理的修行相当惊人地并没有导致自我认识的独特发展。

(1) 我并不想说自我认识在这一自我文化中并不重要。关于一种如此重视"认识自己"这一箴言的文化，这样说是愚蠢的。

(2) 我想指出的是，自我认识主要是一种获得并吸收真理的控制程序。

因此它始终要发挥某种作用，始终要行使某种功能。

但这种自我认识并不把自我构成为某种真实话语的特殊和独立对象。

它的任务并不是发现我们所是之人的隐藏实在。

它的任务是确保对如下过程的持续控制，即我们通过此过程变成逻各斯本身。

这样我们就得到如下结论，得到这一怪异的结论：

- 在一种文化中自我关注是如此重要

135
- 在一种文化中"认识自己"如此经常地被提到，并如此
  备受推崇

- 在一种修行中，其主要目的就是获得真理

在这样一种文化中，自我认识并没有获得它将在后来获得的那种规模和复杂性。

反过来，我们可以在基督教修行中看到某种特殊的、独立的自我认识的产生和最初发展，基督教修行的一大主要箴言就是：牺牲你自己。

但相当奇怪的是——我想你们当中大部分清楚地知道这类历史转变的人都不会真正地吃惊——大规模的自我解释学并未扎根于某种由自我关注所主导的文化之中，而是扎根于一种由自我牺牲所主导的修行之中。

在开始之前先谈两个简短的看法：

1) 我们感到自己如此清楚地知道"认识自己"的箴言，相反"自我关注"的格言在我们看来却有些奇怪，或者至少是自私自利的，我想我们在此找到了之所以如此认为的一个

原因。

我们应该重视我们自己，胜于重视世界上任何其他东西，要把这一原则接受为我们的伦理基础，这对我们是相当困难的。我们更倾向于在此认出某种不道德的基础，这种不道德让个人逃脱所有的规则[5]。

通过我们的基督教遗产，我们很容易在"认识自己"当中认出我们自己，我们不太认可"自我关注"作为我们的伦理。自我关注这一原则在我们看来更是一个经济行为的原则，或者是美学选择的一个原则，或者甚至是伦理反抗的一个"口号"[6]。

2) 我想谈的第二个看法涉及自我认识和灵魂理论之间的差异。

(1) 我所谓的自我认识，指的是这样一类个人认识，即任何个人被认为通过合适技术来构成关于他自己的认识。

这和灵魂理论、精神理论、智力分析不是一回事，尽管它们之间有联系……

(2) 向个人提出，或者强加于他们以便构成或发展他们的自我认识的那些技术，它们当然多少依赖于和它们同时的灵魂理论。

136

（3）这些理论，它们主要基于并建立在这些技术之上，且依赖于这些技术。

我们不妨想到柏拉图的记忆观念：它既是自我认识的一个技术因素，也是他的灵魂理论的一部分。

但我要强调一点，即在对自我关注和自我认识的这一研究中，我想关注的是别的东西，而不是灵魂、精神、身体等的理论或观念。

I

在早期基督教那里，我们在自我文化方面看到了重大变化。

正如大家都知道的，异教文化和基督教文化在古代晚期的连续性问题，这是观念史学家所能遇到的最为惊人的一个问题。

在自我文化和自我认识这一确切领域，能够辨认出深刻的连续性和非常明显的中断。

我们可以非常简短地说，基督教隶属于获救（salut）宗教这一广泛的种类。这意味着基督教是这样一些宗教之一，这

些宗教被认为要引导个人:

- 从一种实在到另一种实在

- 从死到生

137

- 从时间到永恒

- 从此岸世界到彼岸世界

为了实现这一转变,基督教提出或者把一整套条款、礼仪、程序、行为规则,以及某一类型的自我转变强加于人,这些都是某种面向实在的修行的特征[a]。

但基督教又不仅仅是一种获救宗教,它还是一种忏悔。

这就意味着基督教属于宗教中极其狭窄的种类:一种把非常严格的真相义务强加给成员的宗教。我们都清楚地知道,在希腊和罗马宗教中,礼仪方面的义务是非常严格的;伦理责任和个人的行为准则却相当模糊;相信这一点或那一点的义务就更加不确定。从今天来看,我们很难想象一个希腊人的准确信仰是什么,他在宗教领域中接受为真实的东西是什么,什么样的怀疑被视为亵渎宗教并会最终受到谴责。

相反,基督教却有众多的真相义务。

---

a 手稿中本句最后部分加上括号。

譬如，有义务接受构成某一教条的一整套主张；有义务把某些文字或书籍视为真理的永恒源泉；还有义务不仅仅相信某些东西，还要表现出相信这些东西：所有的好基督徒都有义务表现他的信仰。至少在基督教中的天主教里，所有人在真理方面都被认为要接受某些机构的权威。

但基督教还要求另外一种形式的真相义务，非常不同于我刚才提到的那些义务。每个人都有责任知道自己是什么人，知道自己身上发生了什么，意识到他可能犯下什么过失，辨认出他所面临的诱惑。此外，所有人都有责任或者向上帝（虽然，或者因为上帝比任何人都更加了解），或者向其他人展示这些东西，因此所有人都有责任公开地或秘密地作证反对自己。这种责任在天主教会和新教团体中采取的形式当然并不是相同的。

不管怎么说，重要的是以下一点：真相义务的这两大整体，一类涉及信仰、《圣经》、教条；另一类涉及自我和心灵，它们是相互联系的 [7]。如果一个基督徒想要研究他自己，如果他想要能够辨认出他心灵深处的危险波动是怎么回事，他就被认为受到信仰之光的支持。反过来，没有灵魂的净化，要进入信仰的真理是不可想象的：没有这种艰苦的努力来消除内心的黑暗，那就无法达到光明。灵魂的纯洁是自我认识的一个结果，而灵魂的纯洁不仅是理解文字，理解《圣经》的一个条件，也是信仰之力的一个条件。

圣奥古斯丁使用了一个意味深长的用语："Qui facit veritaem venit ad lucem。"[8]

facere veritaem："认识自身真相"；venire ad lucem："达到光明"。

认识自身真相和达到光明，这两个概念密切相连。

我们在此稍作停留，我们快速地回看一下在最初几个世纪的哲学中发展出来的异教自我文化。

1）首先你们可以看到一个非常鲜明的差异。

基督教作为一种获救宗教，它提出或者把某一种类的修行（一种代价昂贵且有规则的自我转变）强加于人，这种修行被引向从一种实在向另一种实在（一种 [实在] 类型 → 一种层次）的运动。

2）但这种面向实在的修行和一整套繁多的真相义务密切相连，这些真相义务表现为从一种实在向另一种实在运动的必要条件。

139

（1）以至于在此面向实在的修行的一般框架中，这是基督教的主要特征之一，一种面向真理的修行的地位和作用自基督教初期就非常重要。

（2）基督教把或者试图把一种面向真理的修行纳入它自己的面向实在的修行之中，以便使前者成为后者的一个因素或条件。

试图把一种面向真理的修行纳入一种面向实在的修行框架之中的尝试，我们有很多基督教作者的见证。确切地说，就是吸收面向真理的修行的异教形式和哲学形式。

基督徒可以对希腊—罗马宗教表现得非常对立，但同时又深深地尊重哲学的伦理，或者秘密地依附于哲学的伦理。

我们记得亚历山大城的克莱曼特在很多地方借鉴斯多葛派的伦理。我们也记得圣奥古斯丁对塞涅卡的极大赞誉。

---

a　这一图式画在插入手稿这个地方的一页纸上。

我们还记得，《手册》(*Enchiridion*) [9] 在若干世纪中被认为是一篇由圣尼尔 (saint Nil) 所写的基督教文字。

"面向真理的修行"作为异教哲学伦理的特征，它当中的主要部分，或至少某一部分却置身于面向实在的基督教修行的一般框架之中。

140

3) 然而，（这是第三点）这种面向真理的修行由于某些原因而被深深地转变了，我以后再给你们说明这些原因。

简单地说，这一转变在于以下因素：

(1) 你们都记得，按照塞涅卡、普鲁塔克、爱比克泰德和马可·奥勒留的看法，认识自己不是任何别的什么东西，而是在吸收真理的过程中检验自己。人们必须认识自己，这是在以下意义上说的，即人们必须知道自己在彻底吸收真理的道路上处于什么位置。是否认识了必要的真理？是否每当需要就能够记得这些真理？这些真理是否真的为我们所用？这就是自我认识的一般形式：对吸收真理的持续控制。因此，自我认识不能和这种吸收分开，无论是吸收的形式还是吸收的时间表。

(2) 相反，基督教的真理修行的特征是：

它不仅被纳入面向实在的修行的框架之中，而且真理修

行的两个特征 (吸收真理和认识自己) 被分开，它们变得相对独立于对方，并各自取得某种独特的形式。

我并不是说它们完全被分开，或者成了两个分开的行为形式。我对你们说过——如下主题在基督教传统中是始终存在的——如果没有通过自我认识而预先净化灵魂，那么真理之光就无法进入人的灵魂，而如果没有真理之光，那么这种净化就不能进行。

不过，虽然有此相互关系，这两个过程还是不同的。它们有自己独特的形式，自己独特的义务，自己独特的技术，尽管它们之间存在着某些相似性。

我今天想给你们指出的，就是基督教的真理修行形式打破了"格言式自我认识"的统一体，它引起了两类不同的关系：和启示真理的关系，通过逻各斯、圣言、《圣经》。和真理的关系，作为通过文字形象启示的真理。

141　　这种关系取得了信仰的形式。

还有一种和我们内心实在的关系，和一种隐蔽并深藏于我们内心深处的实在的关系，这种实在处于我们意识的秘密之中，处于我们思想的难以察觉的波动之中。

这种关系必须 (对我们自己) 采取怀疑的形式。

我想强调《圣经》中的真理和自我的实在这两者之间的这一区分，强调它们之间的差异，以及它们之间那种深厚的并且常常是晦涩的关系。我认为这是西方文化的一大主要特征，是我们主体性的一大主要特征。《圣经》中的真理和自我的真相，这两者之间的平衡、冲突、结合以及相互分离，我想这是西方文化的一大永恒的竞赛。

社会科学和自然科学之间的差别——差异和关系——这是我们的理论领域，或者至少是我们大学生活的一个显著特点。这两种关系（真理和文字的关系以及真相和自我的关系）之间的差异在更加漫长的时间中始终在进行着竞赛。

不过在研究这一差异的若干后果之前，我想说明一下这一区分，并指出早期基督徒，至少他们中间的某些人，他们在何种程度上意识到了这一区分。

我想参照卡西安《讲道录》中的一篇或者两篇文字。

也许我应该介绍一下卡西安。他和圣奥古斯丁是同时代人，他于 4 世纪末出生于现在的南斯拉夫，一个说拉丁语或者希腊语的地方。他在小亚细亚游历，因为他感到自己被东方的修道生活所吸引，他对修道院这种比较新颖的制度感兴

142

趣。当时在基督教修行实践内部有很多冲突，一方为隐修派实践，它意味着远离城市的个人隐退，主张独居生活（或者半独居生活）；另外一方为共修团体，此团体意味着共同的生活、公共的规则、严密的等级结构和某种规训制度。我们可以简单地说，当卡西安在加利利 (Galilée) 和埃及游历的时候，共修制度正在取代隐修传统。这并不是说隐修派消失了，但当时有人激烈地反对和这类隐居生活相联系的某些过激做法，还反对受到某些隐修派人士十分推崇的壮举。

共修生活的规则试图给这种被认为太过个人主义的修行提供一种规训框架，此框架部分借鉴了罗马军队的做法。

不管怎么说，卡西安参观了这些共修团体，之后返回西方，在罗马住了一段时间，[然后]定居于法国南部，他在那里撰写了类似报道的文字，叙述东方精神修炼的最著名地方。这种报道被认为是，事实上也的确就是建立西方修道院的一种规划。

不能把卡西安和圣奥古斯丁相提并论。他没有独创性，他的神学或者哲学观念并无重大意义。但因为这个原因，可以把他接受为这种修行的最通常主题的值得信赖的一个见证人。他是 [东方和西方] 之间的中介，他不仅是一个见证人，而且是一个重要人物，他写了两本书：

- 一本是《共修制度》[10]，其中陈述了共修生活的各种规 143
则。这实际上就是在西欧建立修道院的一个规划

- 但另一本书《讲道录》[11]，从我们的观点来看，这是一
部内容非常广泛的论著，较之于对当时修道院团体中
最有影响的修行理论远为有趣

有一篇讲道专门论述 Scientia spiritualis，即修行认识，
它表明对卡西安来说，以及对经由他介绍的这种修行的重要
人物来说，解释文字和自我认识这两者之间的联系、相近和
差异是多么清楚。

你们可以在第 14 篇讲道的第 8 段中看到这一分析[12]。

按照一个根植于异教文化中的众所周知的传统，卡西安
区分了两类"知识"：

(1) 实践知识 (science praktikê)，我们暂时把它放在一边。

(2) 理论知识 (scientia theôrêtikê)。在"理论知识"中，
他提出以下区分作为第一个区分 [分别]：① "历史的解释"，
② "修行的智慧"。他在此"修行的智慧"中又做了三个区分：
a. 寓意的认识；b. 奥秘解说的认识；c. 比喻的认识。

因此我们就有了四类认识：

历史的认识 这类认识揭示如实发生的事件	作为犹太人城邦的 耶路撒冷	理论
寓意的认识 这类认识在于把这些事件或事 物用作某一奥秘的形象	作为教会的耶路撒冷	启示
奥秘解说的认识 这类认识在于把这些事件或事 物用作某一神圣奥秘（上天奥 秘）的形象	作为上天城邦的耶路 撒冷	预言
比喻的认识 这类认识在于把这些事件读作 某种修行生活规则的形象	作为我们自身灵魂的 耶路撒冷	知识

144

　　我先把这段文字和这一修行认识理论可能并必然会提出
的历史和技术问题放在一边。

　　使我感兴趣的是如下关系：(1) 这一修行知识，(2) 和"实
践认识"之间的关系。

　　卡西安把实践认识定义为"改良道德 [和] 涤除心灵上的
邪恶"（emendatione morum [et] vitiorum purgatione perficitur）[13]。
卡西安指出了这种实践认识和理论认识之间的非常密切的联

系。譬如:一方面,比喻地解说文字就在于辨认出其中的实践含义;另一方面,卡西安强调理论认识和实践认识之间的相互关系:没有灵魂的净化就不可能获得理论知识,而没有理论认识的帮助也不可能得到净化。

这就是卡西安的一般观点,他在文字中的好几个地方予以强调。但卡西安实际上同时指出了这一实践认识的非常独特的特征。他指出这种自我认识多么不同于文字的修行智慧。他在三个要点上指出了这一差异:

1)净化在理论认识过程中的根本重要性。净化是必需的,净化是极其重要的,而根本的一点就是,没有净化,真理本身不能做任何什么。

这就导致两个后果:

(1) 某些人能够知道解释技术的一切。如果他们的心灵没有被净化,他们就无法真正理解修行的实在。

(2) 心灵的净化可以替代解释技术的学习。

关于纯洁的能力能够实现知识无法做到的事情,卡西安给出了一个例子。

一个著名的隐修圣人祭司叫让,他就无法给一个着魔的人驱魔。

有一天来了一个人，一个农夫而已，他就成功完成了驱魔。所有人都在自问，为什么他做到了祭司让无法做到的事情。这个人的思想非常简单，他对修行知识一无所知。他的虔诚仅仅是每天早晚向上帝祷告。

但他的纯洁完美无缺，虽然他已结婚，可他与妻子从未有过性关系[14]。

如此重视净化，你们在古代哲学的自我文化中是找不到先例的。

2）你们在卡西安那里还可以找到第二个观念，此观念似乎指出了相对于认识文字而言的自我认识的特点。这个观念就是：灵魂的净化需要对自己进行十分漫长而又非常严格的否定工作。驱除恶习要比获得美德付出加倍的努力[15]。

3）但尤其值得强调的，就是人们为净化自己所做事情的性质。

卡西安用翻译希腊语 diakrisis 一词的拉丁译文来指称这一工作：区分（discrimen）（操作）或辨别（discretio）（态度）。这种"区分"在于什么呢？在休息之后我再来谈这一点，我将给出若干补充说明，因为这是基督教自我解释学的一大主要特征[16]。

简短地说，区分或者"识别"是这样一种操作，我们通过此操作去检验一个观念、一个思想、一个表象、一个欲望的真实性质。

[卡西安] 所谓"性质"是什么意思？他区分了逻各斯和思考（logismos）：

- 逻各斯就是表达了真理的话语
- logismos[17]（推理方面）：对埃瓦格里维斯和卡西安来说，这是指这样的思想，即在"物质上"被视为思想波动的思想

一个观念、一个思想、一个欲望的性质取决于什么呢？

- 其性质并不取决于它的客观内容，并不取决于被表现的东西[a]
- 一个观念的性质由它的来源所决定；由它所产生的根源来决定；由其出发点的本体论地位来决定：肉体或者精神，魔鬼或者上帝
- 一个观念的这种性质可以通过确认它把我们引向何方来辨认：精神生命，或者物质生命

---

a 这一部分加在空白处。

在基督教修行中，辨别既是一种美德，也是一种技术。这是在我们灵魂的所有波动中进行确定的艺术：什么波动来自上帝，什么波动来自魔鬼撒旦。

问题并不在于确定它们意味着什么；问题在于确定它们的来源和它们的目的。

卡西安在他的若干讲道中就这一"辨别"给出了很多解释，尤其是在第二次讲道中[18]。

但在我现在分析的第14次讲道中，他给出了一个我们熟悉的例子，一个关于沉默的例子[19]。

（1）你们都记得这个规定，即强迫自我文化的所有初学者都必须保持沉默。

（2）异教哲学给出的理由就是，人们必须把自己的精神和注意力保持在尽可能自由的状态，以便让真实话语进入他们的心灵之中，并在那里扎根。

（3）按照卡西安或者卡西安在这次讲道中提及的精神导师的意思，初学者必须保持沉默的主要原因就是他必须怀疑他自己。也许他会倾向于提问，因为他想知道真相。但这种想法可能是一种幻觉：他以为他想知道真相，而实际上他的这个想法却来自撒旦，来自魔鬼的诱惑；提问将引导他，不是去知道其他什么东西，而是去表现他是多么出色，或者多么聪明。

区分就是试图超越一个观念的客观内容而辨认出它的真实来源和真正目的。

我们先说到这里。但在休息之前，我想强调一下在我看来相当重要的两点或者三点。

1) 我们现在远离了作为异教伦理特征的"格言式"结构。

(1) 一方面，真理不应仅仅被传授（被讲授和被学习），被获得、被吸收。真理必须通过某种特殊的解释学而被辨认。真理不再由教育（paideia）带来，并不通过记忆来获得。它由启示带来，它必须通过话语的形象，通过某种解释技术而被理解。

(2) 另一方面，和文字解释学的解释相对称，我们在基督教修行中还可找到另外一种解释学。这另外一种解释学和第一种类型的解释学有某种关系，它们经由一整套相互关系而联系在一起，但它们的结构并不相同。

第二种类型的自我解释学既不同于格言式自我认识（格言式自我认识主要在于对获得真理的持续控制），也不同于解释文字的解释学。这是一种辨认的自我解释学（herméneutique de soi discriminative）。

- 解释性的解释学关注文字、文字的含义、文字的形象，以及通过文字形象而被揭示的真理

- 辨认性的解释学注意自我，注意心灵的波动、意识的幻觉，以及幻觉由之而来的实在 [20]

2) 我想强调的第二点，就是这两种类型的自我解释学在西方文化中同时存在。它们之间的关系，它们的独特性以及它们的平衡始终是一个重大问题。

（1）在基督教自身的内部。譬如我们都清楚地理解，16 世纪随着宗教改革而来的一大重要问题就是在自我解释学和文字解释学之间建立什么关系的问题。但我认为这一问题并不是这个时代和这一实际冲突所特有的。在基督教中始终存在三种主要意图：

　　a. 诺斯替意图在于把真理的启示和发现我们自身的实在结合在一起，好像它们属于同一过程。我们在自己身上发现神圣的光明之火；我们在通过文字而来的真理启示中辨认出我们灵魂的真正神圣的本质 [21]

　　b. 还有一种"文字意图"，它把根本的重要性给予文

字和文字解释之间的关系，不仅将此作为获得真理的   149
手段，而且作为辨认自己和辨别灵魂波动的手段

  c. 另有一种"自我分析"的意图，它把根本的重要性
给予自我关系和辨认思想的工作。天主教当中给予悔
罪和忏悔，给予心灵指导艺术的作用就隶属于内在于
基督教的这一意图

（2）但这两类解释学的同时存在，这在更广泛意义上极
大影响了我们的文化。而意图找到一种解释学的一般形式，
或者在解释性解释学和辨认性解释学之间建立一种明确和理
性的关系体系，这种意图在某些所谓"人文科学"和"社会科
学"的历史中是非常明显的[a]。

注释   150

1 福柯把真理意志的问题（我们为什么要认识真理？我们为什么喜欢真理胜过喜欢谬
   误？）纳入他在法兰西学院首次讲课的中心。参见米歇尔·福柯，《话语的秩序》，巴黎，
   Gallimard，1971年，以及《认知意志的讲课：法兰西学院讲课（1970—1971）》。D. 德菲尔
   主编，巴黎，Scuil–Gallimard，2011年。这个问题从未真正被抛弃——它以说真话义务的

---

a 演讲手稿在此中断。演讲的第二部分好像并未保存下来。

问题、说真话的历史形式等措辞被重新提出——它还构成了福柯在1980年代的研究主线。

2　参见HF。

3　参见SP。

4　参见VS。

5　参见本书法语原版38—39页，43页，注释34。

6　该词在文中为法语。

7　关于基督教内部"真相义务"的类似描述，参见OHS, 66—68页；MFDV, 89—91页；米歇尔·福柯，《自我的技术》，同前，1623—1624页。福柯在法兰西学院的讲课《治理活人》中以"真理体系"的措辞介绍了这一同样的双重性。参见GV, 81—82, 99—100页。

8　圣奥古斯丁，《忏悔录》，卷X，Ⅰ，1,《圣奥古斯丁全集》，卷14, E. 西奥勒 (E. Tréhorel) 和G. 布伊苏 (G. Bouissou) 法译本，巴黎，Études augustiniennes, 1996年："事实上你现在热爱真理，因为带来真相的人走向光明"（Ecce enim veritatem dilexisti, quoniam qui facit eam venit ad lucem）。

9　阿里安，《爱比克泰德的讲课》，同前。

10　让·卡西安，《共修制度》，J-Cl. 居伊 (J-Cl. Guy) 法译本，参见《基督教渊源》，巴黎，Éditions du Cerf, 1965年。

11　让·卡西安，《讲道录》，卷三，E. 皮舍里 (E. Pichery) 法译本，参见《基督教渊源》，巴黎，Éditions du Cerf, 1955—1971年。

12　让·卡西安，《讲道录》，ⅩⅣ,《奈斯德罗士神父的第一次讲道：论修行知识》，Ⅷ，参见《讲道录》，Ⅷ-ⅩⅦ, E. 皮舍里法译本，参见《基督教渊源》，巴黎，Éditions du Cerf, 1958年，189—191页："我们回到知识的论述，这是本次谈话的起源。我们前面说过的 πρακτική，它分布在很多职业和生活状态之中。θεωρητική 一词分为两个部分：历史的解释和修行的智慧，正是这一点使萨洛蒙 (Salomon) 在详细列出教会的多种恩惠之后这样说：'教会中的所有人都有双层衣服。'修行知识也有三个种类：比喻、寓意和奥秘解说。有一句成语说：'对您来说，关于您的宽广心灵，您就以三个特征来写这些东西'，这里说的就是它们。

"历史涉及对以往事件的认识，这些事件打动了感官。当使徒说：'根据记载，亚伯拉罕 (Abraham) 有两个儿子，一个是女佣生的儿子，另一个是自由女人生的儿子。不过，女佣生的儿子是由肉欲而生的，而自由女人生的儿子却是按照承诺诞生的。他这样说的时候就给出了一个例子。'

"之后发生的事情就隶属于寓意，因为据说真实发生的事情，它们预先代表了另外一个秘密：'这两个女人是两个姻亲关系：一个是西奈山的，在奴役中分娩，这就是阿嘎（Agar）。因为西奈是阿拉伯半岛的一座山，它象征着现在的耶路撒冷，耶路撒冷和它的孩子们都是奴隶。'

"奥秘解说属于宗教秘密，直至上天最崇高、最庄严的秘密。人们可在使徒随后补充的话语中看到奥秘解说：'但上天的耶路撒冷是自由的，它才是我们的母亲。'因为可以读到：'你不生孩子，你就快活吧！你就快活地大声叫喊吧，你根本就不知道什么是分娩的痛苦！被遗弃女子的孩子们比有夫之妇的孩子们更多。'

"比喻是一种道德解说，涉及生活的改变和修行的训练：就像我们通过这两个姻亲关系而理解πρακτικήν和理论知识；或者我们愿意把耶路撒冷或者锡安当作人的灵魂，就像如下话语向我们指出的那样：'赞美吧，耶路撒冷，上帝；赞美锡安你的上帝。'

"如果我们愿意的话，四个形象因而合为一体，以至于同样的耶路撒冷可以具有四个不同含义：它在历史意义上是犹太人的城邦；它在寓意的含义上指基督的教会；它在奥秘解说层次上指天国的城邦，'它是我们所有人的母亲'；而在比喻意义上则指人的灵魂，我们经常看到上帝以此名义来赞美或者指责它。

"那位深受上天恩宠的使徒以何措辞来这样谈论四种解说：'教友们，如果我用语言来对你们说话，并且我不通过启示，或者不通过知识，或者不通过预言，或者不通过教义来对你们说话，我又能够给你们带来什么有用的东西呢？'

"'启示'关系到寓意，它按照精神含义来解释，并以历史故事来显示被掩盖的真理。譬如以下例子就是这样的，如当我们试图揭示'我们的父辈们如何都在云雾中，所有人都在云雾中，都在大海中通过摩西而受洗'，如何'所有人都吃同样的精神食粮，都饮用和他们相伴的岩石上的同一精神之水，岩石就是基督'。这种解释预先展示了我们每天都领受的基督的形象化身体和血液，它胜过了寓意。

"使徒还提到了知识（science），知识代表了比喻。比喻使我们谨慎地辨别隶属于实践判断的万物之用途或者好处：就像我们被当面要求判断'一个女人未戴头巾向上帝祈祷是否合适'。我们已经说过，这一类解释包含了某种道德含义。

"预言是使徒提到的第三点，它意味着奥秘解说，这种解说把话语移植到不可见的未来之事当中，就像如下文字所表示的：'教友们，我们不愿意你们对那些沉睡之人的话题一无所知，为的是不让你们像那些毫无希望的其他人那样伤心。事实上，如果我们相信耶稣已死，并且他又复活了，那么我们也该相信，上帝将带着耶稣和那些在他身上睡着之人一起回来。因此，我们以上帝的名义宣布，我们这些为上帝降临而被预留的活人，我们将不会去通知那些沉睡之人。因为上帝，在信号发出的时候，随着大天使的声音以及上天的号角声，他会亲自从天上下来，在耶稣身上死去的那些人将首先被复活.'这就是在这一类劝诫中出现的奥秘解说的形象。

　　"教理说明历史陈述的简单顺序，它除了字面含义并不包含更加隐藏的意义。比如在如下一段文字中就是这样.'我一开始就对你们说过，就像我自己所得知的那样，即按照《圣经》的说法，耶稣是为了我们的罪孽而死的，他被埋葬，并在第三天复活，他向西法(Céphas)显示过.'还比如：'上帝派自己的儿子下来，他的儿子由一个女人孕育，并诞生于法律之下，以便拯救处于法律之下的人.'或者还比如：'以色列，你听着，上帝是你的神，他是唯一的神.'"

13　同上，Ⅰ，183–184页："这个世界上有很多种类的知识，它们和艺术及职业同样众多。不过，尽管它们都是无用的，或者是完全无用的，或者仅仅有利于现在生活的方便，然而任何一种知识都有人在传授，并且按照某种顺序和某种独特的方法，对象是那些很想获得这类知识，并有能力支付费用的人士。

153　　"但是，如果我们仅仅通过独特和确定的途径来进入这些艺术知识，那么如下说法是多么真实，即我们宗教生活的学科和职业——宗教生活旨在冥想看不见的神秘奥术，它追求的并非此生利益，而是永恒报酬的奖赏——它们也都包含着某种确切的顺序和方法！

"它创造了两类知识题材：第一类，πρακτική，也就是积极的一类，它的全部关注在于改良道德和涤净心灵上的邪恶；第二类，θεωρηθική，理论的一类，它旨在冥想神的事物，认识最神圣的含义。"

14　同上，Ⅶ，187–189页。

15　同上，Ⅲ，185页："但我们要懂得一点，就是较之于获得美德，驱除邪恶要使我们付出加倍的努力和辛劳。我这里并不是说个人的情况。这是经由造物主自己的判断而每天都在传授给我们的一个真理，唯有造物主才知道他的创造物的能力和条件：'造物主说，我今天把你建立在民族和王国之上，目的是让你拔除，让你摧毁，让你失去，让你消除，让你建造，让你种植.'为了除掉坏的东西，他指出了四件必须做的事情，就是拔除、摧毁、失去、消除；而为了完善自己的美德，并获得所有关于公正的东西，却只有两件事情，那就是建造和种植。显然，由此可见，拔除、根除身体和灵魂内部的那些根深蒂固的恶习，比建造和种植精神美德更加困难。"

16　关于这一点的进一步说明，参见GV，285–301页。

17　关于logismos一词的定义，参见GV，293页："该词的历史非常有意思，因为logismos在古典希腊的词汇里指[……]推理，也就是人们运用逻各斯去达到真理的方法。然而，在基督教的修行词汇里，logismos并非积极地运用实用逻各斯来使人达到真理。logismos指头脑中产生的思想，而这种思想就它的来源、它的性质、它的内容来说，因而就人们可以从中获取的结果而言，都带有它可能包含的不确定因素。"

18　让·卡西安，《讲道录》，Ⅱ，《摩西神父的第二次讲道：论谨慎》，参见《讲道录》，
　　Ⅰ–Ⅶ，E. 皮舍里法译本，《基督教渊源》，巴黎，Éditions du Cerf, 1955年，109–137页。
　　也可参见《讲道录》，Ⅰ，《摩西神父的第一次讲道：论修道士的目的和结果》，ⅩⅥ–　　154
　　ⅩⅩⅢ，见见《讲道录》，Ⅰ–Ⅶ，同前，98–108页。

19　让·卡西安，《讲道录》，ⅩⅣ，《奈斯德罗士神父的第一次讲道：论修行知识》，同前，
　　193–194页。

20　1982年2月17日，福柯在法兰西学院讲授《主体解释学》，他在讲课的第二小时中谈到
　　某种"注释模式"，基督教会发展了此模式，以便明确地和"柏拉图模式"切割，柏拉图
　　模式围绕不朽灵魂回忆理念这一主题进行，诺斯替运动又接过了此主题。这一注释模
　　式的作用就是"给予自我认识，并非重新找到主体本质的回忆功能，而是注释功能，
　　即发现在灵魂中产生的内在波动的性质和来源"。参见HS, 246页。

21　关于诺斯替教义及其和基督教的关系，参见GV, 303–304页；OHS, 67–68页，以及69
　　页，注释a；HS, 18, 246, 402–403页。

研讨班

1982 年6 月

第一课

　　米歇尔·福柯：[a] [我们今天将研究的材料是] 柏拉图的《阿西比亚得篇》，其次是 [取自爱比克泰德《谈话录》中的三篇文字]：第三卷第一章中的一段文字，第一卷第十六章，以及第一卷第一章。如果我们还有时间的话，我们还将研究马可·奥勒留 [和] 弗朗托的三封书信。

　　我真的对你们有多项要求。我要求你们在此研讨班上积极主动，这是出于几个原因。第一个原因是，尽管我已有相当年纪，可我还是生平第一次和外国人一起主持这样一场研讨会。我不知道你们是否有兴趣，也不知道你们研究过什么，如此等等。我对你们一无所知，这是第一个困难。

　　使事情变得相当困难的第二个原因是，我的英语并不完美，也许你们已经注意到了。之前有人告诉我，说我可以用法语来主持研讨会，于是我就用法语准备了我的材料，可我还是担心这是不可能的。至少我想问你们的第一件事情就是：是否你们认为我们能够用法语来进行这次研讨会，或者既用

---

a　福柯在此之前已向听众说明了分发给他们的那些复印文字是一些什么样的材料。

法语，也用英语——如果你们愿意，那么你们说英语，而我则说法语？或者你们还是愿意我试着说我的糟糕英语，而不说我的简易法语？有多少人说法语？好吧，那我就尝试着用英语来主持这一研讨会。

我要求你们积极主动的第三个原因，就是在演讲期间，我当然必须讲话，也许我讲得太多了，太过冗长，我不知道你们有什么样的反应，我不知道你们在多大程度上接受我所说的东西，你们是否感兴趣，这些东西是否太过于技术性或者还不够，如此等等。

所以在这两个小时中，我对你们的建议，首先就是你们能够非常自由地、坦率地说出你们对我们的会议、演讲或研讨会的看法。然后我们可以来谈一下《阿西比亚得篇》，而你们当中有些人在此研讨会之前就已经有机会去阅读这篇文字，并且这也是我在最后一次演讲中评论过的一篇文字，或者评论过这篇文字中的某个部分[1]。我们可以这样做，可以回应这篇文字，回应我就这些文字给你们作出的解释。接下来我们将一起来研究爱比克泰德的文字——我就这三篇材料准备了某种评论文字，之后如果我们还有时间，我们将研究马可·奥勒留和弗朗托的书信。首先是自由的讨论、回应，其次是围绕《阿西比亚得篇》的讨论，接下来是关于爱比克泰德的讨论，最后是关于马可·奥勒留和弗朗托的讨论。你们同意吗？谁想第一个发言？

听众：您能否解释一下公民的不同阶级的区分对自我文化意味着什么？

福柯：这是一个很好的提问。但我首先想知道关于演讲的形式方面是否有什么提问，或者有什么评论，或者有什么东西要说。比如我听说，你们不能完全理解我所说的东西，或者至少——由于我的糟糕的发音使你们无法听懂我列举的名字？是这样吗？抑或不是？

我还想给你们提第二个问题：我试图就 epimeleia heautou，也就是关于自我关注所说的东西，是否并未非常远离你们在符号学或者类似主题的研讨班上被假定研究过的东西？我担心会使你们失望。

听众：很多人在自问，不知您为什么决定回到古代晚期，回到希腊—罗马哲学和早期基督教。我想您的补充说明将会是有用的。您在第一次演讲中就提出了问题，当时您谈到了四种不同的工艺，但我想很多人仍然有些茫然。

福柯：您看到了，我回到这个主题的原因，回到古代晚期或后古典时代，回到希腊化时期和希腊—罗马时期等，这是因为，我试图从一开始就做的事情并不完全是科学史，或者并不是如疯人院、监狱，或者诸如此类机构的历史。我以前当然对这一领域感兴趣，但当我研究这些主题、这些机构，其原因是，我想探讨的基本问题是我们主体性的历史。不是科学的历史，而是我们主体性的历史。我认为我们的主体性——对我来说，这就是与我们可叫作现象学理论的东西的主要区别——它并非某种根本的、直接的自我体验，而是在我们和我们自己之间存在很多社会的、历史的、技术的中介。这些中介的领域、结构，这些中介的作用，恰恰就是我一开始就研究的主题。譬如，我们每一个人都和他自己的疯癫有某种关系。他意识到并体验到他自己身上被视为疯癫的东西，他对一般的疯癫，对他自己有可能是疯子都有某种体验。我认为，这种对自我本身的体验，对自己有可能是疯子的体验，当然是由历史、社会和文化决定的。说我们每个人在自己内心都存在某种疯人院，这样说是太过分了，但这是一种方法来表明我想说的东西。我们每个人的内心都有某种监狱、他和法律、他和违规、他和犯罪、他和罪孽等的关系，这些关系并不只有一个历史背景，这种内在关系在我们每个人身上都包含着一部分历史结构。正因为这个原因，我研究了疯癫，也因为这个原因，我研究了监狱等，而我现在正在研究性和性体验，我把问题置于同样的视角之中。我不认为我们和自己的性的关系是某种如此直接的东西，如人们可能想象的那样。并不只有一个历史背景，而是我们性的主体性还有一个历史结构。我试图研究这一点，从 16 世纪开始直至现在，但我很快就意识到，几乎不可能以 16 世纪，或者以中世纪末期，或者以宗教改革以及反改革作为出发点。当我阅读所有这些材料的时候，我很快就确信，我必须回到古代晚期，回到希腊化时期和希腊—罗马时期，以此来作为这类主体性、这类意识的真正的历史起点。在我看来，古代晚期的修行和真理之间的关系，以及早期基督教就是一个历史起点[……][a]。

听众： 我想在您的演讲中给出这些解释将是有用的。很多听

---

a 这里有若干词听不清楚。

众没有研究过这个时期，这对他们来说是一堆艰涩的材料。

福柯： 关于这一点，我可能会在下一次演讲的开头部分就给出若干解释。这是您的建议吗？

听众： 我不知道别人是怎么想的，但我听到有人这么说。

福柯： 谢谢您告诉我这一点。

听众： 古代文字的专家们感到您对古代作者讲得太快了，而那些对这个时期不感兴趣的人 [很难跟得上。您需要一个]ᵃ 中道平衡。

福柯： 这是肯定的。

听众： 我想对听众来说，一部分的困难在于难以就一些具体观点提出异议，因为对您要去的方向，以及对您的思路缺乏明确的理解。就我来说，我希望您进一步展开您在开头部分对个人主义和自我工艺所做的区分。

---

a 推测；提问有一部分听不清楚。

福柯：这是一个很好的提问。我曾想在上一次演讲中来谈这 161
个问题。也许我们可以由此开始，但无论如何，这将是所有
这一切的历史和社会背景。问题就是：为什么这些自我工艺
在这个时期，也就是在帝国初期如此重要？至少大部分观念
史学家们给出的解释就是：由于个人主义在希腊—罗马社会
的兴起。但我并不认为这是好的解释，原因很多。在众多原
因中有一个事实，那就是当时践行自我关注的人，或者自我
关注的理论学家们，他们完全不是个人主义者，他们完全不
是脱离社会和政治生活的人，他们完全不是对政治领域不感
兴趣，在政治领域并不活跃的人物。像普鲁塔克，他在他的
小城市中就非常活跃，他参与了所在省的所有社会和政治活
动。当然，像塞涅卡这样的人，他当时是尼禄（Néron）的部长、
"总理"，他在其人生的最后数年中参与了某种政治生活，
某种非常激烈的政治活动。所以，我认为个人主义的兴起，
以及城邦集体生活的衰弱，都不能被视为这些自我工艺发展
的原因。

第二个重要原因，就是这些自我工艺非常古老，我们可
以在我们拥有的关于希腊生活的最古老文献中看到它们的发
展。因此，个人主义不可能是这些自我工艺发展的原因[2]。

问题在于分析其中的原因，即在某个时候，那些真正参与了社会和政治生活的人，他们因何原因介绍并发展了自我工艺的新形式。这将是最后一次演讲的主题。

[但]我不知道是否完全领会了您所提出的问题。

162　**听众：**我曾以为，您在第一次演讲中对作为权力设置的自我工艺和仅仅作为身体和社会人格的连接点运行的个人主义做了区分。

福柯：可我不会在身体和社会人格之间做什么区分，或者至少不会做这样的区分。我们不需要什么连接点来把身体和社会人格相联系。我们的身体就是社会的一部分，我们的身体就是我们的社会人格的一部分。

听众：确实如此，但有一个区分，即被描述为"个人主义"的这个单位和被自我工艺监禁的这个单位之间的区分，或者那就是我没有理解您。

福柯：我更想说，个人主义是某种类型的自我技术的一种结果。我说是相反的。我想对大部分其他人来说，他们会说，如果自我技术发展了，原因就是个人主义兴起。而我会说，在这些为数众多的自我技术历史上，在某些时期，因为某些原因——我们当然要解释并阐述这些原因——这些自我技术出现了，结果有了某种形式的个人主义。我不知道是否完全回答了您的提问。

听众：我想这一点是清楚的……

福柯：我感到您触及了一个要点，但我没有完全把握您的提问。或许我们可以这么做：您可以用书面形式提出您的问题，用几句话，或者如果您愿意，您也可以写上几页，您把书面提问给我，我将阅读您的提问，我或者在一次演讲中，或者在研讨班上，或者在和您讨论的时候努力给您一个答复。因为我觉得这完全是一个基本问题。没有必要现在，或者稍后，或者在本课最后就来处理这个问题，就来回答这个问题。我想我应该回答这个问题，我肯定必须回答这个问题。这可是一个基本的、一般的问题，我想现在可能不是确切的时候。不管怎么说，我想完全理解您的提问。您同意这样做吗？谢谢。

163   还有一个问题，也是您提出的问题，关于被这些工艺涉及的个人的不同社会阶层。有两个非常大的区别，对我来说，问题当然不是说，所有人在古代晚期或者在希腊—罗马时期都必须 [关注自己。我在此参照][a] 一本几年前出版的书，1975 年或者 1976 年，书名叫"罗马帝国的社会阶级关系"[3]，一本非常简洁的书，书中提供了大致情况，该书由一位非常严肃的历史学家所撰写。据他说，罗马社会的第一个特征就是它的垂直性，社会差别的等级非常广泛；第二个特征就是在此社会中，每个人都非常清楚地意识到，都知道自己在此等级中的位置；第三个特征就是这种垂直性被人们接受，不完全被接受为命运，而是被接受为某种完全必需的东西，完全不令人反感。可以肯定，在此社会中自我关注绝对是上层阶级的特权，上层阶级当然是文化的主要载体，就像关于斯巴达国王的一则小故事所提示的那样，斯巴达国王说："我们自己不种地，因为我们必须关注我们自己。"[4] 因此我们不能设想，地位低下的人，其中当然有农民，甚至还有商人，他们显然并不涉及这一类问题。这是贵族们的一种实践。

---

a 推测；录音中断。

不过还必须补充若干修正。首先有奴隶的问题：奴隶在主人家里生活，他们直接或者间接参与主人家里的文化活动，至少他们中间的某些人，他们当中最聪明或者最漂亮的人，他们是主人或者女主人的情人；他们自己，或者到了第二代，他们真的成为这种文化的成员，而一旦他们被解放而成为自由人，他们当中的某些人就成了这种贵族文化的最有代表性的人物。这是第一点。

第二点就是这种文化当然是上层阶级所特有的，但我们应该还记得，譬如在希腊城邦中，不仅在古典时期，而且在希腊化时期和罗马时期（因为在罗马时期，在希腊、小亚细亚或者埃及城邦中都有政治生活），地位低下的人、商人等，就他们都是城邦一员来说，他们也参与这种政治活动，而政治活动和文化活动是密切相连的。

第三点，所有的宗教运动，它们自公元前3世纪或2世纪，在基督教[降临之前]ª就在希腊化社会，在罗马社会如此迅速、如此广泛、如此深入地发展起来，所有这些宗教运动都有一个根本目的，那就是帮助人们关注他们自己。因此，这些宗教运动都是民众运动，它们大部分都有这一方面的关注。

---

a 推测；有几个词听不清楚。

　　第四点，我想说伊壁鸠鲁派在其初期，在公元前 3 世纪的时候，它是一种民主运动，它在政治上和当地贵族阶级相敌对。伊壁鸠鲁派作为哲学运动，它直接和希腊化社会的民主运动相联系，此民主运动通常是僭主制或者君主制的主要支撑。你们这就看到了伊壁鸠鲁派在其初期，在公元前 3 世纪的情况。其次是犬儒派运动，或者斯多葛—犬儒派运动，它自公元前 2 世纪起也是一种民主运动，譬如在罗马，它就时常与共和观念相联系，还有就是这一斯多葛—犬儒派，犬儒—斯多葛派，斯多葛派运动，它在普吕兹的迪翁那里成为君主制，成为绝对君主制的支持者，但它始终反对贵族权力和贵族阶级。因此你们都看到了，我们不能完全说，我谈到的主题，即自我关注的主题，它仅仅是某个贵族小团体的典型特征。它在整个古代社会中流传非常广泛。

　　关于女性问题。事实上整个希腊文化，或者差不多整个希腊文化都是男性文化，无论如何，女性在此文化中从未表现为积极分子。但这并不是说女性完全不参与这一文化，或者被排除在此文化之外。不过，比如说没有伟大的女性作者，当然除了萨福（Sapho）以及后来公元 1 世纪和 2 世纪的 [若干] 非常著名的人物，我们以后还会谈到这一点。还有另外一点：在希腊化时期，在罗马时期，由于众多原因，女性的作用在社会上，在经济领域，但从来不是在政治领域，至少在经济生活和社会生活中迅速扩大，而且非常明显。[关于这个主题] 有一本很好的书，作者是莎拉·波默罗伊 (Sarah Pomeroy)[5]。她在书中非常明确地指出，女性的作用在希腊化时期扩大了。我们不应该忘记，在罗马社会中，女性的作用是重要的，远比在希腊更为重要，远比在雅典更为重要，女性的作用在雅典等于零。在罗马社会，女性的作用相当重要，这对帝国 [时期][a] 的社会产生了巨大的影响[6]。譬如在 2 世纪，你们可以找到一些书，这些书论述了生活的艺术、家庭生活、家庭内部男人和女人的关系或者父母和子女的关系，这些书被归于女性。但难以知道真正的作者是男性还是女性。这些书的大部分都是在毕达哥拉斯团体内写成的，这些团体习惯于以另外一个名字，习惯于使用化名来出版一些文章。因此很难知道这些书是否由女性所写。但一个事实就是这些书被归于女性，写这些书的人使用了女性的名字，这就证明，这类书被认为由女性所写，这并非什么丑事，而是非常自然

166

---

a　推测；福柯没有说完这句话。

的、被人接受的事情。

听众：如果我理解正确的话，您在演讲中说过，自我认识这一命令扎根于自我关注这一更为基本的命令之中。然而，对苏格拉底时代的希腊人来说，就不能说自我关注的欲望扎根于关注城邦这一更加基本的欲望之中？关注城邦这一传统希腊观念（在此观念中，自我按照他为城邦提供的服务而获取他的价值），和苏格拉底的对话（这些对话提出了一种可能性，即城邦接受的利益就是自我为他自己所创造利益的结果），我在自问，这其中就没有某种冲突？

福柯：某种冲突？这个问题非常重要。有一篇非常难懂的文字，或者如果您愿意的话，这是一篇非常富有意义的文字。这篇文字就是《申辩篇》[7]，苏格拉底在其中说：[与其惩罚我，您][a] 应该就我所做之事嘉奖我，因为就我教导人们关注他们自己，而不是关注他们的财产这一点来说，我那是同时在教导他们关注城邦，而不是关注 ta pragmata，[自己的金钱事

---

a　推测；录音空缺。

务]ª, [在《理想国》中, 柏拉图]ᵇ 我认为他确立了这样一个
观点: 如果人们以他们应该做的那样去关注他们自己的灵魂,
他们将会以同样方式去关注城邦。因此我认为,《理想国》
非常清楚地指出了: 关注自己为何可能同时就是在关注城
邦 ⁸。[但关注自己和关注城邦之间的冲突]ᶜ 在罗马时代变得
更加尖锐。像塞涅卡这样的人, 他就经常提问, 当然不是在
每一封书信中:"我们应该做什么? 我们应该关注我们自己,
或者我们应该关注城邦?"对他来说, 很难同时进行两件事
情。我想对苏格拉底来说, 或者在苏格拉底时代, 把握两者
之间的统一性并非如此困难。

听众: 依我看, 您似乎遗漏了重要的方面, 尤其是关于亚里
士多德ᵈ。

福柯: 我非常清楚我把这一切都放下了。您看到了, 这些演

---

a 推测 (根据福柯在多伦多第一次演讲中就《申辩篇》所说的话:"在教导人们关注他
们自己 (而不是关注他们自己的财产), 同时也就是在教导他们关注城邦本身 (而不是
关注它的金钱事务)", 参见本书法语原版 33 页); 录音空缺。

b 推测; 录音空缺。

c 推测; 录音空缺。

d 推测; 提问有一部分听不清楚。

讲和这些研讨班的主要目标、主要领域就是公元最初两个世纪。所以，我不得不极其简略地提及柏拉图和亚里士多德等人，并以此作为出发点。

听众：《阿西比亚得篇》在柏拉图的对话中占据着什么样的位置[a]？

福柯：不管怎么说，关于这一点我想说的是，譬如对新柏拉图主义者来说——我在此参照公元 2 世纪的阿尔比努斯（Albinus），参照奥林匹奥多尔（Olympiodore）、杨布里科（Jamblique）、波菲利（Porphyre）等新柏拉图主义者——非常明显，《阿西比亚得篇》出现了两条不同的路线：政治路线和神秘路线。从《阿西比亚得篇》开始，经过《理想国》和《政治篇》一直到《法律篇》，这是柏拉图的一条政治路线。柏拉图还有一条神秘路线，也是从《阿西比亚得篇》开始，一直到《斐多篇》和《菲德尔篇》等。当然，新柏拉图主义者如阿尔比努斯等人，他们给自己选择了第二条路线。但他们把柏拉图主义看作这样一种冲突，此冲突是由于《阿西比

---

a 提问听不清楚，此处根据福柯的回答重组。

亚得篇》中 [作为出发点的]^a 两条路线的分叉所致。他们很
清楚地意识到这一冲突。

[……]^b

福柯：这里有人读过《阿西比亚得篇》吗？是否还有关于此
主题的其他提问？要不然，我们也许以后可以在另一次研讨
班上再来谈论这一点。

听众：在《阿西比亚得篇》中，苏格拉底说，应该在年轻的
时候就关注自己，因为以后就太晚了。相反在《申辩篇》中，
他却对所有人说话，青年人或者老年人，为什么您在演讲中
选择《阿西比亚得篇》来加以评论^c？

福柯：这是不同的。不管怎么说，我提到这个主题，那是因
为爱比克泰德谈论过这一主题⁹。应该在年轻的时候就关注
自己，您可以在《阿西比亚得篇》中找到这一说法，的确如此，
您也可以在柏拉图的其他对话中找到这一说法。不过，譬如

¹⁶⁸

---

a 推测；这一部分听不清楚。
b 此处为福柯和一位听众的问答，听不清楚。
c 提问听不清楚，此处根据福柯的回答重组。

说在《申辩篇》中，苏格拉底宣称他对所有路过的人说话，不管他们是否是公民，不管他们是青年人或老年人[10]。因此这是两件不同的事情，如果说我的目的在于解释"自我关注"对柏拉图学说中的灵魂理论来说是怎么回事，我想我会对此加以分析。但如果我选择了《阿西比亚得篇》，那是因为教育、教育学、雅典教育学的有效性，它们和自我关注义务的关系在此显得非常明显。第二个原因，那就是教育学和自我关注的关系问题发展了，出现了变化，在我选择的时代，即帝国初期，非常明显，自我关注是在教育之后，自我关注不是取代教育，而是批判教育。我正因为这个原因选取了这一篇文字，但在柏拉图的理论中，"自我关注"并非年轻人的特权[……][a]。

听众：希腊的某些自我技术就没有受到过其他文明的影响[b]？

福柯：肯定有影响。我在一次演讲中，我不记得是哪一次[11]，

169 我就按照多兹（Dodds）和维南特（Vernant）的说法[12]而提到过那些来自东萨满文化的实践。我提到过诸如斋戒、节制

---

a 这一部分听不清楚。

b 提问听不清楚，此处根据福柯的回答重组。

性欲、控制呼吸等技术。这些技术在希腊出现于公元前 7 世纪和公元前 6 世纪，毕达哥拉斯学派和俄耳普斯教团体接受了这些技术。俄耳普斯教和毕达哥拉斯学派首次以宗教的、神秘的、某种程度的哲学方式表述了这些技术 [……][a]。

[……][b]

听众：《阿西比亚得篇》在哪些方面能够把我们带入希腊化和罗马时代的自我文化之中？它看起来和古典时代的希腊哲学是如此不同[c]。

福柯：如果您阅读《阿西比亚得篇》这篇文字，我想让您注意到一点，就是灵魂理论在柏拉图的文字中完全占据着中心地位。对柏拉图来说，如果您没有确切地知道您的灵魂的形而上学地位，那么您就不能关注您自己。自我关注和灵魂的形而上学是密切相连的。而在斯多葛派那里，我想说，甚至在罗马帝国初期的整个自我文化当中，令人非常惊讶的一点

---

a 这一部分听不清楚。

b 福柯和听众的交流很难听清，之后录音中断。

c 提问有一部分听不清楚，此处根据福柯的回答重组。

就是人们指出这种灵魂的形而上学对自我文化来说是完全不合适的。您能够，您应该关注您自己，而您无须知道您的灵魂是怎么回事，什么是灵魂的结构等。譬如医学认识的问题，或者偏激的问题、偏激的波动问题，这些问题才远为重要。例如，偏激的上升和发展，这才是一个真正的问题。但什么是灵魂呢？它是否有异于身体？这完全不是一个问题。我不知道是否回答了您的提问。如果您把这一点和希腊传统、和柏拉图的传统、和现代哲学的问题相比较的话，这是令人非常震惊的，我还必须说这是非常独特的。问题是自我，但人们从未给出自我的定义。

170　　我们［现在］一起来念《阿西比亚得篇》中一个非常重要的段落：

苏格拉底：可是，认识自己是一件容易的事情吗？把这一箴言镌刻在德尔斐神庙（temple de Pytho）上的那个人是第一个人吗？或者这是一项艰难的任务，不是所有人都能胜任的？

阿西比亚得：苏格拉底，对我来说，我有好多次认为这一任务是所有人都能胜任的，不过，有时候这是非常困难的。

苏格拉底: 阿西比亚得, 不管这个任务是容易还是困难, 我们始终面对这样一个事实: 通过认识我们自己, 我们就能够知道如何关注我们自己, 没有这一点, 我们就无法关注自己。

阿西比亚得: 非常正确。

苏格拉底: 是的, 但如何发现自我究竟是怎么回事 (phere dê, tin'an tropon heuretheitê auto tauto) ? 因为如果我们认识自我, 也许我们就能发现我们是什么人; 只要我们不认识自我, 那么这就是不可能的事情。

阿西比亚得: 你说得有道理。

苏格拉底: 以宙斯的名义鼓起勇气吧! 我们来看一下, 你此时此刻正在和谁说话? 难道不是和我吗?

阿西比亚得: 是的。

苏格拉底: 我正在和你说话吗?

阿西比亚得: 是的。

苏格拉底: 是苏格拉底在说话吗?

阿西比亚得: 是这样。

苏格拉底: 是阿西比亚得在听吗?

阿西比亚得: 是的。

苏格拉底：要说话，苏格拉底不是要使用言语吗？

阿西比亚得：这是当然的。

苏格拉底：对你来说，说话和使用言语是两个词，但指同一件事。

阿西比亚得：绝对是这样。

苏格拉底：但使用某个东西的那个人，和他所使用的东西不是一回事吗？

阿西比亚得：你想说什么？

苏格拉底：譬如，鞋匠使用皮刀、锥子或者其他工具来切割。

171　　阿西比亚得：是的。

苏格拉底：我们区分正在切割的工人和被用来切割的工具。

阿西比亚得：毫无疑问。

苏格拉底：就像弹奏齐特拉琴的人和他所弹奏的乐器？

阿西比亚得：是的。

苏格拉底：那么，这正是我刚才所问的，即是否总有必要区分使用某个工具的人和他所使用的工具。

阿西比亚得：依我看来是这样。

苏格拉底：但鞋匠仅仅用他的工具来切割，或者他还必须要用他的手？

阿西比亚得：还要用他的手。

苏格拉底：所以他还要使用他的手。

阿西比亚得：是的。

苏格拉底：眼睛呢，他就不使用眼睛吗？

阿西比亚得：不，他真的要使用他的眼睛。

苏格拉底：那么我们都同意来区分使用某种东西的人和他所使用的东西。

阿西比亚得：是这样。

苏格拉底：所以，必须把鞋匠、弹奏齐特拉琴的人和他们的手和眼睛相区分，既然他们在使用它们。

阿西比亚得：这是显然的。

苏格拉底：可是，人难道就没有使用他的整个身体吗？

阿西比亚得：肯定使用整个身体。

苏格拉底：那么，使用某个东西的人和他所使用的东西相区分，我们这就说好了？

阿西比亚得：是的。

苏格拉底：因此人和他的身体相区别？

阿西比亚得：看来是这样。

苏格拉底：那么人是什么呢？

阿西比亚得：我不知如何回答。

苏格拉底：你无论如何知道，他就是使用身体的人。

阿西比亚得：是的。

苏格拉底：如果不是灵魂，那么是谁在使用呢[13]？

172 　　苏格拉底刚刚解释说，阿西比亚得应该关注他自己，以及"关注自己"意味着什么。于是就有了苏格拉底的回答："如果你不知道自己是谁，那么你就不能关注你自己"——对德尔斐箴言的参照在此出现——"这种自我认识是一件重要并且困难的事情。你必须认识自我的真正本性。"希腊文非常明确，是这样说的："Phere dê, tin'an tropon heuretheiê auto tauto？"（如何发现自我究竟是怎么回事？）非常富有意味的是，从这个问题开始一直到这篇文字的最后，你们找不到关于自我的任何定义，找不到关于自省性（réflexivité）、关于主体性的任何定义或描述，而只有一种相对于身体而言的灵魂理论。当您应该关注您自己，您就不应该关注您自己的身体，或者您就不应该关注您的财富，或者不应该关注您的衣服，或者您的鞋子等——你们都知道苏格拉底是如何引导一场讨论的——您应该关注您的灵魂。但什么是灵魂呢？这篇文字中非常有趣的一点，就是灵魂一词并未被定义，不像譬如在《斐多篇》和《菲德尔篇》中都被定义。在这篇文字中，灵魂并非身体的囚徒，它不是某个东西，不是身体中所有的某个实体；它不是类似于《菲德尔篇》中的马车那样的东西，你们都知道，两匹马，一黑一白[14]。在这篇文字中被分析的并非这一类灵魂。灵魂在此被定义为 dunamis，即使用身体的支配力和能力。这一点非常重要，我们将会发现使用身体这一概念，它在爱比克泰德的理论中具有中心作用:khrêsis(使用)。这是第一点。

这篇文字之所以重要的第二个原因，就是你们在苏格拉底的早期对话中从来就看不到这一概念，你们只是在亚里士多德的文字中才看到这一概念。这是亚里士多德的一个定义，不是柏拉图的定义。这篇文字的地位非常神秘，这就是其中一个原因。不管怎么说，你们都看到了，有一些令人感兴趣的问题，但我不能肯定可以就此进行讨论，既然你们没有机会读过这篇文字。如果你们愿意，如果你们有兴趣，那你们就读一下这篇文字，下一次，或者在以后的某一次研讨班上，我们可以就这篇非常奇特的文字进行讨论。

还有一个段落涉及灵魂这一主题，它好像是一段添加文字[a]。无论如何，只是在某个基督教作者那里才会看到这一段落。它涉及一点，即神的实体是远比任何其他东西都更能看清 [其灵魂][b] 的一面镜子："毫无疑问，因为就像真正的镜子比肉眼镜子更加明净、更加纯洁、更加明亮，同样的道理，神灵不是比我们灵魂中最好的部分更加纯洁、更加明亮吗？"[15] 在这篇对话的大部分手稿中都看不到这段文字，但可以在 4 世纪的一位基督教作者凯撒雷的俄塞贝 (Eusèbe de Césarée) 那里看到这段文字，它被介绍为这篇对话的引文。有些人认为这是一段添加文字，为凯撒雷的俄塞贝自创，或者是他引自新柏拉图派的某一篇文章。

听众：您能谈一下镜子和灵魂这一重要主题吗？

福柯：我现在真的不能。如果您愿意的话，我们可以把某些重要问题放在一边，但我不能即兴地来谈这一主题，首先是

---

a 我们没有收入福柯对英译本的一个看法。

b 推测；福柯没有说完这句话。

因为我并不完全知道答案，因为问题非常重要，还因为我的英语对我来说也是 [一个不利因素]ᵃ，有诸如此类的原因。不管怎么说，我认为镜子这个比喻在柏拉图主义和新柏拉图主义运动那里是非常典型的。依我看，好像在其他文字中从来就看不到它，即使涉及自我关注 [……]ᵇ；至少在塞涅卡，甚至在极其苏格拉底化的爱比克泰德那里，或许在爱比克泰德那里有过一次。不管怎么说，我想这是一个很好的提问。如果你们对此问题感兴趣，我将非常高兴就此主题做一些探讨 ¹⁶。但不是现在，我们可以在以后的某次研讨班上来谈论这一主题。

听众：不过，我似乎觉得，灵魂使用身体这个观念可在柏拉图的其他文字中看到ᶜ。

174

福柯：当然，灵魂使用身体，这一点在柏拉图的世界中完全不是绝无仅有。但灵魂仅仅被定义为能够使用身体的能力，这是一件非常奇怪的事情。

---

a 推测；这一句听不清楚。

b 这一部分听不清楚。

c 提问听不清楚，此处根据福柯的回答重组。

听众： 难道在柏拉图的其他文字中就找不到灵魂是施动者（acteur）这个观念吗[a]？

福柯： 您看，我不想说我们不能够在柏拉图的其他文字中找到灵魂是施动者这个观念，但灵魂被定义为行为起因，被定义为使用和使用身体的能力……

听众： 灵魂使用身体，希腊语中哪一个词被用来表达这一点[b]？

福柯： 是 khraomai 和 kresthai。不管怎么说，关于这个问题，我们还可以给出进一步的说明。但你们要看到，这篇文字是奇特的，首先因为这是一篇教义性文字。苏格拉底早期对话和这篇文字的区别，就是这篇文字给出了答案，很多的答案。它说明什么是灵魂、什么是自我认识、什么是冥想等；很多教义性的答案，但完全不是人们可在《斐多篇》和《菲德尔篇》中看到的关于 [灵魂的][c] 形而上学地位那种传统教义性答案。

---

a 提问听不清楚，此处根据福柯的回答重组。

b 提问听不清楚，此处根据福柯的回答重组。

c 推测；福柯没有说完这句话。

这一切都很奇特。

关于柏拉图的《阿西比亚得篇》，还有其他提问吗？

我们的课已经有所耽搁。你们是否愿意让我们一起来研究爱比克泰德的三篇文字？事实上，我认为爱比克泰德就是那个时代自我关注的理论家。我想评论这三篇文字。最好还是开始读一下我想进行评论的第一篇文字，就是第三卷中的一篇文字：

如果你以后这样责备我，我将如何为自己辩护呢？是的，我想我会说话，而他是不会听我的。拉伊俄斯（Laïos）倾听阿波罗了吗？在离开后者时，他不是酩酊大醉了吗？他不是把神谕发布者打发走了吗？然后发生了什么？尽管如此，阿波罗不还是对前者说出了真相？至于我，我不知道你是否能听我说，至少拉伊俄斯完全清楚，他不会听后者说话，可后者还是说了。

——他为什么说话？

——为什么他是阿波罗？他为什么发出神谕？他为什么定居在这样一个地方，而此地却把他变成一个神谕发布者、真相的源泉，以及文明世界所有居民的聚会点？

175

为什么神殿上写着"认识你自己"，然而没有一个人认识这个词？

苏格拉底规劝所有来听他说话的人，让他们关注他们自己（epimeleisthai heautôn），他成功了吗？甚至不到千分之一。然而正如他自己所说，他被神灵安置在这个岗位，他不会再抛弃它。可就在他的法官们面前，他说了些什么？"他大声宣布，如果你们释放我，但有这样一个条件，即让我停止做我现在所做的事情，那么我将不会接受，我也不会停止做我的事情。然而不管是年轻人还是老年人，简单地说吧，不管我在路上遇到什么人，我都会向他提出这些同样的问题——他补充说到——也就是我现在主要对你们，对同为公民的你们所提出的问题，既然你们因为血缘关系而把我视为亲近之人。"—苏格拉底，你就如此不谨慎，如此糊涂吗？我们做什么事对你来说重要吗？—可你在说些什么？我的生命伙伴，你我拥有共同的血缘，你做事并不认真，你给城邦提供了一个坏公民的例子，给你的亲属提供了一个坏亲戚的例子，给你的邻居们提供了一个坏邻居的例子。

—可你是谁呀？

——对于这个问题，说"我就是以关注众人为义务的一个人"，这样的回答是轻率的。因为如果是一头狮子，那么一头首先来到的小公牛也绝不会和它顶撞，但如果一头公牛出现了，并和狮子顶撞，那就问公牛，这是否使它高兴："你是谁呀？""这和你有什么关系？"人哪，大自然在所有种类中都会产生若干高级个体，比如在牛、犬、蜜蜂和马之中。所以不要去问这个高级个体"你是谁呀？"否则，他会以某种声音回答你说："我嘛，我就是衣服上的红布。请不要要求我和别人相似，或者不要责备我的本性把我造就得不同于别人。"[17]

我选择这篇文字当然是因为，正如你们所看到的，这里面很明显地参照了自我关注这一主题，可以找到 epimeleisthai heautou 这个说法，《阿西比亚得篇》间接提到，《申辩篇》则直接提到。

我想，第一点当然是回顾我们可以叫作"苏格拉底的复兴"这件事，这篇文字就是这种复兴的一个见证。2世纪初的苏格拉底复兴是这两个世纪中伟大的希腊复兴的一个部分，但我们还应该记住，如果前者是后者的一部分，那么前者也可以说是后者的一种反对意见：它对罗马帝国的大复兴，

176

即对复兴古典文学、古典教育学、古典希腊学等提出了批判。返回苏格拉底，当然就是返回希腊文化，但却是返回这样一种希腊文化，此文化位于修辞教育学、修辞学、文学等的反面。这种苏格拉底的复兴并非是爱比克泰德所特有的，我们可以在某些斯多葛派人士和大部分犬儒派人士那里看到这种复兴。爱比克泰德就自视为某种苏格拉底式的人物，他把苏格拉底作为楷模，他想成为这个新时代的苏格拉底。苏格拉底曾反对诡辩派，爱比克泰德也部分地反对新诡辩派，此派人物即代表了这种新的希腊文化。但在苏格拉底，作为历史人物的苏格拉底和爱比克泰德的处境之间当然存在根本的差异。爱比克泰德是学校老师。我是想说，从自我关注的技术角度来看，这一重要差异就在于爱比克泰德在尼科波利斯（Nicopolis）经营着一所学校，而在当时，爱比克泰德的问题，他的目的就是运用这些教学形式和教育机构，使它们转向 epimeleia heautou，即转向自我关注这个新苏格拉底派的主题。如何可能在非常传统的学校，在普通的学校框架内来向人们传授这种旨在关注自己的活动？我认为爱比克泰德的《谈话录》中大部分内容都应该被这样理解：在于以通常的教学和教育形式来进行旨在让人们学习关注他们自己的活动。在爱

比克泰德的《谈话录》中，有一些谈话录，有一些讨论不仅 177
涉及自我关注的教育，还涉及教学的教育。这就是说，爱比
克泰德的学校不仅接受年轻人或那些想学习自我关注的年龄
稍大者，爱比克泰德还想培养 [自我] 关注的老师，这是一
所"医学院"[18]，人们在那里培养自我关注的医生。

听众：如果我们从形式角度来看，这篇文字的主旨就是试图
把某种类似于苏格拉底的对话引入这一谈话。

福柯：是的，我们可以就此讨论。就像爱比克泰德的大部分
谈话录，这篇谈话录具有一种非常典型的形式，那就是批评
性文字（diatribe）的形式。你们知道什么是批评性文字吗？
或者你们需要我 [解释] 吗？把它和苏格拉底的对话进行对
比是非常好玩、非常有趣的，因为爱比克泰德当然想使用苏
格拉底的形式，但他是在希腊化和希腊—罗马哲学学派这一
传统形式之内，也就是在批评性文字的范围内使用苏格拉底
的形式。在苏格拉底的对话中，是谁提问？是老师。是谁回
答？是弟子，是学生。为什么呢？这是由于不朽灵魂回忆理
念的理论。真相存在于学生的头脑当中，这就是由老师提问，

而 [由学生回答][a] 的原因。而在批评性文字中，那就是另一回事了。首先，批评性文字是某种讨论，它在课后进行，完全就像我们现在所做的那样。我们现在在大学中使用的大部分教学形式，都可以在希腊化和希腊—罗马的学校中找到。在亚历山大城的学校中，这一点非常清楚。因此，批评性文字就像是课后的研讨班。在批评性文字中，学生就什么是课程的主题向老师提问。老师回答学生，回答通常包括三句不同的话。在第一句话中，老师给学生某种回答；然后在第二句话中，老师反问学生，而这就是苏格拉底式的时刻；随后他开始新的发挥，进行新的评论，没有对话，也没有问答，这是从理义上阐述观点。我们在此谈话录中就可以看到某种类似的情况。因此，在学校教学形式内部有着苏格拉底的方法。

正如你们看到的，这篇文字中有一个对《申辩篇》，而不是对《阿西比亚得篇》的非常明确的参照。这一对《申辩篇》的参照几乎在于列举自我关注 (epimeleia heautou) 的 [四个][b] 重要特征。第一，有一个事实，即苏格拉底的岗位由神来指

178

定，我们在《申辩篇》中可看到这一主题。第二，另一件事是如果他必须在这一活动和被法官宣判无罪之间进行选择，那么他会选择继续从事这一活动。第三，苏格拉底既对公民说话，也对非公民说话。第四，他对年轻人，也对年长者说话。这最后两点可在《申辩篇》中看到，但不见于《阿西比亚得篇》。相反，在《阿西比亚得篇》中，苏格拉底是对一个年轻人说话，而不是对其他人说话，因为这个年轻人对政治感兴趣，他想成为城邦领导人。苏格拉底对阿西比亚得说话，因为后者年轻而不是年长。《申辩篇》中有一个观点非常有趣，即苏格拉底对马路上行走的任何人说话，年轻人或者老年人，公民或者非公民。在《申辩篇》这篇文字中，苏格拉底表现为这样一个人，他对政治、年龄、情欲都不作选择，然而在《阿西比亚得篇》中，以及在他早期的大部分对话中，我们可以清楚地看到，苏格拉底只对年轻人说话，对那些有政治抱负的年轻人说话。爱比克泰德当然选择了《申辩篇》模式，而不是《阿西比亚得篇》模式。鉴于爱比克泰德是学校老师，他对每一个在校注册，并来到学校的学生说话，而作为斯多葛派人士——这是对每一个人感兴趣的第二个特点、第二个原因——他是世界主义者，他把世界上的每一个人都视为同胞，因此他无须在公民和非公民，年轻人 [或] 老年人之间进行选择。我想，正因为这个原因，我们才看到这一引文，这一对《申辩篇》，以及对苏格拉底作为自我关注导师的普世角色的参照。

我想我们还可以强调别的东西。一个事实就是，在这篇文字的第一部分中，在第一段落中，我们可以看到对德尔菲箴言，对阿波罗，以及对"认识你自己"（gnôthi seauton）的参照。整个第一段落都用于此参照。有一段是对"认识你自己"的阐发，随后我们才看到对自我关注（epimeleia heautou）的参照。可以很有趣地看到，两个箴言，德尔菲的箴言"认识你自己"和苏格拉底的箴言"关注你自己"，这两者在这篇文字中实际上是相互关联、相互联系的。如果你们对精神分析学，或者对类似的东西感兴趣，那么你们就会注意到，还有对俄狄浦斯和他的父亲拉伊俄斯的一个非常明确的参照。你们可以看到俄狄浦斯，"认识你自己"，"关注你自己"：我们欧洲文化中的若干主要特征都在这篇文字中出现了。但我想强调一个事实，就是德尔菲箴言和苏格拉底箴言——你们都知道我使用这两个词意味着什么——它们之间的关系不是一种包含关系。爱比克泰德并未说："你必须服从'认识你自己'这一德尔菲箴言，而为了践行这一箴言，你必须关注你自己。"这并不是这篇文字所说的。它也没有反过来说，为了关注你自己，你必须认识你自己。德尔菲箴言并非是包含了第二个原则的更加广泛的原则。反过来，也不是第二个箴言，即苏格拉底箴言包含了作为其条件的德尔菲箴言。在两者之间只有某种相似关系。相似性并不涉及箴言的内容，而是涉及别的东西。请你们看一下这篇文字,爱比克泰德说了什么？他说: 德尔菲箴言是铭刻在石头上的文字，这是文明世界中心的圣殿上的一块石头。以至于世界上每一个人都可以看到，都应该认识德尔菲箴言。但爱比克泰德又说，尽管所有人都能够，并应该认识此箴言，可只有很少的人注意到这一箴言，或者至少很少有人理解它，很少有人身体力行。爱比克泰德还说，同样的道理，苏格拉底对所有人，对马路上的每一个人说话，实际上只有很少的人按苏格拉底的话去做。是呼唤结构中的某种相似性才导致"认识你自己"和"关注你自己"之间的比较。

　　这一结构，即所有人都被呼唤，但很少有人听到呼唤这个事实，你们都非常清楚这是怎么回事: 这就是拯救的意识形态结构或者拯救的宗教结构。存在某种东西，它对所有人都有效，它是对世界上所有人发出的信息，然而只有极少的人获取了它，这样一个观念是一种非常独特的东西。我们通过基督教就知道这一点，当然基督教绝对不是包含并认识这一结构的唯一宗教。但可以很有趣地在这篇文字中看到这一结构，因为这完全不是一种苏格拉底或柏拉图的结构。对柏拉图和苏格拉底来说，常常有人被哲人呼唤，但哲人的呼唤没有被听到或者没有被理解。大众并不理解哲学，哲学也不是针对大众的，这完全是一个希腊的观念。但哲学并不是真的针对所有人的。哲学仅仅是针对那些能够理解哲学的人，仅仅是针对那些配得上哲学的人，仅仅是针对那些有文化并能够把握和理解哲学的人。这完全不是一种普遍的呼唤。我认为，最好地界定这篇文章的结构的东西，就是人们在其中发现了这样的变化：苏格拉底是对那些经过他选择的年轻人说话，因为他们漂亮，因为他们强壮，因为他们拥有优越的地位、良好的出身等，还因为他们雄心勃勃——苏格拉底作

181 出了选择——而现在我们看到了另外一种结构，在此结构中哲学的呼唤，自我关注这一哲学箴言是针对世界上所有人的，只是由于他们的眼睛瞎了、耳朵聋了才使得只有很少人能够理解。我们现在还不是在一种宗教气氛当中，不是在一种宗

教基调当中，但我们已经非常清楚地看到思想结构发生了深刻的变化。哲学的呼唤针对所有人，这个事实是一件非常重要的事情，这是这一类哲学，即爱比克泰德所隶属的斯多葛派、斯多葛—犬儒派的一大主要特征，这也是基督教在不久之后得以扩张的一大文化条件，你们都知道这一扩张。哲学的探讨即以这种方式为基督教的发展做了重要准备。这是我想强调的第二点。

第三点。我没有复印这篇文字的开头部分，也许我错了。我原来想这有些太长了，但这一段文字是有趣的，我现在就予以评论。这一段是一篇更长谈话录中的一部分，爱比克泰德在此谈话录中回答了一个提问，或者不完全是一个提问，而是回答他的一位年轻学生的抱怨。这位年轻学生是这样被描写的：

有一天，一位未来的年轻修辞学家来找爱比克泰德，他的头发过于讲究，他的整个梳妆打扮都显得矫揉造作：爱比克泰德就问他，有些狗、有些马很漂亮，所有种类的动物都是如此，你不认为这样吗？

——我是这样认为的，他回答道。

——人类不也是这样吗？不是有些人漂亮，有些人丑陋吗？

——当然如此。

——是否我们从同样的观点出发才说这些同类动物中的每一个都是漂亮的，或者我们对它们每一个都有独特的看法 [19]？

这一类年轻学生，我们在爱比克泰德的《谈话录》中多次看到他们，我想有三次，也就是这样一类年轻人：年轻，漂亮（或者自以为漂亮），涂抹香水，穿着华丽的服装等。这当然是放荡者的典型画像，不是同性恋者的画像。首先是因为同性恋作为一种类别的人在那时候还不存在；其次是因为同样的画像既适用于为男性服务的年轻男妓，也适用于那些热衷于追逐女性的男子。身为放荡者，并且有这样的行为、这样的身体，还如此好打扮，这种典型对我们来说构成了两种不同的类别，即为男人服务的男妓和那些热衷于追逐女性的男子。但对希腊人来说，这是同一类别的人，希腊人把同一类型的描述用于两种类型的行为。我们在此看到的就是这一类年轻人。我们将在三篇对话中看到这类年轻人，他们都是学习修辞学的学生。原因非常明显：因为修辞学是一种艺术，一种知识和一种装饰技术。把生活变成真实，使原来并不漂亮的东西显得漂亮等，这就是修辞学的动机和目的。所以，如此举止打扮，并且是学习修辞学的学生，这都隶属于同一伦理类别。这类年轻人的第三个特征，他们的特点就是他们想听爱比克泰德讲课，但爱比克泰德不愿意，他讨厌这些人。

　　关于这一点，还有一篇谈话录更加明确。有个年轻人前来说："我和你在一起已经有多少月了，可你从未对我说一句话。我不得不离开，我没有从你的讲课中得到任何益处。"[20]当然，这类人物和这类场景应该和苏格拉底的场景相关，在苏格拉底的场景中，年轻人也很漂亮，但他们没有被女性化，他们并不穿戴华丽的服装，他们是英俊的，因为他们从事体育活动，因为他们充满活力，如此等等。第二个差别就是这些年轻人当然非常愿意听苏格拉底讲课，而苏格拉底也喜欢他们，愿意和他们讨论，向他们提问，关注他们。被爱比克泰德讲课所排斥的这些年轻男子的负面形象，对爱比克泰德来说，我认为这是一种区别于暧昧的苏格拉底男子同性恋的方法，这种暧昧的成年男子和少男之间的同性恋是和希腊文化，和这类哲学和哲学行为相联系的。这也是一种方法来改变苏格拉底"自我关注"的某些主要特征。有这样的年轻人，

183

会发生什么事？如果他们的行为如此这般，如果他们穿着华丽，如果他们为自己的漂亮，为他们想象的漂亮如此骄傲，这就证明他们在关注他们自己，只是他们是以一种不良方式在关注他们自己。他们关注自己的身体，他们关注自己的名声，他们关注自己的钱财，他们是一群男妓，他们被爱比克泰德排斥，因为他们没有以他们应该做的方式来关注他们自己。反对声很快就出现了：如果爱比克泰德的学校致力教育人们如何关注自己，那么正好相反，这一类人不应该被排除在外。这些人正因为这个原因而抱怨：他们来了，并且关注他们自己，认为他们就应该这样关注他们自己，可结果什么都没有，爱比克泰德根本就不注意他们。从他们的观点来看，为了成为这类学校的尽可能优秀的学生，他们已经做了一切，可他们被排斥。为什么会这样？因为他们并未以正确方式来关注他们自己。

这就意味着，为了学习以正确方式关注自己，那就必须首先以正确方式来关注自己。这里存在一种自我关注的循环：自我关注并非某种可以从头开始学习的东西，首先必须有端正的态度，有正确的自我关注，这样才能够学习如何关注自己。你们可以看到，这是和柏拉图的不朽灵魂回忆理念的结构完全相反的情况。在柏拉图那里，或者在苏格拉底那里，任何年轻人，只要他是漂亮的，拥有好的出身，还有政治抱负，那么苏格拉底就可以和他说话，苏格拉底就能通过正确的问答游戏使他回忆起他从一开始就知道的东西，这个一开始就是指他在上天世界[21]中曾经看到的真理。因而苏格拉底的提问就在不朽灵魂回忆理念的循环之中：您知道您所不知道的东西。而在爱比克泰德的"自我关注"结构中，循环是非常不同的。您必须首先证明您的善良意愿，您必须证明您的明确选择——这在斯多葛派的词汇中叫作 proairesis——您必须证明您的选择是正确的，在此证明之后，导师就能够介入，并帮助您坚持这一正确选择。但这一正确选择，即选择以正确方式来关注自己，这一点必须首先向导师表现出来，然后导师才能介入。

在另外一篇谈话录[22]中也有某种有趣的东西，一位涂抹香水的年轻的修辞学学生，他就前来抱怨，说爱比克泰德不关注他，爱比克泰德回答道："我没有关注你，因为我就像一头羊。哲人就像一头羊。当青草是绿色的时候，羊的兴致就被激发起来了，对我来说，你并不是一棵多么绿的青草。你没有激发起我的兴致，由于您没有激发起我的兴致，我就没有理由和你说话，没有理由做你的导师。"[23] 希腊词非常有趣，就是 erethizein，即"激发"。这个词的意义很有趣，它非常接近情欲的含义，但它并非通常使用的情欲词汇。在情欲上被激发起来，希腊人使用另外一个词来表达。erethizein 仅仅意味着"被激发起来"，它的意义很广泛，但情欲的含义当然与之非常接近。当我们在这篇文字中读到"您没有激发起我的兴致"，我们不可能不想到情欲的含义，但表达情欲的是另外一个词。我想，爱比克泰德的情况接近苏格拉底的处境，接近苏格拉底的态度，但有很多差别，他的情况在此类文字中表现得非常明显。

不管怎么说，就 [爱比克泰德和苏格拉底的] "自我关注"这一主题的相近性来说，以及 [他们之间的] 某些主要区别，我认为我想对你们评论的这篇文字是非常明显的。

现在已经太晚了，而我还有两篇文字 [要评论]。也许你们现在有事要做，或者你们是否还有几分钟，一分钟或者两分钟？因为我想对你们提几个问题，问题涉及本次研讨班，以及下次研讨班我们能够或者应该做的事情等。你们愿意继续这样的评论吗？或者你们希望别的东西？因为存在好几种可能性，我们当然可以把这些可能性结合在一起。一种可能性就是你们当中的某几个人作若干论述，有时候是正式的论述或者是非正式的简短发言。我们可以一起来研究某些文章，条件当然是你们事先阅读过这些文章。这一次你们没有时间阅读，但你们可以在下一次做。或者如果你们愿意的话，我们可以采用完全不同的形式。

听众：现在的方法看来是好的。

福柯：但我真的要求你们事先阅读文章，这会对我有所帮助，因为现在真的对我非常困难：在研讨班中用英语或几乎用英语即兴发言，这对我来说还是第一次。所以，如果你们当中有些人能够发言，[这将是一件好事]ᵃ。[下一次] 我们将研究爱比克泰德的另外两篇文字，即卷一中第 16 章"论神意"，以及卷一中第 1 章，你们同意这样的安排吗？第一篇是关于神意的文字，它非常有趣，因为关系到自我关注的理论背景和理论原理：这是对必须自我关注的唯一动物的人所作的分析，从严格的哲学角度来看，这是非常有趣的。[然后] 在第 16 章之后我想研究卷一的第 1 章。不管怎么说，你们知

---

a 推测；这一部分听不清楚。

道阿里安（Arrien）所发表的《谈话录》，其中的安排好像是随意的，无论如何没有理论或教义上的重要性。在卷一的第 1 章中，怎么说呢，我们可以看到从技术上贯彻哲学原理，这些原理我们在第 16 章中已经看到过了。在第 1 章中——我能够理解阿里安为什么把这篇文字放在这里——我们可以看到自我关注在于什么，这当然是学校的课程。所以我们下一次将研究这些文章。随后我们将研究弗朗托和马可·奥勒留的通信。我想，一封最富有意味的重要信件是一封短信，但从日常生活、从日常体验、从日常自我体验的角度来看非常有趣。

听众：在您的演讲中，我们将在什么时候接触到早期基督教？

福柯：我在下一次演讲中将谈到异教社会中自我关注的技术方面，我将在随后两次演讲中谈论基督教。

注释

1　指第二次演讲，它的开头部分即论述《阿西比亚得篇》。参见本书法语原版45–49，62–70页。

2　关于这样一个观点，即帝国时代的"自我文化"并非个人主义兴起的表现，而是一种悠久现象的"顶点"，此现象对应于自己和自己关系的强化和增值，参见SS, 55–57页。也可参见米歇尔·福柯，《自我的文化》，同前，88–89页。

3　R. 马克穆伦(R. MacMullen)，《罗马的社会关系：公元前50年至公元284年》，纽黑文，Yale University Press，1981年；A. 塔歇(A. Tachet)法译本，《罗马帝国社会阶级的关系：公元前50年至公元284年》，巴黎，Seuil，1986年。

4　普鲁塔克，《拉科尼亚名言》，217A，同前，171–172页。

5　S. B. 波默罗伊(S. B. Pomeroy)，《女神、妓女和女奴：古代女性》，纽约，Shocken Books，1975年。

6　关于这一点，参见SV, 211–222页等多处；SS, 93–96, 171–216页。

7　柏拉图，《苏格拉底申辩篇》，36b–e，同前，165–166页。

8　参见柏拉图，《理想国》，IX, 591c–592b，参见《柏拉图全集》，卷七–2，É. 尚伯利法译本，巴黎，Les Belles Lettres，1964年，79–81页。

9　福柯在此指《谈话录》(III, 1, 20)中的一个段落，他将在本课稍后对此段落加以评论。参见本书法语原版174页下。

10　参见柏拉图，《苏格拉底申辩篇》，30a–b，同前，157页。

11　这里指第一次演讲。参见本书法语原版35–36页。

12　参见E. R. 多兹，《希腊人和非理性》，同前，140–178页；J. –P. 维南特，《记忆的神话方面》和《希腊宗教中人的方面》，同前。

13　柏拉图，《阿西比亚得篇》，129a–130a，同前，101–102页。参见本书法语原版87页，注释1。

14　参见柏拉图，《菲德尔篇》，246b，参见《柏拉图全集》，卷四–1，L. 罗宾(L. Robin)法译本，巴黎，Les Belles Lettres，1961年，35–36页。

15　柏拉图，《阿西比亚得篇》，133c，同前，110页。

16　关于这一主题，参见HS, 68–69页等多处。

17　爱比克泰德，《谈话录》，III, 1, 16–23，同前，7–9页。参见HS, 115页。

18　福柯用法语表达。

19　爱比克泰德，《谈话录》，III, 1, 1–2，同前，5页。

20　同上，Ⅱ，24，1–29，110–115页。

21　福柯用法语表达。

22　爱比克泰德，《谈话录》，Ⅱ，24，1–29，同前，110–115页。参见HS，329–331页；米歇尔·福柯，《说真话》，同前，47页；GSA，296页。

23　同上，Ⅱ，24，16，112页："所以请向我表明，我和你谈话能够导致什么结果。请激发起我的欲望。就像青草适合于羊（tô probatô），一旦羊看到了青草，青草就激发起羊要吃草的欲望，如果把一块石头或者一块面包给羊，那就不会激发起羊的欲望，当某个应该听我们说话的人在我们看来是一个他自身就能激发起我们欲望（erethisê）的人，那么自然在我们身上就会产生说话的欲望。"希腊词probaton指小牲口，在英译本中被译为"羊"，福柯使用的就是英译本，而法译本则将该词译为"母羊"。

第二课

米歇尔·福柯： 大家都读过这些材料了吗？是还是不是？没有人读过？那么我就要惩罚你们了，这是肯定的。但我不告诉你们如何……，这将是最后一天的惊喜！

在我们开始之前，关于演讲或者关于研讨班，或者关于其他事情，或者关于符号学或者非符号学，你们是否有某个特殊问题，或者一般问题要提出来？

听众： 您如何看待这一杂技场的气氛？

福柯： 杂技场的气氛？

听众： 电视台的摄像机……

福柯： 我对此无能为力。

听众： 这里有人对此杂技场和狂欢节感兴趣[1]，但我不在其中。

福柯： 您因为摄像机而感到不自在吗？我想这不是剧场或者演戏，或者类似事情的问题，而是有太多的人报名参加这一研讨班，而课堂太小了。或许我们无须使用摄像机……

听众：问题不在于演播，而是封闭的环境。

听众：正是这一点使人不自在。

福柯：上一次真的挤满了人，使人透不过气来。

听众：您在上一次的演讲中谈到了自我解释学。"解释学"这个词对古代自我文化来说具有什么样的重要意义？

福柯：根本不重要！我认为，我们可以称作自我解释学的这个东西在基督教修行之前还没有开始，还没有出现。我想给你们指出的，就是同样的技术，或者差不多同样的技术在这个异教时代，在帝国时代初期就已经被使用了，但丝毫没有参照自我解释学这样的东西。我将在明天的演讲中给你们指出这一点。依我看，自我解释学这个东西，还有对自我的辨认，这都是后来在基督教和修道院机构中才开始的。我将在下周二的演讲中给你们指出这一点。

听众：我想知道，在阿西比亚得进入政治生涯之后，在阿西比亚得和苏格拉底之间能够建立什么样的关系。

福柯：这是一个很好的提问，但很难回答。我想说的第一点：您应该记得，在这篇对话中，阿西比亚得和苏格拉底的关系并不是确定的。在对话之初，当苏格拉底答应阿西比亚得，借助于他的教育，阿西比亚得将成为城邦的头号人物，也就是将行使僭主权力，您应该理解，苏格拉底显然并不是真诚的。这是为了鼓励阿西比亚得关注他自己而作出的一种许愿。但是，如果阿西比亚得真的按照真正的哲学方法来关注他自己，那么他将明白，他不应该对城邦行使这类权力，而是应该行使一种理性的权力，这类理性的权力将在《理想国》和《法律篇》等书中获得阐述。因此我对您说，这里存在某种圈套。这是第一点。

听众：还有这样一个小句子，我不知道它指的是什么："我可以毫不犹豫地保证，您由此将会幸福。"[2]

福柯："苏格拉底：因为，如果您以公正和智慧的方式行事，那么你自己，还有共和国，你们的行为将会使诸神高兴。——阿西比亚得：应该相信这一点。——苏格拉底：就像我们刚才所说的，您将在您的行为中总是能够看到神灵和光明的东西。——阿西比亚得：这是毫无疑问的。——苏格拉底：既

191 然您在眼前看到神灵，您就会看到您自己，认识您自己，认识您和对您来说美好的东西。—阿西比亚得：是的。—苏格拉底：我可以毫不犹豫地保证，您由此将会幸福。"[3]

我无法解释这一点，我需要希腊原文来理解。没有人有希腊原文？不管怎么说，我想就此问题说些什么，不是为了给你们一个解释，而是为了参照一个非常独特的问题。这恰恰就在对话的最后。第一点就是《阿西比亚得篇》并没有给阿西比亚得的抱负提供解答。而苏格拉底许愿的东西并不真的符合阿西比亚得的希望。

听众：我找到了希腊原文。

福柯：谢谢。在对话的最后，有某种非常神秘莫测的东西，我无法解释，只能给你们指出若干参考："苏格拉底：不过，你现在是否清楚地意识到你的状况？你是否拥有使你成为自由人的东西，有还是没有？—阿西比亚得：我想我是太过于意识到了。—苏格拉底：在此情况下，你是否知道有什么方法使你摆脱你目前的状况？因为当我在谈论一个和你一样英俊的人，我不想说出其名。—阿西比亚得：是的，这个我知道。—苏格拉底：那是什么方法？—阿西比亚得：苏格拉底，只要你愿意，我就能解放我自己。—苏格拉底：阿西比亚得，应该说的东西不在这里。—阿西比亚得：啊，那么我应该说什么？—苏格拉底：如果神灵愿意的话。—阿西比亚得：好吧，那我就这样说。但我现在要补充一点：苏格拉底，就是我们有可能转换我们的角色 [这一转换是在称赞阿西比亚得——米歇尔·福柯注]。[从今天开始，我应该像你追随我那样来追随你，我将陪伴你，你将是我的导师。]"[4] 所以非常明显，在对话的开头部分，是苏格拉底在追随阿西比亚得；而现在，阿西比亚得接受有一位导师，他将追随苏格拉底，就像苏格拉底作为情人来追随阿西比亚得那样。"苏格拉底：不管怎么说，我尊敬的阿西比亚得，我的爱将非常像鹳鸟之爱，它将在鸟窝中，在你的灵魂中哺育被爱的幼鸟，然后关注幼鸟。—阿西比亚得：无论如何，那就这样决定了：我从现在开始就专心于公正。—苏格拉底：我希望你能够持之以恒。但我还有巨大的恐惧。不是我怀疑你的本性，而是我看到了我们民众的威力（tên tês poleôs horôn rômên），我害怕这种威力会战胜我和你。"[5] 这句话涉及国家[6]，涉及城邦，当然指阿西比亚得在雅典掌权后应该发生并且已经发生的事情，但实际上我并不完全知道这句话和这个说法"tên tês poleôs

192

horôn rômên"的意思是什么，它指的是城邦的力量、能力和暴力。

听众：苏格拉底和阿西比亚得之间的关系将会变得怎么样？

福柯：成年男子和年轻男子之间的传统情爱关系被视为一种相互关系，并且持续终生。这就是说，对于年轻男子，年长者应该给他提供一个好的榜样，教育他，帮助他学习成为一个好公民、好士兵、好猎手等。年长者还被认为要按非常传统的惯例给后者送一些礼物，礼物是不同的，这要看赠送者的社会和经济地位。譬如，如果赠送者富裕，他被认为可以送给年轻人一匹马和一套骑士装备。如果他并不富裕，他被认为可以仅仅送给后者一把剑或者诸如此类的东西。他也被认为可以送一只野兔作为第一次礼物。而年轻男子则被认为应该向他示爱。但在随后，即在他们这段关系之后，当年轻男子长大成人，如果他们在年龄上相差不太大，他们可变成朋友，他们维持一种友情（philia）关系，这种关系是一种非常传统的东西，有着非常规范的程序以及相互间的义务。当年长者变老，当他不再有生活来源，或者当他有残疾或者患病，年轻人被认为要予以帮助。你们都看到了，这里存在极其众多的相互关系，这些关系在城邦的政治和社会生活中，在人们的个人生活中非常重要。但这里并不涉及某种职业化的身份。我的回答足够清楚吗？

听众：是的，现在非常清楚了。

福柯：不妨假设一下，譬如一切都如苏格拉底所希望的那样：阿西比亚得将成为雅典的优秀领导人，他也会在苏格拉底年老时给予帮助，他们可能成为朋友，合乎规矩的朋友，并且持续终生。

听众：我在想，这个回答是否充分考虑到苏格拉底对一般意义上的国家的讽刺。说某种正常的社会关系可以由此而出，这是不是忘记了真正的苏格拉底？

福柯：我的回答仅仅是从社会制度的层面来看，这完全不是关于苏格拉底这个人物的回答。当然，关于真实的苏格拉底或者柏拉图笔下的苏格拉底，事情就不会以这种方式发生。我认为问题涉及最通常的社会层面。当然，我完全同意，考虑到真实的苏格拉底以及他的讽刺，苏格拉底的角色可能会以另外的方式来对待阿西比亚得和他所喜欢的人。这是肯定的。

关于《阿西比亚得篇》，还有其他事情和问题吗？

听众：阿西比亚得谈到真相在镜子中的反映，亚历山大城的斐洛在《论沉思的生活》中论及教学技术，这两者之间有什么关系？您描述了一整套教学机制，这一机制从关注自己和"认识你自己"的连接处慢慢出现，您还举了一个例子，即给予"治疗者"的教导（身体不动，用手指表示，认真倾听）[7]。我在想您的分析处于什么层次。我们知道，古代晚期有两个层次来传授神秘……

福柯：这和神秘完全没有关系。您看到了，关于"治疗者"，我们只知道斐洛所写的东西，我们没有关于这一主题的任何其他材料。这是对一个修行团体的描述，这是肯定的。有一些规则当然来自犹太文化，其他规则好像和希腊团体更加接近。很有可能这是一个希腊化的犹太团体，但我们并没有看到有关神秘的提示。

194　**听众**：我给您提出这个问题，是因为我不太清楚您使用什么方法论，您如何使用您的例子。您对古代的思想学派做何区分？您为什么选择某些例子？

福柯：我想知道是否其他人也有类似疑问或问题，因为我不太明白［您想要说什么］[a]。

听众：我所看到的是，苏格拉底是为他自己才自我审查，而您的走向是塞涅卡和爱比克泰德，这两个人更致力从和他人关系的层面来认识自己，而不是为自己来认识自己。我们是否应该朝这个方向来探讨？

听众：在那些拥有不同观念和实践的所有人当中，您是如何筛选的？在自我技术内部组成这些类别，背后存在什么样的可理解性？

听众：我想知道您为什么选择这一系列的例子？

福柯：我作了选择，这是我的选择。这一选择涉及自我技术，也就是说，我选择研究人们在这个时代如何试图为他们自己而使用转变自己的方法，并向他人传授此方法，目的是达到某种状态，此状态通常被描述为一种对自己的主宰状

---

a　推测；福柯没有说完这句话。

态，一种灵魂平安的状态。这就是我的选择。但随后我们就知道关于这个主题的材料并不很多，当我阅读了塞涅卡、爱比克泰德、马可·奥勒留、阿留斯·阿里斯蒂德（Ælius Aristide），还有其他一些人的书，我这就掌握了所有的资料，以至于我没有进行选择，我阅读了现有的、保存下来的材料。但也许我没有完全理解您的提问……

听众：通过选择这些您说是仅存的材料，并使用这些例子，您这就拥有条件来最后到达圣奥古斯丁这位现代第一人。这样做的时候，我觉得您似乎忽略了新柏拉图主义所使用的自我心理学，此心理学在您的方法中并不存在。我对您所作的一切持批判态度，所以我不再想在此研讨班上浪费时间。

福柯：我完全忽略了什么？

听众：作为新柏拉图主义基础的某种心理学。

福柯：当您谈论新柏拉图主义的神秘主义时，您想到了哪些文字、哪些资料？

听众：与其浪费所有人的时间，我会通过文字来作答。

福柯：我的回答是这样的：关于新柏拉图主义的神秘主义，我们拥有的材料晚于我所研究的时期。你们找不到，或者几乎找不到任何1世纪的新柏拉图主义材料。大规模的新柏拉图主义运动，至少就我们所拥有的材料来看，你们可以找到始于4世纪和5世纪的材料，也就是说，波尔菲里（Phophyre）、杨布里科等人的材料。

听众：新柏拉图主义者声称直接来自柏拉图，这就有可能填补这一空白。

福柯：当然……准确地说，我的观点是这样的：在希腊化时代后期，在帝国时代初期，在[公元]1世纪和2世纪，我们可以发现大量的自我技术，这些技术是在伊壁鸠鲁学派、斯多葛学派和犬儒派中形成和发展起来的。这些自我技术深深地独立于——并非完全独立于，但至少大部分独立于——这一非常神秘的新柏拉图主义运动，或者独立于这一后柏拉图主义，这一后柏拉图主义介于柏拉图和我们认识的3世纪、4世纪的新柏拉图主义之间。还有——这不是我的假设——我们可以看到，可以知道并证明的，就是在那些所谓的基督教新柏拉图主义者那里，如亚历山大城的克莱曼特，我们可以看到很多这样的技术，这些技术的根源并不在柏拉图的传统之中——至少就我们通过现有资料对此传统所了解到的东西而言——它们的根源在斯多葛派，在伊壁鸠鲁派等学派的传统之中。我并未忽视这一[柏拉图]传统，我试图指出斯多葛派这一独特的传统存在于基督教传统之中，并对后者产生了实际的影响，在后者中流传。譬如，我们将在下一次演讲中看到对控制思想的使用，这就和柏拉图主义没有任何关系，确切地说，你们可以在马可·奥勒留，在爱比克泰德那里看到这一技术，你们还可以在卡西安和埃瓦格里乌斯那里看到它。这是典型的斯多葛派的东西。

听众：在您最初的某一次演讲中，您谈到过柏拉图时代和更晚时期的某种变化：在柏拉图时代，自我关注涉及自我的形成，而在以后，自我关注能够使人清除不良影响。然而，就苏格拉底试图让阿西比亚得摆脱他所具有的东西而言，这里，甚至在《阿西比亚得篇》中就没有通过否定和摆脱来定义自我？

福柯：不，您看在《阿西比亚得篇》中，摆脱的问题隶属于某种方法论手法，因为问题在于给自我下一个定义，而在寻找自我的时候，[苏格拉底]说，我们不能在这种或那种东

西中找到自我，而只有在灵魂中才能找到它。在塞涅卡或爱比克泰德那里，摆脱的问题是一个伦理问题，而不是一个理论问题。我想说，对他们而言，自我关注应该是这样的，即譬如说，能够失去自己的健康、自己的房子、自己的财产、自己的家庭、自己的父母、自己的孩子等而没有痛苦。您看到了，这是相当不同的。在 [这两种方法之间]ᵃ 当然有联系，在一篇我们马上将解释的文字中，您会看到，它和柏拉图的问题有某些联系，但并不完全是同样的问题。

听众：在第三次演讲，也就是最近一次演讲中，您谈到了"修行"（askêsis），您指出了这一类准备工作在于什么，这意味着做准备，您还开始解释如何通过倾听和书写来获得真理。如何获得真理？问题涉及什么样的真理？什么是认识自我的地位？我对这些问题感兴趣，我想知道您是否将在下一次演讲中继续谈论这些问题。

福柯：我想在下一次演讲中，也就是在明天的演讲中，解释获得真理是怎么回事。当然我不得不放下很多问题，很多理

---

a　推测；福柯没有说完这句话。

论问题，也许我们可以在下一次研讨班上进行讨论。但我并不认为现在就有必要讨论这个主题，因为我明天就会给出关于此主题的一些解释。

我们现在可以开始研究我们今天要解释的文字吗？我们有三篇文字，两篇爱比克泰德的文字，一篇马可·奥勒留的文字，或者更确切地说，两封马可·奥勒留致弗朗托的书信，一封弗朗托致马可·奥勒留的书信。

我建议你们从爱比克泰德的 [《谈话录》卷一] 第 16 章"论天意"开始。你们都记得，我们上一次解释过爱比克泰德的另外一章，取自该书第三卷，因为依我看，这篇文字最好地介绍了苏格拉底的自我关注主题和这种关注在爱比克泰德或者在新斯多葛派中所采取的形式之间的关系。在第 16 章中，我认为我们可以看到一个理论上的解释，它最清楚地解释了自我关注是怎么回事，以及理性和自我关注之间的关系。在我开始解释这篇文字之前，你们愿意大家一起来念一下吗？首先是第一段，随后我们进行解释，然后是第二段，以此类推。

你们不要为此感到惊奇，即动物获得了它们的身体所必需的一切，不仅是它们的食物和它们的饮用水，而且还有它们的床铺，并且它们既不需要鞋子和被子，也不需要衣服，可我们需要所有这一切。这是因为动物并不是为了它们自己，而是为了服务而存在的。如果创造它们而具有所有这些需要，这将不是一件什么好事。不妨稍微设想一下，倘若我们不仅需要照顾我们自己，还要照顾我们的羊群和驴子，并且还要为它们的衣服、鞋子、食物、饮用水而操心，这对我们来说将是多么麻烦的事情！就像士兵的情况一样：士兵们已经穿好了鞋子和衣服，带好了武器，他们整装待发，站在他们的将军面前（如果指挥官必须四处奔走来给他的上千名士兵穿鞋或者穿衣，这将是无法容忍的！）。同样的道理，大自然创造了动物，它们生来就是为了服务，所以它们一切都已准备好了，都已装备好了，它们不再需要我们前去帮助它们。这样的话，一个小孩拿着一根棒子，他就足以驱使整个羊群[8]。

在这段文字中，我想有一点需要强调，就是把人和动物进行这样的比较，如你们所知道的，这在哲学思想中是一个非常传统的主题：人和动物相比较，相对于人，动物比人拥有更多的东西、更多的装备，它们拥有大量的东西。你们都

198

清楚地知道这一主题，你们可以在整个希腊哲学中看到这一主题，从诡辩派到斯多葛派，但使人感兴趣的，就是我想在大部分情况下，即人要给自己弄食物或者要御寒等，人的装备不如动物，拥有的东西也没有动物多，这个事实（人相对于动物而言的弱点）通常被归结于人在本能上的欠缺和不足。譬如，你们可以回想一下柏拉图的《普鲁塔哥拉》(Protagoras)中的厄庇墨透斯(Épiméthée)神话是怎么回事。你们回忆一下，厄庇墨透斯负责给予每一种生物一种能力，可他在授予能力的过程中把人类遗忘了，由于没有任何东西可以给人类，于是普罗米修斯(Prométhée)偷盗了诸神之火，他把火给了人类，并给人类以理性[9]。我想在此传统中，或者在这类分析当中，在人类的欠缺、人类本能上的不足，以及理性前来弥补这种不足这两者之间存在某种严密的关系，而技术(technê)就是人类理性的结果或主要体现，人类理性就是对这种欠缺和不足的替代或弥补。

199   正如你们所看到的，爱比克泰德的分析相当不同，我认为这一点非常有趣和重要。动物拥有它们所需要的一切，并不是它们优于人类，并不是人的本能中有什么缺陷，而是因为它们接受了所需要的一切，为的是使人首先能够对动物发挥其优越性，[其次]是为了让人自由地关注他自己。并没有什么人类本能上的缺陷和不足。从技术观点来看，动物的所谓优越性，这种满足它们需要的所谓优越性[实际上是一种低劣性；而][人的]所谓低劣性实际上是他的优越性，更有甚者，这是大自然或者神灵得以确立人类对动物的优越性的方法。

随后是士兵的比喻，这一比喻在柏拉图那里非常重要，在其他哲学流派，在斯多葛派那里也很重要。你们知道，军队士兵的这一比喻在传统中被用来说明人面对神具有什么样的位置：神就像军队将军，他指定每个人在军队中的某一位置、某些责任和某些义务，而人必须占据他们的职位，并根据他们在军队中所接受的位置而发挥其作用。正如你们所看到的，[这里的]比喻发生了移位：动物是士兵，而人在此比喻的反面使用中处在神占据的相同位置。人是将军，而将军，如爱比克泰德所解释的，他显然不会拥有和士兵相同的装备，他无须给士兵们配备他们的装备，士兵们必须自带装备到达，而这并不是因为士兵们优于将军，而是因为士兵们必须服从将军，将军有别的事情要做，而不是给士兵们提供装备。我想关于这一主题还应该补充一点。正如你们所看到的，动物能够弄到自己的食物，它们能够御寒等。但当它们做这些事情的时候，爱比克泰德从未说它们在关注它们自己。弄到自己的食物是一件事情，这并不是关注自己。确切地说，关注自己是人拥有自由所做的一件事情，而动物则是为了它们自己而这样做。人类拥有时间来做关注自己这样的事情，但动物拥有 [它们所需要的] 一切，这不是为了让它们关注自己，而是为了让人能自由地去做关注他自己这样的事情。这是第一部分。有问题吗？我们可以继续吗？

然而我们，不是为这样的安排而感恩，即我们无须像关注我们自己那样来关注动物（tên isên epimeleian epimeloumetha），我们反而向神灵抱怨我们自己的命运，来自宙斯和所有神灵的这些事实，只要其中一项就足以使人感受到神意，至少对一个恭敬和感恩的人来说是这样。我现在并不提及大自然的重大现象，但仅仅是把草变成奶，把奶变成干奶酪，还有把皮毛变成毛织品，谁是作者？谁能够想到这一点？人们会说，"没有谁想到"。唉，骇人听闻的愚蠢，多么不谨慎 [10]！

我认为这一段比前一段稍微难懂一些，而前一段在我看来相当清楚。如果我的理解正确的话，我想在这一段落的开头就有某种东西非常明确：就是这样一个事实，既然动物具有它们所需要的一切，那么我们就能自由地关注我们自己，你们看到了 tên isên epimeleian epimeloumetha 这样的说法。而爱比克泰德就奶、草、干奶酪、毛织品等东西所说的话更加难解。就我对这一段落的理解来说，我想爱比克泰德是想说如下一点。在对动物的所谓优越性的传统分析中，人类拥有理性，以便生产某些东西，某些具有技术特征的东西，如干奶酪、布料等。使用理性就是一种技术的使用，对理性的首要和基本的使用就是这样的使用。我想爱比克泰德的话，就是生产奶，用奶生产干奶酪，用羊毛生产针织品，这一切实际上完全不是非常困难，也不是非常重要的事情，因为神或大自然已经给予了草和羊毛。生产干奶酪或布料并不是什么真正重要的事情，大自然做了几乎所有的工作。既然大自然几乎做了所有的准备工作，我们就可以理解，理性被赋予人类并不是为了生产这些东西，而是为了某种远为重要的东西。我认为这个观念相当重要，因为正如你们所看到的，技术 (technê) 和逻各斯 (logos)，即技术和理性的关系在涉及人和动物的优越性 / 低劣性的传统分析中具有根本的重要性。现在，技术从人类方面，从人类活动领域转入大自然的神意

201

方面，大自然的神意关注万物，甚至包括带有技术特征的东西。而理性，人的理性，或者人对理性的使用，它将拥有这些物质对象以外的另外一个应用领域。我想这就是这一段落的意义所在。有问题吗？有反对意见吗？

听众： 爱比克泰德谴责对诸神不知感恩之人。对诸神的信仰在当时处于什么层次？

福柯： 要回答这个问题真的非常困难。我想在这一段落的最后一行，爱比克泰德并未诅咒那些不信神的人，他咒骂的是这样一些人，他们声称人类使用的所有这些东西都不是得之于神意，并说这些东西不过是自然之物，是人发明了技术以便来使用它们。也许他在指伊壁鸠鲁派，或者他仅仅指那些过于看重人的技术，而不够看重诸神的人。我想他试图尽可能扩大自然、自然神意和自然理性的方面，并以这种方式把通常归结于人，归结于人的发明，归结于人的创新的东西也纳入其中。这就是这一段落的意义。有没有其他的提问？

202　　　　那么我们就把大自然的作品放在一边，来考察一下次要的东西（parerga）。还有比下巴上的毛更加无用的东西吗？然而，大自然就没有尽可能让它们也有用于最恰当的使用吗？大自然不是由此把男人和女人区别开来了吗？在我们每个人身上，大自然从一开始就并未在远处大声叫喊："我是一个男人：你应该把我当作男人来接近我，你应该把我当作男人来和我说话，不要到别处寻找，记号就在这里"？对女人也是这样，就像大自然把某种更加温柔的音调加入她们的声音里面，大自然也使她们下巴无毛。不，或许应该让人类动物没有任何明显的记号，我们每个人都应该大声宣告："我是一个男人！"但还有一点，这个记号是多么美丽，它是多么高雅和庄严！它远比公鸡的鸡冠更加漂亮，远比狮子的鬣毛更加威武！所以，我们应该保存神赋予我们的记号，我们不应该放弃这一记号，我们也不应该在性别区分中带来混淆，这一点取决于我们 [11]。

你们对这一段落是怎么看的？我的感觉是它并不比前一段更加清楚。就我的理解来看，我想这一段说的是大自然的次要东西(parerga)。这个词被译为"次要的东西"[a]。我想对爱比克泰德来说，有可能进行以下区分。首先有赋予动物的东

---

a　我们根据 parerga 一词的法文翻译作了调换。福柯评论的英译本把该词译为"大自然顺便所做之事"。

西，那是为了让它们能够获得它们所需要的东西。这是大自然的第一层次。要我说的话，这是由神意从头到尾真正地、确确实实地发展出来的东西。其次还有第二个层次，就是这些技术对象的层次，爱比克泰德在此前提及干奶酪、毛织品等东西时已经谈到了。就是由大自然准备的东西，以便使人类有衣服等东西，这些东西大部分得之于大自然，只有一小部分归于人类。随后，我想还有第三个层次，爱比克泰德在此段落中参照的正是这个第三层次。这个层次指表面上没有任何用处的自然物层次，这些自然物毫无用处，无论是对动物还是对人类，但它们都是记号。它们是某种东西的记号。譬如，下巴上的胡子对任何人都没有用处。我们应该注意这些记号。而在我们自由进行的自我关注［当中］，既然神意已经充分装备了动物和我们自己，我们就应该考虑到这些记号，因为这些表面上无用的记号参照了我们的本性，或者参照了我们所是之人。就我们关注我们自己的情况来看，我们应该关注我们所是之人，我们当然应该考虑到这些记号，它们参照了我们实际上所是之人。在此段落中，我想富有意味的是这样一个事实，即在我们所是之人的记号当中，爱比克泰德举出胡子这一例子，把它当作我们作为人，作为男

203

人，作为哲人所是之人的记号。正如你们所知道的，留胡子
是哲学人生的一个记号，在哲学人生的各种记号当中——衣
着贫乏等——还有留胡子这一项。但哲人留胡子，至少对爱
比克泰德来说，他不再做任何别的事情，除了他在明确使用
我们所是之人，我们作为相对于女人而言的男人所是之人的
一个记号。这是我们男人、男性固有的本性，它由胡子来体
现。自我关注从考虑到我们所是之人的这些记号开始，而爱
比克泰德列举的这些记号确实都是男性人生，都是男子的记
号，我们可能为此感到惊讶。也许我们应该把这篇文字和马
可·奥勒留的另一篇文字相比较——我将在明天的演讲中谈
到这篇文字 [12]——马可·奥勒留在其中说，当我们返回我们
自身，当我们隐退（anakhôrêsis）至我们自身，我们就必须考
虑我们自己 [……][a]。我们应该首先考虑到我们作为人的所是
之人，这一点在我看来是相当重要的。至少我认为这就是这
一段文字的意义所在。有人想评论吗？

听众： 在有用和自我关注之间存在什么关系 [b]？

---

a　录音中断。

b　提问听不清楚，此处根据福柯的回答重组。

福柯： [我们可以说，有用在相当程度上构成了自我关注]ª。当然，在我们关注我们自己，就像我们被认为这样做的时候，我们就会看到，这样做包含很多义务，甚至这在实际上对其他人，对我们的父母，对我们的同仁公民等都是有用的。但这只是我们关注自己这一做法的一个结果而已，我们不是因为试图做一些对我们或者对他人有用的事情才算正确地关注我们自己。我们正确地关注我们自己，于是作为自然的结果，作为理所当然的结果，这对他人是有用的。譬如在马可·奥勒留那里，当他谈到他的皇帝职业，这一点是非常清楚的。有一篇文字非常有意思，他在其中说，他在每天早晨都会把一整天的事情清点一下，他在白天要做什么事，就像一个好的斯多葛派人士应该做的那样，还有一点非常突出，就是马可·奥勒留并没有说他必须很好地履行他作为皇帝的职责。他说他的举止应该是 honestus vir，一个正直人的行为，当他践行内在于这类人生的规则时，他就在自然地履行他的皇帝职责。对皇帝来说，除了人的义务和人的责任，并没有什么独特的义务。

---

a 推测；这一句有一部分听不清楚。

听众：我们可以说这里涉及交换价值而不是使用价值。

福柯：我对此不能肯定。

听众：还有一点很有趣，就是爱比克泰德使用一个自然现象来作为记号，他使用胡子来返回自身，而不是选择某个非自然的记号。

福柯：自然的问题当然非常重要。留胡子的哲人画像当然是在参照犬儒派的传统。从狄奥根尼开始，尽可能接近自然，这是哲学人生的一种符号，一种体现和表达[13]。一切被视为可能是虚假的东西都应该被逐出哲学的人生，譬如刮胡子就是某种虚假的东西。这当然是另外一个问题，但被希腊人称为 para phusis 的东西，即和自然相反或者外在于自然的东西，这是一个非常开放的领域，一个非常宽泛的领域，人们可在其中发现很多东西。譬如对塞涅卡来说，用热水洗澡就和自然相反：水的本性就是冷的。尽可能 [和自然][a] 保持一种密切关系，这是哲学人生的一大主题和要求，当然，胡子就是一个自然符号。

205

---

a 推测；福柯并未说完这句话。

　　但这并不完全就是说自我是自然给予的。自我是理性，或者自我至少是对理性的某种使用，是对理性的某种合理使用。我们将在下一篇文字中看到这一点。但哲学的自我，这一对理性的哲学使用必须尽可能接近自然。

听众：正是由于对理性的合理使用，符号才可能比狮子的鬃毛或任何其他东西更加威武。

福柯：是的。

听众：在必须保存符号这个观念中，不是最后会找到上帝想把万物维持在他自己所创造的状态当中这一观念？《创世记》中的食物规定禁止食用某些具有混合形状的动物，这里不是和食物规定有某种相似性吗？在这段文字的最后说得很清楚，人们不应该混淆性别。

福柯：我想这和食物禁令完全没有关系。毕达哥拉斯学派的传统中有某些食物禁令。比如塞涅卡这个人，他在年轻时曾经有一位毕达哥拉斯学派的导师，该导师就强迫塞涅卡接受某些食物禁令。塞涅卡在他的一些书信中就谈到过这一点。但这和性别混淆的问题毫无关系。我当然同意您的看法，我没有更多地评论最后这句话，这是我的错。性别的这一混淆正和这样一类人物相关，我们上一次在那位学习修辞学的年轻学生那里就看到了这类人物，你们都知道，他涂抹着香水，佩戴着首饰等前来听爱比克泰德讲课。这一类行为，有人借此混淆了性别，举止就像女人——从这个角度来看，举止像女人并非是同性恋者，而是改变了他的外表，涂抹香水，佩戴首饰等——正是这种性别的混淆，它在这一系列文献中始终是某种深深的、强烈的蔑视对象。我想这和食物或者食物禁令毫无关系，但和这一严格的区分，不是性别的区分，而是自我识别的区分相关。我们应该首先通过性别，或者通过男性或者女性来识别我们自己。而性的放荡总是被认为是性身份的混淆。在这篇文字中，在这一整个性伦理当中，我想这一点非常重要，远远超过违反某个禁令或规则。性的规定在古代非常少。主要的放荡，性方面的最大罪孽，如果我们可以使用这个词和这个说法的话，就是没有识别他的性别角色。性别角色，我并不只是想说这样一个事实，即作为男性只应该和女性发生性关系；而是作为男性，他的举止不应该像女人，如涂抹香水、佩戴首饰等。

你们还有其他问题吗？那么我们就来读最后一段文字：

在我们看来，神意的作品就唯有这些吗？什么样的话语才能平等地赞美它们，或者把它们在我们面前展示出来？如果我们聪明的话，除了颂扬神灵、赞美神灵、列举神灵的所有恩惠，我们在公众场合和私下里还应该做什么呢？在翻地、在耕种或者在吃饭的时候，我们不是应该高唱颂歌，赞美神灵的颂歌："神是伟大的，因为他让我们拥有这些能使我们耕种土地的工具；神是伟大的，因为他赋予我们双手、喉咙和肚子，因为他使我们长大而我们却没有注意到，因为他使我们在睡眠中呼吸。"这就是你们应该在所有场合高唱的东西，还应该因为神赋予你们的能力，理解万物且有方法地使用万物的能力而高唱最庄严、最神圣的颂歌。

啊！既然你们当中的大部分人都是盲目的，不是应该有一个人来代替你们，并以众人的名义来转达颂歌，献给神的颂歌？我是一位残疾老人，除了颂扬神，我还能做什么别的事情呢？如果我是夜莺，那么我就会完成夜莺的作品；如果我是天鹅，那么我就会完成天鹅的作品。但我是一个理性之人，我就应该颂扬神：这就是我的作品，我要完成这个作品，只要我还能够这样做，那我就绝不放弃我的岗位，而你们，我劝你们也高唱同样的颂歌 [14]。

你们对这一段落有什么感觉？我想在最后一句话中（"这就是我的作品，我要完成这个作品，只要我还能够这样做，那我就绝不放弃我的岗位，而你们，我劝你们也高唱同样的颂歌"），也许你们已经注意到，我们可以发现这完全就是苏格拉底在法官面前所说话语的复制品："神给我指定了这一岗位，我绝不会出于个人意志 [15] 而离开这一岗位。" [16] 你们可以 [在此] 发现同样的东西。但你们还记得，当苏格拉底谈到这一岗位，他是想说，他的职责就是激发或者邀请人们，所有人，在路上行走的任何人，让他们关注自己。现在，这一职责、这一岗位就在于为颂扬神而高唱，高唱感恩神的颂歌。

当然，我们可以理解，料想在这两者之间存在着巨大差异。但我们应该记得，这最后一段处于"自我关注"（epimeleia heautou）的章节之中，事实上我们应该关注我们自己，并且神已经做了一切来让我们自由地关注我们自己。大自然已被安排，动物已被装备，万物都围绕着人类而被准备好了，甚至连记号都已被置于人类之中，被置于人类身体之中，目的是让男人和女人，让所有人能自由地关注自己。神把一切都

208

安排好了，为的是让我们能自由地关注我们自己，这就是我们应该对神感恩的理由。感恩于神，他安排了一切来让我们自由地关注我们自己，还有我们以关注自己来表示对神的感恩，这两者是同一回事。我想正因为这个原因，这段文字似乎如此神秘，如此不同于自我关注的传统提问法，它实际上却和自我关注的主题直接相关。比如你们可在基督教修行中找到几乎是同一类型的感恩上帝的符号。不过，其中的理由却不是自我关注，而是这样一个事实，即我们能够，并且应该忘记我们自己，我们应该牺牲我们自己，我们应该全心全意地转向上帝，既然我们不再关注我们自己。在这里，自我关注和高唱神的颂歌，这两者之间的完全一致就是这最后一段文字中最突出的一个方面。

这一章从比较动物和人类的传统主题，从动物在表面上优于人类这一传统观念开始，却以这个极其柏拉图，或者极其苏格拉底，或者极其诡辩派的主题结束。它植根于最古老的希腊哲学传统，正如你们看到的，最后一段和最后那些话似乎非常接近于可在4世纪、5世纪，以及之后的基督教修行中找到的东西。因此，如果只是从表面来看，这一章从头到尾包含了差不多上千年的希腊文化。但对这些东西的使用，其中第一个观念，还有人类和动物的比较，这完全是爱比克泰德所特有的东西，我认为对神的颂歌的参照和暗示，它具有不同于基督教含义的另一种含义。因此，我们应该把这一宽广的领域局限于爱比克泰德的一个典型方面，或者至少局限于斯多葛派运动，局限于当时斯多葛派哲学的某个方面。

209

听众：依我看，在最后一段中，哲人的职责似乎并不局限于赞美神，他的职责也是一个媒介职责，哲人的使命就是使人理解万物，因为众人都是盲目的。

福柯：有可能。您在这段文字中看到有什么话能证实您所说的东西？

听众：有的，就是这句话："这就是你们应该在所有场合高唱的东西，还应该因为神赋予你们的能力，理解万物且有方法地使用万物的能力而高唱最庄严、最神圣的颂歌。啊！既然你们当中的大部分人都是盲目的，不是应该有一个人来代替你们，并以众人的名义来转达颂歌，献给神的颂歌？"

福柯：您言之有理，这非常不同于苏格拉底的职责，即邀请

他人来关注 [他们自己]ᵃ。[这里，哲人] 替他人行动。您说得很有道理，这是非常独特的、非常不同的。也许我们可以参照我们上周评论过的一篇谈话录，爱比克泰德在其中说到，他就是衣服上的红线。他把人类和元老院议员身上系着红带子的长袍相比较，他说道："我在人类中就像长袍上的红带子，我是一种装饰。"¹⁷ 或许我们可以说有三种方法来理解哲人的职责。首先是做一个必需之人，即邀请他人来做他们的功课，也就是邀请他人来关注他们自己，这就是哲人对于人类的职责。哲人还有一种美学角色，这是就哲人是长袍的红带子而言的，而他在此意义上就是荣耀人类之人。还有第三种角色：他是那些盲人的替代者，盲人无法自己去做他们应该为自己做的事情，也就是无法高唱荣耀神的感恩颂歌。这 [三个]ᵇ 角色，我想你们可以在苏格拉底，在苏格拉底这个人物那里找到它们。

听众：您在昨天的演讲中谈到了这样的话语，即人们在自我关注范围内需要依靠它们。但我设想这和这一颂歌毫无关系。

---

a 推测；福柯没有说完这句话。

b 福柯说："这两个角色"。

福柯：我不太肯定。您是在问我，这一颂歌、这一哲学颂歌的含义是什么吗？这是一个很重要又很难回答的提问，我必须承认，我无法回答。你们知道，自希腊哲学初期开始，哲学颂歌就是某种非常传统的东西。在古典时代，要在希腊文化中找到这样的哲学类型[18]是相当困难的，这是一个事实，但你们非常清楚地知道，斯多葛派的第一位哲人叫克里安西斯（Cléanthe），他就写过一首颂歌[19]。这首颂歌表达了对神的哲学虔诚，它是斯多葛派人士的某种重要的东西。我想这篇文字所参照的东西正是这种实践的复活。你们还想知道关于这个主题的其他什么吗？

我们 [现在] 应该做什么呢？你们是否愿意我们一起来研究爱比克泰德的另外一篇文字？或者你们是否愿意我们转入马可·奥勒留和弗朗托的通信？

听众：转入马可·奥勒留吧。

福柯：我想这是最好的，因为这更加容易，你们看，就我的理由来说，我想我们一起来评论这些相当难解的哲学文字不是一件非常容易的事情。我说过我指望你们，并设想你们会就这些文字准备好很多要说的东西……。不管怎么说，我们在周一还可以重新回到爱比克泰德的其他文字。

听众：我可以提一个问题吗？这个问题是爱比克泰德的另一篇文字提示我的，就是第一卷第一章的开头[20]。爱比克泰德问："语法，它的思辨功能一直延伸到何处？"他答道："一直延伸到对文字的认识。"[21] 我想知道，是否存在某个特殊词汇来描述自我技术。

211

福柯：是的，某个词汇肯定存在。但这个词汇在大部分情况下都使用一些常用词，如果你们不知道这些词的技术含义，你们有可能不会理解。我明天将通过马可·奥勒留的两篇文字来给你们指出，他是如何使用隐退（anakhôrêsis）这个词的[22]。anakhôrêsis 是一个军事词汇，他却在一种非常技术的意义上使用该词。如果你们不知道这一技术用法，我想你们就会错误地理解整篇文字。有很多这样的词，譬如 epimeleia 就是一个相当常用的词，它的含义就是"关注"，但自我关注（epimeleia heautou）是某种非常确切的东西。

   [在您所引用段落之前的文字中（在所有的艺术以及我们所有的功能当中，您都找不到任何东西能够把自己作为研究对象 [oudemian heurêsete autên hautês theôrêtikên］）］^a，爱比克泰德借 theôrêtikên^b 一词想说的东西，就是某种功能的知道可能性，不是它作为功能是什么东西，而是知道在什么时候、在什么条件下使用这种功能是好还是不好。这就是 theôrêtikên 一词的含义。完全不是指这种功能制作它自己的理论的能力，完全不是说精神能够就像在镜子中那样注视自己。在这里，theôrêtikên，"autên hautês theôrêtikên"意味着某种功能，譬如语法或书写艺术的可能性，即决定什么时候使用这种功能，什么时候书写或者吹笛子等是好的，什么时候则是不好的。通常的功能，我们所拥有的所有功能都赋予我们书写，或者吹笛子，或者做诸如此类事情的可能性和能力，但没有任何一种功能会告诉我们是否现在应该给一位朋友写信，这样做是否好。能够告诉我们在这种或者那种情况下做某件事情是好还是不好，只有理性和逻各斯这一功能。而这样说的理性，它能够为所有的功能，为使用所有的功能，也能够为它自己而这样说，并作出决定。这就是为什么理性必须主宰所有其他功能，为什么理性是自由的原因，

212

---

a 我们加入这段放在方括号中的文字，因为福柯在评论这段文字之前并没有引用它，而听众面前都有复印件。

b 我们没有采用福柯对英译本中 theôrêtikê 一词的看法。

因为理性能自主决定。这个概念非常重要，因为理性和人的技术才能毫无关系，正如我在评论前一篇文字时就对你们说过的那样。技术才能是由其他功能和其他能力给予的，这里涉及别的东西。理性是在如下问题出现时开始的，即"我是否将使用这一功能？这是使用这一功能的好时机吗？"正如你们所看到的，有两个基本概念能够使人理解什么是理性。[第一个是]使用其他功能的概念，希腊词就是khrêsis、khraômai和khrêsthai。也许你们还记得，在《阿西比亚得篇》中，当苏格拉底问："什么是我们应该关注的自我？"回答就是您应该关注这样的功能，此功能使用（khrêsthai）您的身体、您的双脚、您的双手等[23]。第二点就是理性的作用就在于决定在某些情况下使用某一功能：是有利还是不利？在这种或者那种情况下使用这一功能是好还是不好？于是你们就遇到了时机（kairos）这个概念[24]。kairos就是机遇，就是我们能够使用这一功能的机遇。这一点也参照了亚里士多德和柏拉图。

不管怎么说，你们这就有了关于理性的一个技术定义，理性在此作为在某个时机（机遇）使用（khrêsis）其他功能的功能。因此，理性就是这样的功能，我们能够通过它来关注我们自己。关注我们自己，就是能够确切地决定我们应该在什么场合下、在什么时机使用（khrêsthai）其他的功能。
在这一章节，我们有了一个什么是理性的正面定义，理性作
为关注自己的独特功能。于是你们就会看到，当神赋予我们
理性，他并没有这样把理性赋予我们，即为了给我们提供所
有我们需要的技术对象，他把理性作为一个补充的礼物给了
我们。这不是一个替代的礼物，这不是对某个缺陷或者某个
不足的替代物，他把理性作为一个补充的礼物给予我们，此
礼物使我们自由地在好的或者坏的意义上使用我们的其他功
能。理性真的就是自我关注的功能。我们在此意义上可以说，
人类作为理性存在，他就是应该关注他自己的一个存在，但
不是如下意义上关注他自己，即他在其存在中有着某种缺陷；
相反，他应该在这样的意义上关注他自己，即他是自由的，
因为给了他理性，而理性作为 autê theôrêtikê 的功能，它能
够使用其他的功能 [和它自己]ª。当然还有一个关于缺陷的
问题，我们在此章节的最后 [可以看到]ᵇ，并不完全是缺陷，
而是物质控制世界的问题，但这是另外一回事。

213

---

a 推测；福柯没有说完这句话。

b 福柯说："我们已经看到"。但在他的回答中，他仅仅评论了这一章的开头部分，而
开头部分涉及取决于人（理性）的东西，最后部分才涉及并不取决于他的东西（物质控
制世界）。

不管怎么说，我让你们阅读这些文字，是想给你们指出一个事实，即在爱比克泰德这里，你们真的可以看到一种自我关注的哲学。你们看到对人类的一个定义，此定义包含了作为由神给予的特殊礼物的理性，但此礼物不是由人类的某个缺陷来说明的替代品或者补充物，而是这样一个对理性的定义，即神给予人类的功能，为的是让人类用此理性除了自我关注不做别的什么。

我就此打住，我们还剩下几分钟来研究一下马可·奥勒留［的书信］。我希望大家已经看过了，这样我们也许就无须再读一遍。我们也许要读第二封书信，但在此之前我想就这三封书信，尤其是第一封和第三封书信说几句。谁没有读过这些书信？没有人？对不起，我们的时间不多了。

第一点值得注意的，当然就是书写、书信、通信在此自我文化中的重要性[25]。正如你们看到和读到的，马可·奥勒留和弗朗托每天都给对方写一封信，更甚于每天，因为有一个对每天（quotidie）[26]一词的说明，我不知道你们是否还记得。"每天"并不足以表示他们互写书信的数量。两个人每天互写书信，这件事情当然奇怪，也许相当有特点。这种交流当然是那些在社会顶层的大富之人的典型事例，你们不能想象罗马社会的所有人都在互写书信。但我认为，在这种自我艺术中，也可以说在这种自我文化中，这虽然是某一社会阶层的典型事例，不管怎么说，这仅仅在某些社会阶层中存在，可它证明了书写的重要性。我想我们可以说，从公民人（homo civicus）——你们都知道其中的意思，就是作为希腊社会公民的人——向内在人（homo interior）的演变，其中经过了一个阶段，我们可以把此阶段称为文字人（homo litteratus）或者书信人（homo epistolaris）。书写是由公民人（homo civicus）向内在人（homo interior）的演变中的一项主要技术，这一点是重要的。我还想强调一个事实，就是在罗马帝国的社会和政治史上的这个时期，书写在个人和政治方面都具有重要性。我参照你们阅读过的第三封通信，这第三封信由弗朗托所写。弗朗托对马可·奥勒留说："我想更多地给你写信"——实际上他们几乎每天都在互写书信——"但我知道你要写很多其他的信"。其实，马可·奥勒留当时还不是皇帝，但他负有很多政治责任，他必须写很多信。在这个时代，即在安敦尼（Antonins）王朝的治下，帝国管理体系发展起来了，譬如哈德良（Hadrien）在之前就重组了帝国的官僚体系，该体系拥有大量人员，他们的工作就是给帝国内的人写信，譬如总督和地方财政长官等人。以至于我认为，我们可以说，书写作为官僚体系的技术，书写作为个人的技术，它们同时发展起来了。不管怎么说，在我看来，在官僚体系的书写和个人的书写之间的这一竞争在我们复印的最后一封信中是非常明显的。

正如你们也看到的，这些信件显示了个人关系和他人关系在自我文化中的重要性。这种自我文化没有丝毫个人主义和唯我论，自我文化总是需要经过和某个他人的关系。你们知道，英国大历史学家多兹说过，在古代文化中有一种从耻感文化向罪感文化转移的倾向和演变[27]。[耻感文化] 是这样一种文化，羞耻，也就是团体的压力在其中对伦理发挥着决定性的 [作用][a]。罪感就是和上帝的关系。如果我们接受这一假设——我不能肯定我们应该保留这一假设[28]，但如果我们保留这一假设——我想我们应该在耻感文化和罪感文化之间加入一个阶段：我应该把它叫作顾忌文化（culture du scrupule），在此文化中，问题不是团体的压力，不是舆论

---

a 推测；这一部分听不清楚。

对某个人的压力，也不是面对上帝的罪感问题，而是两个人之间的心理和伦理顾忌问题。请看一下马可·奥勒留和弗朗托是如何表示他们的顾忌的。比如，弗朗托不敢太过经常地给马可·奥勒留写信，后者有太多的事情要做。马可·奥勒留不知道自己是否使用了恰当的词语，而既然弗朗托是修辞学教师，他为必须使用这个词或那个词而表现出所有的顾忌。我不知道我们是否应该使用并保留"顾忌"这个词。不管怎么说，在一种文化中，城邦的舆论、法定团体的看法对伦理意识具有决定性的作用，而在另一种文化中，和上帝的宗教关系对这种伦理意识具有决定性的作用，我认为在这样两种文化之间有一个阶段，一个由这些[书写]ª资料所代表的时期，在这些资料中，两个人之间的相互关系对于这一伦理意识的形成具有决定性的作用。我正因为这个原因才要求你们阅读这些信件。

我想强调的第二点，当然就是医学记录在这些文字中的巨大作用。我不知道你们是否为这样一个事实感到惊讶，即他们总是在相互写信，告诉对方他们着凉了，他们患有什么

216

---

a 推测；这一部分听不清楚。

疾病，如此等等。这一点是非常突出的，因为在这类自我关注中，身体发挥着非常重要的作用，完全不同于体育。这和体育没有任何关系，这一身体文化曾在古典时代具有非常重大的作用，而这里的身体是作为无数微小的紊乱，身体紊乱或者心理紊乱的摇篮和发源地。我想这一点在这些信件中是非常明显的。

第三个大问题当然是爱的问题，我真的没有什么好说的。你们已经读过最后这封奇怪的信，弗朗托致马可·奥勒留的一封信[29]。我不知道我们能就此说些什么。这当然和苏格拉底之爱，和情欲之爱，和成年男子和少男之爱（l'amour pédérastique）没有任何关系。我想这也和我们所谓的同性恋或者类似的东西毫无关系，这是一种激情之爱，有身体上的关系（我不说是性关系），他们相互拥抱等。不管怎么说，我认为这是一篇非常有趣的材料。我恐怕大量的此类信件就是导致这封非常有趣的信件难得在法国出版的一个原因。无论如何，这封信非常有趣。

我想我们现在来念第二封信。

217 　　　你好，我的极其温柔的导师。我们都很健康。由于稍微有些发颤，我睡得不多，但发颤看来已经平息了。

从夜晚 11 点直至凌晨 3 点，我用一部分时间来阅读老加图（Caton）的《论农业》，一部分时间来书写，说真的，幸好不如昨天写得多。后来，在向我父亲问候之后，我把蜜糖水咽至喉咙，再把它吐出，我就这样来缓解咽喉，而不是用蜜糖水漱口，因为我可以说，我想这是按照诺维乌斯（Novius）和其他人介绍的方法。我的喉咙好些了，于是我回到我父亲那里，并参与了他的祭献活动。然后我才去吃饭。你想我在正餐上吃了什么？就是少许面包，同时我却看着其他人在狼吞虎咽地享用牡蛎、洋葱，以及非常油腻的沙丁鱼。之后我们就开始收获葡萄，我们都大汗淋漓，并大声叫喊着，我们还在葡萄架上留下了一些葡萄，让它们悬挂着，就像某一位作者所说的那样。到 6 点我们才返回家中。我学习了一会儿，但没有收获；然后和我亲爱的母亲闲聊了很长时间，她坐在她的床上。我对她说："你想在此时此刻，我的弗朗托正在干什么呢？"她说："你想我的卡迪娅（Gratia）在干什么呢？"我问道："谁？我们可爱的小莴，非常娇小的小莴吗？"我们就这样闲聊着，并为谁更爱你们当中的一位而争论，这时传来了铁片的声音，这就是在告诉人们，我的父亲开始洗澡了。我们在压榨桶里洗澡，之后吃夜点心；不是在压榨桶里洗澡，而是洗完澡之后我们吃夜点心，并愉快地听着村里人在快乐地说话。回到自己家里之后，在侧身睡觉之前，我追忆所做过的事情（meum pensum explico），我向我最好的导师汇报我的一天，我还想做得更多一些，哪怕以我的健康为代价。我的弗朗托，但愿你好好的，对我来说，不管在什么地方，你永远是最温柔的人，我的爱，我的享受。你我之间是什么关系？我爱一个不在眼前的人 [30]。

这封信非常有趣。第一个原因就是它描述了那些有名的乡村隐居生活中的某一天，这样的隐居生活是这类自我文化的一个传统、一种习惯。你们至少可以从罗马共和国末期一直到古代晚期看到它。隐居乡村首先是接近自然的一种方法，其次是为了有时间、有闲暇去关注自己，并使身体和灵魂有一种优良的生活方式。正如你们所知道的，很多人都拥有乡村别墅，并到那里隐居。普林尼（Pline）就写过一些书信，他在其中解释了这种隐居生活带来的所有好处，他建议他的朋友们不时这样做。穆索尼乌斯·鲁富斯在他的一篇文字中说，对所有人来说，尤其是对年轻人来说——我想他这样说过，我不太肯定——不时到乡村去是一件非常好的事情，去过和农民相同的生活，饮食也和农民相同，因为人们在那里劳动，遵循健康的饮食制度，这样就能够关注自己。乡村和自我，乡村生活和自我关注，它们之间的关系问题在当时是非常重要、非常普通的东西，你们都知道自我和乡村之间的悠久关系史。

　　这封书信写于乡村，它叙述了乡村一天的生活。你们在这封信中所看到的那些被提及的事例，就是人们在自我技术、在治疗技术中叫作"饮食制度（régime）"的东西。这是一种饮食制度。按照希波克拉底（Hippocrate）的说法和希波克拉底的传统，一种饮食制度包含了睡眠。书信从马可·奥勒留睡醒开始，一直到他将要睡觉。睡觉、吃饭、喝水（你们看到了其中的描述）、活动——还有某种东西 [未提及，那就是性][a]——和洗澡。因此这是一封关于饮食制度的书信。这一切都很有趣。你们都看到了，饮食制度是典型的乡村饮食制度，其中的食物就是农民的食物，马可·奥勒留很骄傲地说，他的父母亲等人吃了别的东西，而他吃的东西和农民

---

[a]　推测；这一部分听不清楚。

219 的食物完全一样。我们明天会看到塞涅卡关于同样主题的一封信。你们也看到了，他从事的活动就是农民的劳动。他收获葡萄就像是为了他自己的健康而从事的练习。

更加奇怪的是和他母亲的谈话。在健康的饮食之后，一次谈话、一次哲学谈话或者一次重要的谈话应该在晚饭后进行。普鲁塔克就给出了同样的建议：不是在吃饭的时候，而是在之后才可以有一次严肃的谈话。他们进行了一次严肃的谈话，主题是爱情。正如你们所知道的，讨论爱情是一个非常传统的观念，是一个传统，但关于爱情的古典传统涉及男人或者女人之爱，或者涉及难以回答的问题：帕特罗克洛斯（Patrocle）是阿基里斯（Achile）的恋人或者所爱之人吗？诸如此类的问题。而在这里，这次谈话据我所知或许相当新颖，或者至少是怪异的，因为这次谈话涉及马可·奥勒留对弗朗托的感情，涉及马可·奥勒留的母亲对弗朗托的女儿的感情（卡迪娅是弗朗托的女儿）。这当然不同于那些爱情的讨论，或者不同于关于爱情本质的讨论，这样的讨论在色诺芬（Xénophon）或者柏拉图等人那里都是传统话题。这也不同于你们在中世纪的爱情讨论中看到的情况。这里的情爱就像是一种强烈的关系，它和性毫无关系，正如我们能够想象的那样。这就是讨论的主题。这一类强烈的情爱关系成为一次严肃讨论的主题，这个观念是非常独特的。

我还想提到最后一点，当然因为这是最重要的一点。这就是在书信的最后有一句话："回到自己家里之后，在侧身睡觉之前，我追忆所做过的事情（meum pensum explico），我向我最好的导师汇报我的一天……"如果你们参照拉丁文，其中说[a]："meum pensum explico"。[马可·奥勒留] 所做的一切都被写在卷筒纸上。explico 就是展开。这是一种心灵审查：在一天的最后，在他将要睡觉之前——我们明天将看到塞涅卡的文字——他在头脑中回顾他应该做的事情，以及他在白天所做之事。这是对小本子、对笔记本的一个隐喻——也许这里真有一本真实书籍的意思，但我认为他说的是一本隐喻之书——他检视着他在白天所做之事，他在给弗朗托写信，写他的发现，以及他在此心灵审查中想到的事情。可以说这封信既是对饮食制度的一种解释，也是关于它的一篇论述文 [……][b]。

220

---

a　我们没有收入福柯对英译本的一个看法。

b　录音中断，本次讲课的最后一些词语告缺。

221　**注释**

1　也许暗指一件事，即保罗·布伊萨克(Paul Bouissac)对杂技很感兴趣，正是他邀请福柯前来多伦多的。参见P. 布伊萨克，《杂技和文化：一个符号学方法》，伯明顿，University of Indiana Press，1976年。

2　柏拉图，《阿西比亚得篇》，134e，同前，113页。

3　同上，134d–e，112–113页。

4　同上，135c–d，114页。我们用福柯在此评论的英译文("From this day forward, I must and will be the attendant, and you will be my master")的法译取代莫里斯·克鲁瓦塞(Maurice Croiset)的最后一句翻译("因为可以肯定，从今天开始由我来关注你，而你将处在我的关注之下")，英译文的意思非常不同，可以使人理解福柯随后的看法。

5　同上，135e，114页。

6　在英译本中，tên rômên tês poleôs被译为"国家权力"。

7　亚历山大城的斐洛，《论沉思的生活》，77，M. 皮凯尔(M. Piquel)法译本，巴黎，Éditions du Cerf，1963年，139页："听众方面，耳朵注意听讲，眼睛注视着他，在一种固定不动的姿态当中，他们倾听着；他们用点头，用一个眼神来表示他们听懂了；他们用一个微笑，前额微微动一下，以此表示他们赞同演讲人；他们缓慢地动一下头和右手的食指，以此来表示他们感到困惑。"参见本书法语原版97页。

8　爱比克泰德，《谈话录》，Ⅰ，16，1–5，同前，61页。参见HS，438–441页；米歇尔·福柯，《自我的文化》，同前，87页；SS，61–62页。

9　柏拉图，《普鲁塔哥拉》，320c–321e，《柏拉图全集》卷三–1，A. 克鲁瓦塞(A. Croiset)和L. 博丹(L. Bodin)法译本，巴黎，Les Belles Lettres，1935年，35–36页。

10　爱比克泰德，《谈话录》，Ⅰ，16，6–8，同前，61–62页。

11　同上，Ⅰ，16，9–14，62页。

12　指第四次演讲。参见本书法语原版125–126，128–129页，注释8。

13　关于犬儒派哲人和自然的关系，尤其参见CV，234–235，242–245页。

14　爱比克泰德，《谈话录》，Ⅰ，16，15–21，同前，62–63页。

15　福柯用法语表达。

16　参见柏拉图，《苏格拉底申辩篇》，29c–30a，同前，156–157页。

222　17　爱比克泰德，《谈话录》，Ⅲ，1，23，同前，9页："我嘛，我就是衣服上的红布。"参见本书法语原版175–176页。

18　福柯用法语表达。

19 克雷昂特(Cléanthe),《歌颂宙斯的颂歌》,P. –M. 舒尔(P. –M. Schuhl),《斯多葛派人物》,七星文库,巴黎,Gallimard,1962年,7–8页。

20 这正是福柯在本次讲课中刚刚放弃评论的一篇文字,但他仍将在回答问题时进行部分评论。

21 爱比克泰德,《谈话录》,Ⅰ,1,1–4,同前,5页:"在所有的艺术以及我们所有的功能当中,您都找不到任何东西能够把自己作为研究对象(oudemian heurêsete autên hautês theôrêtikên):因而没有任何东西能够对自己作出赞同或者不赞同的判断。语法的思辨能力能够一直扩展到哪里呢(mechri tinos kektêtai to theôrêthikon)?一直扩展到对文字的认识。那么音乐呢?一直扩展到对旋律的认识。前者或者后者把自己作为研究对象吗?完全不是。但如果你给一位朋友写信,你必须选择这些字母这一事实,语法会告诉你的。至于说你是否应该给这位朋友写信,语法是不会告诉你的。因而对于旋律,音乐会告诉你。至于现在就应该唱歌并演奏竖琴,或者不应该唱歌,也不应该演奏竖琴,这一点音乐是不会告诉你的。那么谁会告诉你呢?就是那个既把它自己,也把所有其他一切都作为研究对象的功能。它是什么?它就是理性。在我们接受的所有功能当中,唯有理性能够意识到它自己、它的本性、它的能力,意识到前来我们这里时能够带来的价值,它也同样能够意识到其他的功能。"

22 指第四次演讲。福柯在此表明他想谈论马可·奥勒留的两篇文字,我们在这篇演讲里被保存下来的文字中只找到了一篇文字(《沉思录》,Ⅳ,3)。参见本书法语原版125–126,128–129页,注释8。

23 柏拉图,《阿西比亚得篇》,127e–130c,同前,99–104页,关于"khrêsis"一词和动词"khrêstai"的更多说明,参见HS,55–57页。

24 关于"时机"概念在古代伦理,尤其是使用快感(khrêsis aphrodisiôn)艺术内的作用,参见米歇尔·福柯,《加州大学伯克利分校哲学系讨论会》,参见CCS,112–114页;UP,68–70页;SS,154–155页。关于这一概念在"说真话"(parrêsia)实践中的重要性,参见HS,367–368,371–372页;米歇尔·福柯,《说真话》,同前,44–46页;GSA,201,206–207页;DV,226页。

25 参见本书法语原版88页,注释15。

26 弗朗托致马可·奥勒留的信,参见《马可·奥勒留和弗朗托未出版的书信》,卷一,第三册,书信13,同前,191–197页。

27 参见E. R. 多兹,《希腊人和非理性》,同前,37–70页。

28 参见米歇尔·福柯,《加州大学伯克利分校法语系讨论会》,同前,172页。

29 可能指第三册第13封书信。参见本书法语原版223页,注释26。

223

30 马可·奥勒留致弗朗托的信，参见《马可·奥勒留和弗朗托未出版的书信》，卷一，第四册，书信6，同前，249–251页。1982年1月28日，福柯在法兰西学院讲授《主体解释学》一课第二小时的最后就已经评论过这封书信。参见HS, 151–158页

第三课

我想我们在上次就已经决定了，即我们今天将就"说真话"(parrêsia)这一概念试着做若干简短的阐述，并同时研究盖伦和塞涅卡的一些文字[1]。我们明天应该进行一次自由讨论，提问是自由的，或许回答也是自由的……。不管怎么说，今天的主题就是坦率直言，在坦率直言范围内，我希望这是对我们明天将说之事的一次很好的鼓动。

我记不太清楚是否在上一次演讲还是在早前一次演讲中谈过"说真话"这个概念，它的意思，在英语中通常被译为"free speech"，而在法语中我们则用"franc-parler"(坦率直言)来表示。我认为要翻译 parrêsia，"坦率直言"的含义比"free speech"的说法更加合适，这不是沙文主义的表现。因为在"坦率直言"这个说法中有某些非常明确的伦理内涵，我想你们在"free speech"这一说法中找不到任何这样的内涵。不管怎么说，从词源意义上说，parrêsia 就是 pan-rêsia，它的意思就是可以自由地说出心中想到的一切。

我选择 parrêsia 作为本次研讨班的主题，原因如下。

　　第一个原因。parrêsia 是一个复杂概念，它包含众多方面。不管怎么说，我认为不可能从自由—禁令这一二元图式的角度来分析 parrêsia 这个概念。我想就 parrêsia 来说，我们摆脱了这一类图式，我们必须找到另一种分析形式，而不是允许、许可和禁止方面的分析。parrêsia 既是一种自由，也是一种义务。这是第一点。第二点是 parrêsia 总是包含着对话者情景中的某些状况。它也参照对话者的个人情况、个人身份和伦理品德，而且它还意味着一方有义务说话，另外一方则有义务倾听。由 parrêsia 概念所包含的所有这些条件表明，较之于纯粹和简单的说话自由，我认为这个概念远为接近说话者和倾听者之间的某种不明言或者可能是明确的契约。由此来看，我认为这个概念非常重要，我想说，对于由话语语用学（pragmatique du discours）角度出发的话语历史分析，它构成了一个非常好的例子。这是第一个原因，就是这一概念的复杂性。

　　我对此概念感兴趣，并且今天建议你们予以分析的第二个原因，就是这一概念和真实话语的概念，和真相的概念相联系。parrêsia 不仅是说某些东西的自由或义务，它也是说真相的自由和义务。但什么是真相呢？譬如，当一位自然学家，或者一位建筑师，或者一位历史学家就生物，或者就某一历史事件，或者就他的技艺，他的建筑师艺术而说出真相，希腊人不会说他使用了 parrêsia，这是非常明确和显而易见的。在 parrêsia 中所涉及的真相，它总是首先隶属于两个特殊领域：伦理领域和政治领域。一个科学真相无须通过 parrêsia 来传播。但在某些重要场合下，伦理和政治真相却需要 parrêsia。这种真相的第二个特征就是它是危险的，或者更加确切地说，对说出这一真相的说话者来说可能是危险的，对听到这一真相的听者来说可能是令人不快的，或者会伤害人。这种伦理或政治真相本身就包含着、意味着某种危险。这种危险对听者和说话者来说当然不是相同的，但在必须通过 parrêsia 方法而说出的这一真相中存在某种危险。parrêsia 指在政治和伦理范围内说真话的危险游戏。

　　我选择研究这一概念的第三个原因，就是这个概念既是伦理的，又是技术的。我想说，parrêsia，或者做一名说真话者（就是使用 parrêsia 的人），这是一种德性。但做一名说真话者也是一种技艺（technê），这是一门艺术，这必须要有才能。而这种艺术，或者艺术和德性的这一结合体，它在伦理和政治生活中发挥着重要作用。

227

在我看来，这一概念之所以重要的第四个原因，就是这一概念在古代文明的演进中发生了巨大变化。从古典时代到早期基督教，它先后具有若干不同的含义，而这种转变既和古代社会的政治结构相关，也和自我认识以及通过话语来发现自我的技术相关[2]。

因为这些不同原因，我今天才建议你们研究 parrêsia 这一概念。对于自我认识的历史，以及对于坦白的历史，我认为从话语的语用学的分析角度来看，parrêsia 这个概念是一个很好的例子，是一个很好的出发点。当然，我今天并无意来追踪它在整个古代的这一演变。就像我在演讲中所做的那样，我将把重点仅仅放在公元最初两个世纪，我将仅仅勾画该词的古典含义和基督教含义。至于我选择这两个世纪的原因，那是因为 parrêsia 此时和自我关注的技术有着非常密切的联系。

先大致说一下该词的古典含义。古典希腊语中的 parrêsia 一词，它被用来指三个不同领域。

228　　首先它被用来指城邦的政体 (politeia)，更确切地说是指民主政体、民主宪法，还可以更加确切地说是指雅典的民主制度。譬如你们可以在波利比乌斯那里，卷二，第 38 段落，看到他用三个词、三个特征来界定亚该亚宪法，那就是民主 (dêmokratia)、机会平等 (isêgoria) 和说真话 (parrêsia) [3]。事实上，民主、平等 (isonomia)、机会平等和说真话这三个或四个词在传统上是相互联系的。dêmokratia 是一般的词，就是指 dêmos——不是所有人，而是指公民，指那些有公民身份的人——他们在城邦内行使权力。这就是 dêmokratia。isonomia 这个词的含义从上古时代到古典时代发生了变化：在古典时代，isonomia 是说 nomos（法律）对所有人一视同仁，没有一部分公民相对于其他公民而享有特权。isêgoria 指另一件事，即每个人都拥有同样的权利在公众前面发言，在政治舞台上讲话，在政治大会上发言。这就是 isêgoria：发言权的平等。parrêsia 就是在政治大会上自由发言，说出自己想到的所有东西，说出自己认为是真实的或者对城邦有用的，或者正确的所有东西，而如果其他人不同意您的观点，您也不会因为自己说过的话而沦为受害者。这就是 parrêsia。这四个概念——dêmokratia、isonomia、isêgoria 和 parrêsia——就是雅典宪法的特征，它们通常被引用来作为雅典的荣耀，不管怎么说，被引用来作为雅典宪法的主要特征。雅典的自由，雅典是自由的这个事实，雅典把自由给予它的公民，这种自由即通过这四个概念 dêmokratia、isonomia、isêgoria、parrêsia 被界定、被分析。

为了更好地理解 parrêsia 这个概念，我想我们可以参照欧里庇得斯，他于公元前 4 世纪在他的若干悲剧中介绍了雅典政治生活、政治概念和政治观念的若干非常不同、非常有趣的方面。parrêsia 一词在欧里庇得斯那里出现了四次。

229　　首先是在《腓尼基的妇女》[a] 一剧中。这是在伊俄卡斯忒（Jocaste）（在她和俄狄浦斯的婚姻被暴露之后，她被假定还活着）和她的儿子波吕尼克斯（Polynice）之间的一次讨论。波吕尼克斯被流放，伊俄卡斯忒也因为被流放而来到同一城市 [4]。伊俄卡斯忒还不知道什么是被流放，不知道被流放是怎么回事，以及被流放者为什么被视为世界上最不幸的人，为什么被流放是一场多么巨大的灾难。这些就是对话的主题。

伊俄卡斯忒：我想首先知道的是，被驱逐出自己的国家是否是巨大的痛苦？

波吕尼克斯：非常巨大的痛苦。言语不足以表达这

---

a　我们没有采用福柯的一句话，他在其中说明普鲁塔克在其《论流放》中引用过这一段落，还说明他使用的是这一英译本。

种痛苦。

伊俄卡斯忒：这是一种什么样的痛苦？流放到底有什么艰难之处？

波吕尼克斯：最糟糕的事情就是被剥夺了坦率直言（就是 parrêsia——福柯注）的权利。

伊俄卡斯忒：不能说出自己的想法，那就是奴隶了。

波吕尼克斯：还必须忍受主人的愚蠢[5]。

正如你们所看到的，在这段文字中出现了 parrêsia 一词，parrêsia 首先属于公民，仅仅属于公民。如果您不是某个城邦的公民，您就不能享有 parrêsia。这是第一点。第二点，被剥夺 parrêsia，这是非公民的被流放者和奴隶的一个共同特征。奴隶不能享有 parrêsia。被剥夺 parrêsia 就是奴隶生活的特征。第三点，当您不能享有 parrêsia，当您没有 parrêsia 的权利，那么您就必须容忍主人的疯狂[a]。这就是说，当您不是公民，或者当您是奴隶，那么您就受制于公民或者您的主人，当您的主人说蠢话或者做出诸如此类的疯狂举动，您不能回应，您必须接受他的话，您既不能批评他，也不能反驳他，

230

---

a 我们没有采用福柯关于欧里庇得斯这段文字的英译本的一个看法。

还不能责备他；您必须接受他的疯狂。这就是被剥夺 parrêsia 之后最糟糕的一个方面：不得不接受或者忍受您的主人的愚蠢或者疯狂。反过来说，parrêsia 就是当主人说蠢话，当他说出最糟糕的话时甚至能批评主人的自由。我认为这段文字最好地说明了 parrêsia 在古典时代的特征。

但你们还可以在欧里庇得斯那里看到 parrêsia 一词出现的其他场合，该词的某些方面在其中获得了说明。你们在《酒神的女祭司》中就可以看到这一点。这是在这样一个时刻，当一个奴隶来到彭透斯（Penthée）这里，要向后者报告女祭司们放任自流的可怕混乱。奴隶来到彭透斯面前，他害怕报告这些坏消息，因为如你们所知道的，按照一个古老的传统，当一个奴隶前来报告坏消息，他会因为这些坏消息而受到惩罚。[你们在《酒神的女祭司》中也可以看到这一点][a]。信使到达并说[b]："我来是为了向您，向老爷您，向整个城市报告她们的诡异行为，因为这些女人的所作所为，更甚于神奇。但我想知道，我是否应该直言不讳地 [parrêsia——福柯注] 向您报告这一切，或者我必须忍住不说？我害怕您头脑

---

a 推测；这一句中有一部分听不清楚。

b 我们没有采用福柯对英译本的一个评论。

发狂，哦，君王，我恐惧您会立即暴跳如雷，恐惧您放纵自己的国王脾性！"彭透斯回答说："你可以说话：你不必对我有任何恐惧。我不应该责怪一个履行自己义务的人。"[6] 你们这就看到了 parrêsia 的一个非常有趣的方面。因为奴隶带着坏消息到达，他自然面临君主的暴怒，而如果没有这一类的契约，即说真话（parrêsia）契约，那么他就不愿意宣布坏消息，这个契约即是说："如果你答应，我将不会受到惩罚，那么我就告诉你所有的真相。"彭透斯接受了这一说真话契约[7]："告诉我真相，告诉我所有的真相，你将不会受到惩罚。"在 parrêsia 当中，由于您所说的真相是危险的，我认为这是一个显著特征；对他人来说是危险的，对您也是危险的。您所说的内容对他人来说是危险的，而您说出了真相，这个事实对您也是危险的。这两种危险，即来自内容的危险和来自说话行动的危险，我想它们构成了 parrêsia，构成了 parrêsia 游戏，构成了 parrêsia 的风险和危险。

parrêsia 一词第三次出现在欧里庇得斯那里，是在《伊翁》一剧中。这是我们之前已经见过的 parrêsia 的一个方面。伊翁说，当一个外国人来到一个城市，他的嘴巴将沦为奴隶："kai ouk ekhei parrêsian"（他不能享有 parrêsia）[8]。外国人不享有

parrêsia。

　　该词的第四次出现，是在《西波吕托斯》中。这时候费尔德(Phèdre)透露了她对西波吕托斯的恋情。这很有趣，因为这当然是这一悲剧中一个非常重要的时刻。费尔德透露了她的恋情，而就在她透露了恋情之后，她提到了自己的孩子们，她害怕她自己的耻辱，即她的恋情以及由此而来的耻辱，会妨碍她的孩子们成为享有parrêsia的体面公民[9]。你们看到了，这里并不涉及法律身份的问题，比如说对奴隶或自由人，或者对公民或非公民。只要一个人做了耻辱之事，这就足以使他丧失parrêsia；而在这里的例子中，只要父母或者父母一方行事不道德，这就足以使他们的孩子们丧失parrêsia，不再享有parrêsia。这当然指一个事实，即人们可能会因为某个使人名誉扫地的判决而丧失parrêsia，也指另一事实，就是某些耻辱的、令人名誉扫地的行为会使人丧失在公民大会上发言的政治和伦理权利。关于这个主题，你们有很多的见证，譬如在狄摩西尼(Démosthène)，或者还可以在埃斯基涅斯(Eschine)那里看到。埃斯基涅斯有一篇非常有名的辩护书，叫作《反驳蒂马克》(Contre Timarque)[10]，整篇辩护书的主题就是：蒂马克是狄摩西尼的一个朋友，他曾经在菲

利普 (Philippe) 那里担任大使，当他回来的时候，埃斯基涅
斯对他提出起诉，因为蒂马克在年轻的时候曾从事过卖淫活
动，而鉴于他从事过卖淫活动——这不是法律上的判决，完
全不是——这就是一件使人名誉扫地的事件，一种带来耻辱
并使人丧失名誉的行为，因此他不能享有政治权利，或者更
确切地说，他不能肩负政治责任而对其他公民说话，也不能
担任雅典的大使，如他所希望的那样。于是他被剥夺这一
parrêsia，这一说话权利。如你们所看到的，享有 parrêsia，
这取决于某些对立情况，如自由人和奴隶、公民和外国人、
体面行为或耻辱行为等。这是 parrêsia 的第一点、第一个方面。
这是雅典民主的一大主要特征，如你们所看到的，它取决于
很多东西，取决于是否享有 parrêsia 之人的某些特征。

　　在古典希腊语中，parrêsia 这个概念的第二个重要参照，
在参照民主制宪法之后，那就是参照君主制。对君主制的这
些参照，你们可以在伊索克拉底和柏拉图那里看到。

　　你们在伊索克拉底那里可以看到对 parrêsia 的两类参照。
首先是对雅典民主制中 parrêsia 的批判，如你们所知道的，
因为伊索克拉底是一位君主制的热心拥护者，[其次] 是对
parrêsia 在君主制中的正面评价。关于第一点，有两篇文字批

232

判雅典宪法和雅典城邦中的 parrêsia。第一篇是在《关于和平的讲话》第 14 段落中。这是对雅典人如何选择自己的谋士的一种批判。这一段文字是这样的："对我来说，我很清楚地知道，反对你们的思想状况是艰难的，在完全的民主中 [这是原文——福柯注] 并没有说话的自由（parrêsia）……"[11] 所以如你们看到的，这不是批判 parrêsia 这个概念，这是在批判雅典人如何被认为利用了民主，却没有真正接受 parrêsia，没有真正接受说话的自由。在伊索克拉底的另外一篇文字中，你们会看到对 parrêsia 的真正批判。伊索克拉底在《论刑事法庭》第 20 段落中说道："从前治理城邦的那些人，他们建立的不是这样一种政体，即给它一个最广泛、最温和的名称，但不以自己的行动在那些和它打交道的人眼里来证实这一点，他们给予公民这样一种教育，以至于公民们在无纪律（akolasia）当中看到了民主精神，在藐视法律（paranomia）当中看到了自由（eleutheria），在言论的放纵（parrêsia）当中看到了平等，在这样行事的权利当中看到了幸福，[他们建立的是一种厌恶并惩罚这样的人，使所有公民变得更好、更加理智的政体]。"[12] 所以，如你们所看到的，这是对雅典民主制本身的一种批判。由梭伦（Solon）和克里斯提尼（Clisthène）

所提出的法律本应该在雅典建立一种真正的民主、真正的自由、真正的平等和真正的幸福，但这些法律在实际上建立了什么？傲慢、不平等、在说话放纵意义上的 parrêsia，还有 exousia，这意味着放荡。

但伊索克拉底在另外一篇文字中谈到了君主制，并指出了君主制政体的所有优点和好处，你们在《致尼古克里斯》这篇文字中，可以看到对 parrêsia 这一概念的非常有趣的使用。在这篇文字中，[伊索克拉底]两次参照 parrêsia。他首先谈到了年轻君主的 paideia（教育），他说年轻的君主不可能享有 parrêsia，年轻的君主在受教育期间不可能拥有相当大胆地使用 parrêsia 对他说话的朋友。这就是一个普通年轻人，一个个人和一个君主之间的一个差别。在私人教育中，所有年轻男子都有朋友，这些朋友们会告诉他真相，也可能会指责他，因为对他们来说，对他说真话并不是一件非常危险的事情。然而在那些围绕君主周围的人中间，那就很难找到能够相当勇敢地使用 parrêsia 来对君主说话的人。这就是该词在文中第一次出现的情况 [13]。稍后，当伊索克拉底描述一位好君主的画像时，他说到，好的君主需要有能够对他说真话的谋士。但如果君主没有这样行事，即让他的朋友们不

234

害怕对他说真话，那么他就不可能有这样的朋友。因此，君主第一大责任就是允许他的谋士们对他使用 parrêsia。以下就是伊索克拉底给尼古克里斯的忠告，后者就是一位年轻 [君主]，是小亚细亚 [某个] 城邦僭主的儿子（我不记得是哪一个城邦了 [14]）："不要把那些对你所说所为的一切称颂不已的朋友当作忠诚之人，而要把那些指责你的过失之人当作忠诚之人。把言论自由给予慎重之人，以便拥有能处理棘手事件的谋士。" [15] 这就是对 parrêsia 一词的正面定义。

我们可以在柏拉图《法律篇》卷三中看到与这篇文字相接近的东西。这里涉及对波斯的正面描述，波斯当时处在居鲁士（Cyrus）的统治下。柏拉图解释说，在居鲁士的治下，波斯君主不仅允许其谋士使用 parrêsia，而且非常敬重那些能够给他提出真实的、真诚的好忠告之人 [16]。由于这一优良的君主制和这一优良治理，波斯国王在治理中允许他的谋士们使用 parrêsia，柏拉图说，得益于 eleutheria（就是指自由）、philia（友谊）和 koinômia（一致性，观点的一致性，也许还有情感的一致性），当时波斯的一切都兴旺发达。于是，如此被谋士们对君主使用的 parrêsia，它就是给城邦或者给国家，给波斯带来自由、友谊和一致性的主要原因和根本因素。这就是 parrêsia 在古典希腊语中涉及君主体制的含义。

　　在古典希腊语中，parrêsia 一词还被用来指这样一类坦率和说话自由，它对帮助一个朋友进行伦理选择，或者让其灵魂取得进步都是有用和必需的。这是私人方面的含义，[parrêsia 的伦理含义。你们可以在《高尔吉亚篇》中看到它]ᵃ。这是在一个非常富有讽刺意义的时刻，但这对 parrêsia 的本义来说无关紧要。苏格拉底对加利克里 (Calliclès) 说，当某个人要检验 (bazanizein) 他自己的灵魂，他就需要某个他人的帮助。这是非常严肃的。具有讽刺意味的是，苏格拉底对加利克里说，后者是 [他，苏格拉底] 灵魂的一块好的 basanos，即一块好的试金石，这当然是完全错误的。但不管怎么说，每个人都必须借助于某个他人的帮助来检验他自己的灵魂，而这个他人对灵魂的真相是必需的，他需要三个品质来充当一块好的试金石。他需要具备知识 (epistêmê) 或者学识。他需要具备 eunoia，就是说他感到善意，这和友谊相接近。在希腊 philla，即在希腊的友谊中，有三大要素：eunoia、koinônia 和 homonoia。eunoia 就是对某个人有好

235

感，homonoia 就是和您的朋友有同样的想法、同样的感受，koinônia 就是在您的生活中分享一切。因此，为了成为一块他人的好的试金石，必须具备学识，具备 eunoia（有好感），以及说真话（parrêsia），也就是说，必须相当坦率地说出自己对朋友的所有看法[17]。

以上就是 parrêsia 一词在古典希腊语中的三大主要用法和三大主要含义。

正如你们可以很容易想象到的，由于你们所清楚知道的历史原因，parrêsia，作为民主制城邦一大主要特征的 parrêsia 这一概念，就是第一个含义，它在公元最初两个世纪的文献中消失了。你们在这些文献中只能看到该词的另外两个含义，也就是和君主制政体、和君主制的治理相关的 parrêsia，还有就是伦理意义上的 parrêsia。

首先，parrêsia——你们主要在历史学家那里，但也可以在那些对政治问题感兴趣的哲学家那里看到这个词，譬如在普吕兹的迪翁那里——这个词现在被定义为君主、帝王和他的谋士们之间的一种言语关系。一方面，君主必须允许他的谋士们使用 parrêsia，当他的谋士们对他使用 parrêsia，甚至这种 parrêsia 包含某种伤害他的内容，他必须克制自己不去惩罚他们。这是君主方面的 parrêsia。[另一方面]，谋士们也必须使用 parrêsia，他们和说真话的义务相联系，但他们同时免受君主和帝王的暴怒，这是因为他们被授予自由来使用 parrêsia。帝王和他的谋士们之间的这一说真话契约，这一 parrêsia 契约，它是好的君主制治理的一大主要条件。这个问题，parrêsia 作为好的君主制治理的一大主要条件的这一主题，我想我们当然可以在整个罗马帝国时期看到，但我们还可以在绝对君主制历史上的所有君主制治理当中看到，直至 18 世纪末。当两种新的制度——至少对欧洲来说是新的，我把英国另放一边——在 18 世纪末和 19 世纪初出现的时候，即议会和新闻，我认为 parrêsia 的问题就消失了。我认为议会和新闻自由是 parrêsia 问题的真正继承者。所以，至少从这个角度来看，我并不认为应该把 parrêsia 仅仅视为某种私德或者诸如此类的东西。在政治思想中、在政治思考中、在政治讨论中，它和我们社会中的议会问题和新闻自由问题同样重要。我想我们可以从这个角度来分析君主制度的很多方面，譬如得宠之人和大臣的问题，讲道者的作用问题，什么是宫廷、宫廷中人的作用问题，以及由谁向国王说真话等问题。所有这一切都是众所周知的非常技术性的政治问题：谁是说真话者？国王如何遵守或者没有遵守说真话契约？朝臣如何遵守或者没有遵守说真话契约？我认为这是一件非常重要的事情。因此你们可以在帝国时代的文献中看到具有这一含义的 parrêsia。

237   [其次]，你们还可以在同一时期看到 parrêsia 概念被用在自我关注的技术领域。在导师和被指导者的关系中，以及在帝王和谋臣的关系中，parrêsia 同样都是必需的。但我想强调这样一个事实，即 parrêsia 的这两种含义，一种是君主制治理中的政治含义，另一种是导师和被指导者两者关系中的伦理含义，它们相互间实际上是非常接近的。在这两种情况下，问题在于治理，在于治理他人的灵魂。在前一种情况下，问题是治理一位国王的灵魂，而在后者，问题在于治理某个人、某个普通人的灵魂。从一方面来看，由于国王必须治理他人，因此治理国王的灵魂当然更加重要，以至相对于治理随便一个什么人的灵魂，治理帝王和国王的灵魂是一项具有更大责任、拥有更大影响力的任务。但从另一方面来看，君主应该学到的行为准则，和一个普通人应该践行的准则，这两者之间并无真正的区别，因而在治理国王的灵魂和治理一个普通人的灵魂之间，并没有技术上或者哲学上的真正区别。君主的德性就是公共的德性。应该像治理一个普通人那样来治理君主的灵魂。因此，如果说治理君主的灵魂远为重要，但在基础上，治理国王的灵魂和治理一个普通人的灵魂具有同样的形式和同样的根源，而且应该具有同样的形式和同样的根源。在帝王和公民的行为的理性原则上并没有差别。我认为这就是这一整套技术的一大要点。第二点，日常生活中大部分自称为灵魂技术师的人，他们也企图成为君主的谋士，这是一个事实。做一个好的灵魂导师，做一个治疗众人共有偏激的好医生，这可以使人成为君主的好谋士。塞涅卡、穆索尼乌斯·鲁富斯、普吕兹的迪翁，还有给梅内马库斯 (Menemachos) 写了一篇论述城邦治理文章[18]的普鲁塔克，所有这些人，他们同时既是心灵导师，又是君主谋士。他们想用在君主身上的规则正是他们给自己的通信人提出的规则。这一点在马可·奥勒留那里就非常清楚，他使用同样的措辞来谈论他作为人的责任以及他作为皇帝的职业义务。你们还有其他的例子：按照菲洛斯塔特 (Philostrate) 的说法，阿波罗尼乌斯 (Apollonius) 和厄法泰斯 (Euphratès) 这两位心灵导师，在韦斯帕先 (Vespasien) 即将夺取帝国权力的时候，就给后者提出过建议[19]。

238

在我看来，自我关注和政治合理性这两者之间的相近关系是我们历史上一种非常重要的东西。这种相近关系之所以重要有两个原因。正如你们所看到的，这两个领域，即政治合理性领域和自我关注领域，它们拥有一个共同的概念，那就是治理概念。治理自己，治理他人，治理某个他人的行为，治理众人，治理人类，这一切构成了一个连续的领域。以至于我们可以说，这是我的想法，即在我们的政治思想中存在两个不同的根源。一个根源总是受到重视，那就是宪法，就是政体（politeia）的问题，这是亚里士多德的问题，这也是柏拉图的问题。还有另外一个问题，那就是治理，治理众人的问题。我认为治理众人的问题完全不同于宪法的问题。这里的问题不在于知道城邦是如何构成的，什么是其永恒的法则，什么是其不同部分之间的平衡。治理的问题涉及决策的一般合理性，涉及选择、目标，以及人们使用的手段的一般合理性，这是治理我们、治理其他人的那些人的行为合理性问题。我认为这两个问题，即政体（宪法）问题，这是柏拉图和亚里士多德的问题，还有治理众人的问题，这是塔西陀（Tacite）的问题，塞涅卡的问题，以及公元 1 世纪所有这些人的问题，这是两个不同的问题。我想在我们的政治思想中，至少从 17 世纪或者 18 世纪开始，相对于治理问题，宪法的问题总是被过高估计。这是我想在将来，一个不远的将来加以研究的主题，研究这两种政治思想的问题，一个面向政体，另一个面向治理。我的假设——我现在还没有必须拿出来的论据——就是灵魂的理论是和政体的政治问题相联系的，自我的问题是和治理问题相联系的。政体和灵魂，政体和宪法的理论，以及灵魂的理论，它们在柏拉图和亚里士多德那里是非常明显地相联系的。治理的问题和 [自我][a] 的问题在我正在谈论的这类思想中是明显相联系的。这只是一个假设。

现在也许有些晚了，我们必须转入我应该和你们谈论的东西上来，并把 parrêsia 的历史命运的所有方面先放一下。关于我刚才所说的，关于 parrêsia 的古典含义，或者关于该词在公元最初两个世纪作为连接政治含义和伦理含义的治理问题，有提问吗？

听众：我不知道我的看法是否恰当。在我看来，东方文化似乎并未如此重视自我的治理。

---

a 福柯说："灵魂"（soul），但他肯定是想说"自我"（self）。

福柯：完全恰当。我想自我的问题——不是自我的治理——作为伦理的中心问题当然是佛教生活方式，是佛教——如果你们把它叫作宗教的话，但它并不是一种宗教，它是一种伦理——的一大重要特征。我想我们应该把我们在希腊—罗马时代的自我伦理和东方及东方文明中的这一自我伦理相比较[20]。有趣的是，当西方文明在 19 世纪初发现了东方文明，它遇到了自我的问题，譬如在叔本华那里，我想你们完全可以看到发现这一自我伦理在西方哲学理论中造成的反响，这种自我伦理对我们来说是如此奇怪，当然也如此远离基督教的自我体验，还非常远离我们可以叫作希腊—罗马的自我体验这种东西。我想，叔本华也许是大哲学家中回应这另外一种自我体验，或者试图把这种另外的自我体验，把这种另外的自我伦理纳入西方思想中的唯一一人。同样非常富有意味的是，叔本华的影响在 19 世纪是巨大的，但这种影响现在已经完全消失了，这是一个事实。我不知道你们在美国是否对叔本华感兴趣，但我想我从未听到他的名字，无论是在法国还是在美国。我想如果你们对自我、自我技术、自我解放等研究领域感兴趣，你们应该会遇到叔本华，他是一个中心点，他在一个交汇点之上，或者如果可能的话，他试图处在这两个不同传统的交汇点之上。

听众： 我感觉在东方，人们远为重视治理，而不是政体和宪法。

福柯： 我也这样认为。但我无法就此主题给您一个回答或者给出论证。不管怎么说，自我和治理，或者灵魂和政体之间的这一关系也许完全是不同寻常的。

如果你们愿意的话，我们现在就回到 parrêsia 一词，回到该词在公元初期所具有的严格的伦理含义上来。我想强调的第一点，就是 parrêsia 在自我文化中的重要性，以及它首要的、至关重要的作用，我们有很多的信息。parrêsia 是导师和被指导者的关系中最明确需要的一大条件。参照了导师和被指导者关系的所有文字都非常明确地显示，parrêsia 是一个义务，不过是导师方面的一个义务。parrêsia 作为义务，或者作为 [……]ᵃ 以某种方式说出所想到的一切的自由，这当然是非常明显的，你们可以在好几篇文字中看到这一点。

我选择了吕西安论述哲学的几篇文字，因为它们从社会学角度来看都是非常好的资料，尽管 [其中一篇文字] 相当

241

---

a　录音中断。

激烈。他在如下范围内指出了什么是parrêsia，即parrêsia不仅是一种说话方式，一种指导人的方式，而且是一种生活方式；或者它至少是与某种独特生活方式相联系的指导他人的方式。他作了两幅画像。他对哲人所作的所有画像，第一幅最为激烈，这是佩雷格里努斯（Pérégrinus）的画像。吕西安真的讨厌佩雷格里努斯。佩雷格里努斯是一位非常奇怪的人物：他是一位犬儒派哲人，后来皈依基督教，之后又回归犬儒派，在公元2世纪末，他在奥林匹克运动会上公开自焚，这或许是遵照来自东方的某个传统[21]。吕西安讨厌这个佩雷格里努斯，他解释说，当这个人来到罗马，他的行为举止使皇帝不得不真的将他流放。吕西安解释说，佩雷格里努斯这样行事，当然是为了使人相信他是一位真正的哲人。在众人的眼里，他被视为因其parrêsia及其过分的自由（parrêsia和agan eleutheria）而被流放的哲人，以至于由此来看，他类似于穆索尼乌斯、迪翁、爱比克泰德，以及有过同样遭遇的所有其他人士[22]。吕西安对另一位犬儒派人士德莫纳克斯（Démonax）则作了一幅正面画像，他这样谈论后者："自孩提时代就向往美，对哲学有着天生的爱好，他鄙视人间的所有财富。他献身于自由和说真话，他始终过着一种正直的、健康的、无可指责的生活，他以身作则，给所有看到他并听他说话的人展示了他的哲学实践道理及诚意。"[23] 这两篇文字，一篇反感佩雷格里努斯，另一篇对德莫纳克斯则有好感，你们可以从中看到，parrêsia 就是话语领域中的自由（eleutheria），而自由，如果我可以这样说的话，它就是日常生活领域的parrêsia，它就是某些哲人，优秀的哲人在自己的日常生活，在自己的生活方式中用来展示他们就是说真话者的方式，也就是说，展示他们不隐瞒任何什么，他们的行为举止就像他们的所思所想；在他们的行为和他们的思想方式之间存在某种深刻的连贯性。

我认为这些就是 parrêsia 在这类文献中的主要方面，我想现在就转入若干篇文字。我已经让人复印了两篇，一篇是盖伦的，另外一篇是塞涅卡的。我认为有四篇谈论 parrêsia 的重要文字被保存了下来。首先是由菲洛甸（Philodème）写的一篇论文，他是伊壁鸠鲁派人士，公元 1 世纪的一位伟大的伊壁鸠鲁派人士，他写了一篇论文《论说真话》(Peri parrêsias)[24]。这是专门论述 parrêsia，并被保存下来的唯一的一篇文字。可惜它的保存状况不太好，我们只有这篇文字的若干片段，而这些片段本身也有相当的损坏。菲洛甸的这

242

篇文章没有英语、法语、德语、意大利语、西班牙语的翻译，也没有拉丁文的翻译。现在有一些非常博学的专家试图赋予这些残篇以某种意义[25]，只是我对此无能为力，只好令人惋惜地把这篇文字放在一边，因为这是伊壁鸠鲁派哲学中论述 parrêsia 的唯一材料。第二篇重要的文字当然是由普鲁塔克所写，这篇文字更为明确，更为冗长，如你们所知道的，这真是一篇喋喋不休的文字。这篇文字的题目是"辨别谄媚者和朋友的方法"[26]。第三篇文字，或者第三篇系列文字就是塞涅卡的若干书信[27]。第四篇文字，我应该说，它极少，甚至从未被 parrêsia 的研究者们所引用，这是盖伦的文字，我已经让人复印了。

对 parrêsia 主题的最佳研究著作，我想是由一位意大利作者斯卡帕（Scarpat）在 1964 年或 1965 年所写，你们可以在这里的图书馆里找到这本书[28]。这本书专门论述 parrêsia 这个概念，它具有重要的价值，其中的古代参考资料部分非常好，基督教文献部分也非常好（因为斯卡帕是一位神父，他对某些著作非常了解）[29]。斯卡帕还写了一本关于塞涅卡的书[30]，一个事实就是这本书在论述 parrêsia 和自我关注的关系时有若干不足之处，这个问题的整个方面都被斯卡帕忽略了。譬如，他没有提到盖伦。这本书中也有这种怪异的习惯——事实上也并不如此怪异——就是好的语文学家的习惯，你们看：如果 parrêsia 一词不出现在文字中，[那么这个概念就不在其中]ᵃ。我认为，如果头脑中没有 parrêsia 这个概念，那就不可能读懂盖伦的这篇文字，但 parrêsia 一词[并未在其中出现]ᵇ。所以斯卡帕没有引用盖伦。

在我们返回盖伦之前，我想现在就普鲁塔克说几句。如果我们今天没有时间结束盖伦部分，那么我们明天接着说。我们这样做行吗？肯定吗？事实上我想从普鲁塔克开始，因为关于他，我会说得相当简短。盖伦的写作是在 2 世纪末。普鲁塔克的写作则是在 2 世纪初，他写了一篇文章，文章非常清楚地显示为一种 parrêsia 的理论：这是一篇关于谄媚的论文。为什么一篇论述谄媚的文章会是 parrêsia 的一种理论？原因非常简单，因为谄媚就是 parrêsia 的反面。谄媚在希腊—罗马这样的社会里能够具有如此的重要性，你们当然知道其中的所有原因。在这种类型的等级化社会中，其中个人的影响，以及争取支持者的活动具有如此重要的作用，当然你们

---

a　推测；这一部分听不清楚。

b　推测；福柯没有说完这句话。

都看到了，等级化结构，人与人之间的个人关系和他们的依附，这些就构成了谄媚的重要性的背景。从哲学角度，从伦理角度来看，谄媚是什么呢？谁是谄媚者？按照普鲁塔克的看法，谄媚者就是一个说谎的人，他的目的是取悦对方，给对方一幅关于他自己的虚假和错误图像。当然，既然谄媚给某个人提供了一幅关于他自己的错误图像，那么谄媚对于自我关注来说就成了最危险的东西。普鲁塔克使用了一个非常强烈、非常明确的说法：认识自己（gnôthi seauton）的最坏敌人就是谄媚者。或者是谄媚者，或者是认识自己：这就是对立。正因为这个原因，我们应该相信说真话者，而不是谄媚者。

但问题是：如何辨认出真正的说真话者，或者如何辨认出真正的谄媚者？因为在普鲁塔克看来，好的谄媚者当然不是表明自己是谄媚者的人。一个表明自己是谄媚者的人并不危险。隐藏的谄媚者才是危险的人，他把自己的谄媚隐藏起来，他模仿说真话者。于是问题就是：如何区分真正的说真话者和一个模仿说真话者的谄媚者？由此普鲁塔克的论文涉及了谄媚的符号学问题。我很荣幸终于首次使用了"符号学"一词[31]。不管怎么说，如果你们当中的某些人是研究符号学的，他们可以把这篇文字读作关于谄媚和说真话者的某种符号学。但我恐怕他们不会对此很感兴趣，因为普鲁塔克很快就直接转入一个哲学主题上来，这个主题就是：您不会因为一个谄媚者对您说了一些谄媚话而认出他，因为一个好的谄媚者当然将会指责您，对您进行谴责等，目的是让您相信他不是一个谄媚者，而是一个说真话者，所以他将对您说出令您非常不快的话。因而这不是符号。符号是谄媚者会根据您本身的变化，或者根据他所处的情况，根据您所处的情况，或者根据他与之打交道的人来改变他的观点、他的行为和他的生活方式。您可以肯定，对您进行指责的人不是谄媚者，如果他在自己生活中为他自己所作出的选择和他 [为了您而向您提出的选择是同样的。他所说的话，和他所是之人，你们可以在说真话者那里找到这两者的一致]ᵃ，这就是符号，即他真是一个说真话者，而不是一个谄媚者。他所说的话，和他所是之人，这两者之间的一致，以及他所是之人 [在其整个人生当中的]ᵇ 一致，这两种一致就是 parrêsia 的真正符号：他所说的话和他所是之人的一致，还有他和某种自始至终模式的一致。

245

怎么会把他弄错呢？根据什么样的变化他才能被证实，他并不是，也没有成为和我们相同的人，而是他仅仅假装是和我们相同的人？必须首先考虑他的原则的恒定性和连续性：他是否始终喜欢，始终赞美同样的东西？他是否按照某个唯一的模式来规范、来安排他的生活，就像对任何人来说，最好以自由人身份追求情趣相投的友谊？这样的人就是朋友；至于谄媚者，他的性格并不建立在一个坚固的基础之上；他过的是他人，而不是他本人所希望的生活；他总是根据他人来塑造自己，改变自己；正因为这个原因，他不是一个单一的人，而是多样的、不同的人，他不断地从一种形式变到另一种形式，就像人们倒入另一容器中的水，水会根据容器的形状改变自己。因为如果一位大公爵，就他所显示出来的来看，当他试图去模仿他要扮演之人，当他摆动身子，并和后者同时舞蹈，他就会被发现，而谄媚者，他欺骗他人，通过模仿他人来捕捉他人，但不是通过某种一致的模仿，而是和某个人唱歌和跳舞，或者满身尘埃和另外一个人搏斗。他爱慕某个猎物和狗的爱好者，只是哪怕他像费德尔那样叫喊着也跟不上后者 […]。

那些大谄媚者，那些蛊惑人心者的行为也证明了这一点，他们当中最出名的就是阿西比亚得，他在雅典好提争议问题，养马，过着一种优雅的精神生活；而在拉西第梦 (Lacédémone) 这个地方，他留着短发，穿着大衣，洗冷水浴；在色雷斯 (Thrace)，他打仗、喝酒，等他到了提沙费尔尼 (Tissapherne)，他只喜欢豪华、奢侈，并说大话，但他总是在追求声望，他把自己等同于所有人，把自己同化为所有人，由此来获得所有人的选票。而伊巴密浓达 (Épaminondas)，还有阿格西莱 (Agésilas)，他们却不是这样，他们一方面接触过很多人，见过很多城邦和生活方式，但他们在任何地方都保持着与他们相适应的生存方式，如他们的穿着 (stolê)、他们的饮食 (diaitê)、他们的言语 (logô)，以及他们的生活方式 (biô) [32]。

这些就是说真话者的标准。也许你们有提问？

246

听众：我们刚才听到的东西非常接近于塞涅卡所说的，也非常接近于修昔底德评论阿西比亚得的话。修昔底德对阿西比亚得的描述 [33] 完全符合普鲁塔克的描述。

福柯：模式这个概念 [包含着] 非常具体的形式，如服装、言语和生活（stolê、diaitê、logos、bios）。stolê 就是衣服，穿着。diaitê 就是进食，饮食习惯，也就是吃、喝、活动等的方式，这是一个非常技术的概念。logos，这里指所说的话，以及说话的方式。bios，这是 [……]ᵃ 指在这四个方面存在某种模式，唯一的模式，同样的模式。在其整个人生中的模式始终如一，这个事实就证明，就表明这是一个真正的说真话者，而不是一个诌媚者。

因此我认为这个观念、这个主题相当重要，因为正如你们所看到的，选择说真话者的问题包含两个方面。当您需要一个说真话者来帮助您关注您自己，您应该首先肯定他是真诚的，他对您说的都是他想到的，但您还应该肯定，他所说的是真实的，因为他可能确实是真诚的，却会说些蠢话。你们看到了，这个问题从未出现在普鲁塔克的文字当中（也未出现在盖伦那里），因为他无须提出这一点，因为某个人的生活方式的四个符号，即生活、言语、饮食和服装就既证实了他的所想是真实的，也证明了他的话是真诚的。思想的真

---

a 这里听不清楚。

实和话语的真诚是同一回事，或者至少属于同样的证明体系。这是同样的试金石，既对他说话的真实性，也对他说话的真诚性。正因为这个原因，模式这个概念，即在所有这些方面，模式都必须是唯一的，在其全部人生中必须是同一的，这一概念如此重要：它事实上既是真实和真诚的证明，也是 [其] logos 的真实和其生活的真诚的证明。我认为这是 parrêsia 概念中某种非常重要的东西。这一点非常重要，因为正如你们所看到的，所说的话参照了说话者所是之人，这一参照是非常清楚的。说真话者是这样的人，他说出的话，其真实性被他所是之人所证明。所说的话参照了所是之人，这一参照内在于说真话者所是之人的类型。

247

正如你们都清楚地知道的，在基督教忏悔中也将有这类内涵。忏悔者将是这样一个人，他必须说出他所是之人的真相。但说话的真实和说话者所是之人的关系，这一参照是完全不同的。在前一种情况下，哲人作为导师的生活方式就证明了他对被指导者所说话语的真诚和真实性。在后一种情况下，即忏悔者的情况，被指导者所说的话必须揭示他实际上所是之人。你们都看到了，以至于导师说真话的义务向被指导者的方向移位，这一运动也是说话的真实和说话者所是之人的实在这一关系结构中的一种变化。我想这两种变化在 parrêsia 的历史中完全是决定性的。

有提问吗？我不知道最后一点是否非常清楚了。

听众：您也许还会谈到。您说得很清楚，但是……

福柯：我恐怕您必须就此帮助我，因为我的英语不够好。我想知道是否有什么不清楚的地方，不清楚的东西。

听众：基督教忏悔中所发生的移位，以及您之前就生活模式的具体形式所说的内容，我不明白这其中的关系。

福柯：有两个移位。第一个移位就是在古代的指导当中，导师、师父，他必须是真诚的，他必须说出他想到的一切。而学生、被指导者，他则无须说任何什么，或者他只要说很少的话。我们在塞涅卡和塞利纳斯（Serenus）那里就看到，塞利纳斯没有什么东西可说[34]。说真话，做一个说真话者，这是导师本人的义务。而在基督教传统中，在基督教忏悔中，[这却]相反。必须说出他想到的一切，他感受到的一切，以及他心灵中所发生一切的人，这个人是学生。"说真话者"，或者 parrêsia 一词也将发生变化，这是一个事实，但真的没有任何别的什么，我以后还会谈到。你们听懂了吗？

第二个移位是这样的。导师说真话的证据是什么？什么能证明他是真诚的？那就是这样一个事实，即他让人看到他全部人生中所有行为的唯一模式。于是，他所是之人就是他所说话的证明。相反在基督教忏悔中，忏悔者必须说出他的所有想法、所有感受、所做过的所有事情等，他必须说出一切，但通过他所说的话，通过他所说的关于他自己的事情，他所是之人必须显示出来。这将是基督教忏悔、基督教忏悔的实践和理论的一个问题：指导者如何才能确信被指导者所说的话是真实的？他是真诚的，他所是之人的实在经由他所说的话而显示出来，那么什么是证明呢？有两种答案。第一种就是：既然忏悔者，当他向指导者展示他的灵魂深处，他同时也在向上帝展示，而既然上帝看到了一切，既然上帝自开天辟地以来，多少世纪以来就看到了灵魂，看到了这个人的灵魂深处，他说谎并不重要；不管怎么说，上帝会知道他在说谎。所以，忏悔者的真诚的符号问题对基督教来说并不很重要。选择一个好的说真话者，这在古代实践中是一件非常重要的事情。而在基督教实践中，这并不如此重要。但satisfactio（满意）的选择具有非常重要的意义，这就取决于指导者对被指导者的看法。所以指导者必须努力寻找被指导者的真诚符号，你们在忏悔教科书中可以看到若干符号，它们被认为提供了被指导者的真诚迹象和表现，譬如，尤其是忏悔者在忏悔中的举动，他是否脸红、是否哭泣等。但不管他怎么样，这并不真的重要，因为这一切都在上帝面前发生，上帝知道一切，知道这个人是否真诚。

249 **听众：**修辞学可能因为这个原因而对早期基督教提出了一个问题：如果掌握了修辞学，那就可以搞虚假的忏悔。

福柯：是的，这是肯定的。关于如何认出某个人在忏悔中是否真诚，你们可以在这些教科书中看到非常有趣的说明，但我认为这并不真的是一个问题，这既不是一个伦理问题，也不是一个神学问题。

听众：我在想，模式在这些转变中怎么样了。在古代，对导师的测试就是他所说的话和他的生活模式之间的关系。在后来的基督教当中——我指的是 16 世纪和 17 世纪，清教徒的自传等——模式就是基督的生活。模式对早期基督教是怎么回事？

福柯：您言之有理。所有这些问题，你们会看到它们随着清教文化或者路德和加尔文文化而在16世纪发生了深刻的变革。在早期基督教那里，模式的概念，你们可在修道院生活的定义中看到它。正如你们所知道的，在修道院的文献中，"模式"既指生活方式，也指穿着。"模式"的技术含义既指生活方式，也指修士所穿的衣服。在卡西安的《修道制度》（Institutiones）的开头部分，有一个对模式的精神含义的非常美妙的分析，模式即作为意味着生活方式的穿着[35]。因而，您可在此看到模式的概念。被指导者必须获得一种模式。但模式不再是某个人说话的真诚的符号，它是通过指导方法而获得的东西。

听众：您的介绍使人询问什么是这一变化的相关因素。您没有谈到过。

福柯：您所谓"相关因素"是指什么？

听众：我想说，这是如何发生的，这又以什么方式表现出来？

福柯：第一个问题是：什么是这一[变化][a]的原因？这个非　250

---

a　推测；福柯没有说完这句话。

常难说。我想首先——或许我明天可以说一下——在早期罗马帝国的社会和政治结构中发生了重要变化，这些变化可以解释这一自我关注的发展。问题的一个方面就是：这种自我文化是否和社会、和文明的某种个人主义形式的发展相联系？人们通常把个人主义和自我问题混为一谈，我想我们在罗马帝国这里看到了一个很好的例子，即一个社会完全不是个人主义的社会，但它发展出了一种非常广泛、非常丰富的自我文化[36]。它完全不是一个个人主义的社会。我给你们说过导师和被指导者之间的必要关系，还有一个事实就是这种指导的主要形式，也就是斯多葛派的形式，这种自我文化的结果证实了人与人之间的所有社会关系、家庭关系、性关系，这一切也证明自我文化的发展完全不是某种个人主义社会的一个结果。而是别的东西导致的结果。我想，这是由我可以叫作社会统治机构中的变化所导致的结果，因为在一个社会中，统治机构并不仅仅是领导阶级，而是在一个社会中有很多的统治机构。我认为在罗马社会，在罗马帝国中，我们在所有这些权力机构的分配、等级和组织中看到了某种深刻的变化，从政府到社会的内部。结果你们就看到了这种自我文化，依我看，它就是通过合理性和理性手段的某种新形式来寻找治理自我的某种新形式，寻找治理他人的某种新形式。

　　至于把这类社会引入基督教社会的变化，这个问题就远
为困难了……或者也许远为简单了。远为简单，这是在如下
意义上说的，人们在基督教自我关注中看到的东西，就是在
小型团体如修道院，在修道院团体中发生的东西，修道院团
体在文化中具有很大的影响，虽然如此，它依然相当孤立，
至少在4—5世纪。因此，我们不应该用社会的一般秩序的
变化来解释这一演变。之后发生的事情，就是在修道院组织
内部发展起来的这类模型扩展到整个社会——因为什么原
因？——[结果]导致了[各时代]ᵃ的巨大变化。这一切都不
是一个答案，而是一个说明。这里涉及您的第一个问题：原
因是什么？

　　什么是结果呢？我现在还不能给出一个回答。我现在可
以试图做的事情，就是揭示自我技术这一历史的开始。

　　如果你们愿意的话，如果你们对盖伦的这篇文字感兴
趣的话，我建议我们明天用研讨班的开头部分来研究它，
随后的时间就用于一般的提问，我想这就够了。你们同意
吗？谢谢。

---

a　推测；本句极难听清楚。

听众：我们将有发言的自由吗？

福柯：是的，你们将有发言的自由。

252　**注释**

1　这篇论述parrêsia的文字相当接近于福柯于数星期之前在格勒诺布尔大学所作的演讲。参见米歇尔·福柯，《说真话》，同前，21–75页。相对于福柯在《主体解释学》，尤其是1982年3月10日的讲课中在自我关注范围内对parrêsia所作的分析，这次演讲已经构成了富有意味的发展。参见HS，355–393页。此外，福柯还将把他在法兰西学院的最后两次讲课，以及他将于1983年秋在加利福尼亚大学伯克利分校所作的系列演讲用来深化他对parrêsia概念的研究。参见GSA；DV；CV。

2　福柯在《话语和真相》中以最明确的方式描述了这一演变的相继阶段。参见DV。

3　波利比乌斯，《历史》，卷二，38, 6, P. 佩德克（P. Pédech）法译本，巴黎，Les Belles Lettres，1970年，83页："除了在亚该亚人那里，人们再也找不到更加完美的制度，更加完美的平等和自由理想，一句话，更加完美的民主制"（isêgorias kai parrêsias kai katholou dêmokratias）。

4　在《腓尼基的妇女》中，伊俄卡斯忒事实上在俄狄浦斯倒台的时候并未结束自己的生命，她留在底比斯，她在此和正在攻城的波吕尼克斯有了这一次对话。

5　欧里庇得斯，《腓尼基的妇女》，387–393行诗句，参见《悲剧集》，卷五，L. 梅蒂尔（L. Méridier）法译本，巴黎，Les Belles Lettres，1961年，170页。我们没有采用福柯的一个看法，即他自问英译本中对这一段落的翻译是否完整。

6　欧里庇得斯，《酒神的女祭司》，666–673行诗句，参见《悲剧集》，卷六–2，H. 格里高利（H. Grégoire）法译本，巴黎，Les Belles Lettres，2002年，77页。

7　关于"说真话契约"，参见米歇尔·福柯，《说真话》，同前，29页；GSA，149–150，160–161，187页；DV，93，120–122页；CV，13–14页。更多的解释，参见H. –P. 弗吕绍和D. 罗伦兹尼，参见DV，65页，注释20。

8　欧里庇得斯，《伊翁》，669–675行诗句，参见《悲剧集》，卷三，H. 格里高利法译本，巴黎, Les Belles Lettres, 2002年, 211页:"如果我没有找到生下我的人, 生活对我来说是十分困难的。如果我可以表达一个心愿, 那么但愿那个女人是一个雅典人, 为的是能够从我的母亲那里获得自由说话的权利。如果一个外国人进入一个城市, 他的出身没有污点, 即使法律让他成为一位公民, 他的舌头仍然将是一个奴隶, 他并没有说出一切的权利(kai ouk echei parrêsian)。"

9 欧里庇得斯,《希波吕托斯》, 421–425行诗句, 参见《悲剧集》, 卷二, L. 梅蒂尔法译本, 巴黎, Les Belles Lettres, 1960年, 45页:"啊! 但愿他们拥有自由人的坦率直言, 居住在繁荣的名城雅典, 以他们的母亲为荣耀! 因为即使是一个勇敢的人, 当他意识到母亲或者父亲的过失, 那么这个人就是一个奴隶。"

10 埃斯基涅斯,《反驳蒂马克》,《话语集》, 卷一, G. 德·布德(G. de Budé)和V. 马丁(V. Martin)法译本, 巴黎, Les Belles Lettres, 2002年, 18–86页。福柯在对parrêsia的分析中评论这篇文字, 这是唯一的一次。

11 伊索克拉底,《论和平》, 14, 参见《话语集》, 卷三, G. 马修(G. Mathieu)法译本, 巴黎, Les Belles Lettres, 1960年, 15页。

12 伊索克拉底,《论刑事法庭》, 20, 参见《话语集》, 卷三, G. 马修法译本, 巴黎, Les Belles Lettres, 1960年, 68页。福柯没有引用这句话的最后部分。我们恢复整句引文, 以便使它变得完全可以理解。

13 伊索克拉底,《致尼古克里斯》, 2–4, 参见《话语集》, 卷二, G. 马修和É. 布赫蒙(É. Brémond)法译本, 巴黎, Les Belles Lettres, 1956年, 98页:"有很多因素有助于个人的教育: 首先是没有奢侈, 每天都必须想到自己的生计; 其次是制约每个人在社会上生存的法律; 再有言论自由(parrêsia), 公开地允许朋友们能够相互指责, 让敌对者们能够因为他们所犯过失而相互攻击; 最后, 在从前的诗人当中, 有些人留下了关于生活行为的建议。所以, 借助于所有这些资源, 人们当然就能改善他们的本性。君主们则相反, 他们完全没有这些东西, 他们必须接受一种比他人更为讲究的教育, 一旦他们获得权力, 他们继续自己的人生, 却听不到任何劝告。因为大部分人不会接近他们, 而他们的朋友们和他们打交道仅仅是为了取悦他们。"

14 尼古克里斯是塞浦路斯的萨拉米斯僭主埃瓦戈拉斯的儿子。

15 伊索克拉底,《致尼古克里斯》, 28, 同前, 105页。

16 柏拉图,《法律篇》, 卷三, 694a–b,《柏拉图全集》, 卷十一–1, É. 德·普莱斯(É. des Places)法译本, 巴黎, Les Belles Lettres, 1975年, 35–36页:"早在居鲁士时代, 波斯人更按照服从和自由的某种合适比例而生活, 他们首先变得自由了, 然后他们成了很多其他人的主人。事实上, 由于司令部授予下属一部分自由, 并承认他们之间的平等, 于是在士兵和将军之间产生了更多的友谊, 人们表现勇敢, 不惧危险, 就像国王没有

254   猜忌地允许他们直言不讳（didontos parrêsian），并敬重那些能够对某件事提出自己看法的人，而他们当中的任何谨慎之人，有好的想法的人都能用自己的能力和才能服务于所有人，以至于在那个时候，他们的所有事情都繁荣昌盛，而这得之于自由、团结和观点的一致（di' eleutherian te kai philian kai nou koinônian）。"

17   柏拉图，《高尔吉亚篇》，486d–487a，《柏拉图全集》，卷三–1，A. 克鲁瓦塞法译本，巴黎，Les Belles Lettres，1972年，166页："—苏格拉底：加利克里，如果我的灵魂是金子做的，那么找到一块试金石来检验（basanizousin）金子，你能不相信我感到幸运吗？一块尽可能完美的试金石，我让自己的灵魂去碰撞它，如果它也同意我去检验我的灵魂是否受到良好的关怀，那么我就可以确信我的灵魂处于良好状态，而不再需要别的检验了（kai ouden moi dei allês basanou）？—加利克里：苏格拉底，你的问题用意何在？—苏格拉底：我这就告诉你：事实上，我在你身上就发现这一珍贵的宝贝。—加利克里：此话怎么说？—苏格拉底：我能够确信，你同意我对我的灵魂的看法，那么你所赞同的东西，那就是真实的。实际上我思考过，要检验一个灵魂是好还是坏，必须拥有三个品质，即知识（epistêmên）、善意（eunoian），还有说真话（parrêsia）。"

18   普鲁塔克，《政治箴言》，参见《道德论著》，卷十一–2，J. –CI. 卡里埃（J. –CI. Carrière）和M. 库维涅（M. Cuvigny）法译本，巴黎，Les Belles Lettres，2003年。

19   菲洛斯塔特，《提亚纳的阿波罗尼乌斯的一生》，《希腊和拉丁故事》，P. 格里马（P. Grimal）法译本，"七星文库"，巴黎，Gallimard，1958年，1025–1338页。

20   参见米歇尔·福柯，《加州大学伯克利分校法系研讨论会》，同前，172页："佛教主要……是一种自我的技术，而远不是一种宗教，远不是一种狭义的道德。"关于禅和佛教修行技术，及其它们相对于基督教技术而言的特性，参见米歇尔·福柯，《哲学舞台》，和M. Watanabe的谈话，参见DE2，文章编号234，592–593页；《米歇尔·福柯和禅：在一家禅院的逗留》，谈话由C. 波拉克（C. Polac）整理，参见DE2，文章编号236，261页；《性和孤独》，同前，991页；GV，183页；OHS，67–68页。关于"东方"色情艺术及其与西方性科学的逐项对比，参见VS，76–84页；米歇尔·福柯，《西方和性真相》，参见DE2，文章编号181，104页；《性与权力》，和C. Nemoto和M. Watanabe的谈话，参见
255   见DE2，文章编号230，556–557页；《加州大学伯克利分校历史系研讨论会》，参见CCS，145–146页。

21   佩雷格里努斯于公元165年去世。关于佩雷格里努斯这个人物的更多细节，参见CV，167，180–181，233–234页。

22   萨摩萨塔的吕西安，《关于佩雷格里努斯之死》，18，参见《哲人画像》，同前，293页："他由此受到培训，他于是向意大利航行。他一到意大利就开始辱骂所有人，尤其是辱骂皇帝，他知道皇帝非常仁厚和宽容，因此他的大胆并无危险。皇帝理所当然地对

他的辱骂不予关注，尤其不愿意因为这些话而惩罚这么一个披着哲人外衣，特别是以骂人为业的人。这就进一步强化了这个人的名声，不管怎么说，对那些无知者来说就是这样：他因为自己的胡说八道而成为名人，直到有一天，当他正在过于陶醉于这种态度的时候，一位明智的城邦行政长官让人将他驱逐，他宣称城邦并不需要这样一位哲人。结果更加提高了他的名望。所有人的嘴里无不念叨着这位哲人的名字，他因为其坦率及其过分的放肆直言而遭到驱逐（dia tên parrêsian kai tên agan eleutherian），人们把他和穆索尼乌斯、迪翁、爱比克泰德，以及所有可能处于类似处境的人相提并论。"

23　萨摩萨塔的吕西安，《德莫纳克斯的一生》，3，参见《哲人画像》，同前，9页。参见CV, 155–156, 184–185页。

24　菲洛甸，《论说真话》，A. 奥利维意丽(A. Olivieri)编，莱比锡，Teubner，1914年。

25　福柯指马塞洛·吉甘特(Marcello Gigante)的研究，尤其是《菲洛甸论自由说话》，同前。

26　普鲁塔克，《辨别诡媚者和朋友的方法》，参见《道德论著》，卷二–2, J. 西里内利(J. Sirinelli)法译本，巴黎，Les Belles Lettres，1989年，84–141页。

27　在福柯所指的这些塞涅卡的信件当中，可能有第75封信。1982年3月10日第二小时，他在法兰西学院讲授《主体解释学》一课时曾经详细评论过这封信，他在格勒诺布尔大学论"说真话"的演讲中也对它作过评论。参见HS, 384–389页，以及米歇尔·福柯，《说真话》，同前，52–55页。

28　G. 斯卡帕，《"说真话"一词在拉丁文中的翻译》，布雷西亚，Paideia，1964年(新版为增补修订版：《古希腊的说真话和基督教的说真话》，布雷西亚，Paideia，2001年)。

29　福柯搞错了：G. 斯卡帕并不是神父。

30　G. 斯卡帕，《塞涅卡的宗教思想和犹太及基督教环境》，布雷西亚，Paideia，1983年。

31　调侃暗指研讨班是在一次符号学会议范围内进行的。

32　普鲁塔克，《辨别诡媚者和朋友的方法》，52A–F，同前，91–92页。福柯在读完这篇文字后，他要求听众再读一下关于说真者四个标准的最后一句话，他将很快评论这些标准。

33　尤其参见修昔底德，《伯罗奔尼撒战争》，卷六，15，以及卷八。

34　参见塞涅卡，《论灵魂的平安》，4–15，参见《对话录》，卷四，R. 华尔兹法译本，巴黎，Les Belles Lettres，2003年，72–74页。参见本书法语原版118页，注释48。

35　让·卡西安，《修道制度》，I，同前，35页。

36　参见本书法语原版187页，注释2。

256

第四课

我们今天应该从盖伦开始。[之后]如果你们愿意的话，我也许还会谈论一下塞涅卡[1]。然后，每个人都可以自由发言，也许可以从直接涉及研讨班的问题开始，之后是关于演讲的问题……再后来是关于世界的问题，关于真相的问题，当然都是没有答案的！

我想你们已读过盖伦的这篇文章，或者你们至少都有该文的复印件[a]。[b]

鉴于错误来自错误的观念，而偏激来自非理性的冲动，我认为必须首先使自己摆脱偏激。我们也有可能因为偏激而形成某些错误观念。因此，灵魂的偏激——所有人都知道这一点——就是狂热、愤怒、恐惧、悲痛、欲望或者过分的情欲。依我看，过分地偏爱或者仇视某种东西，不管是什么东西，这也是一种偏激。"中庸之

---

a 和福柯评论的其他文字相反，他这次并未让一位听众来阅读盖伦的文字，听众被认为已经读过这篇文字，并且该文的复印件就在他们面前。在我们看来，似乎有必要在福柯对此文评论之前全文引用这篇文字。

b 可能因为福柯的嗓子嘶哑，他补充说："我就像玛琳·黛德丽（Marlène Dietrich）"，一位听众回答道："您在那儿像一只青蛙。"

道为最佳"，这一谚语看来是正确的，因为任何没有分
寸的东西都是不美的。如果没有首先意识到偏激，那又
如何消除它们呢？然而就像我们刚才所说的，不可能意
识到它们，因为我们过分地自爱。不过，如果这一理由
不允许你评判你自己，它还是允许你去评判一个你既不
爱，也不恨的人。所以，如果你听说城邦里有某个人 [他
既不会爱，也不会恨]ᵃ，许多人都称赞他，因为他没有谄
媚任何人，那么你就去和他交往，并根据你自己的经验
去判断他是否如人们所说的那样。如果你首先注意到他
不断到富裕之家，到豪强之家那里去，甚至到君主们的
家里去——因为谄媚之后就是欺骗——然后你看到他向
这样一些人致意，陪伴这样一些人的左右，和这样一些
人吃喝，那么要知道，他是一个真诚之人的名声绝对是
虚假的。实际上，当他选择这样一种生活，他不仅不是
真诚之人，而且他必然染有所有恶习，因为他追求财富、
权力、荣誉或者荣耀——不管他是同时追求这一切，还
是分别追求它们。相反，如果一个人既不向富人或最有

258

---

a 方括号中的文字被某些人视为添加文字，并未出现在福柯评论的英译本当中。

权势之人致意，不陪伴他们的左右，也不和他们吃喝，他过着有规律的生活，那么你就希望他是一个真诚之人，你就要努力去进一步了解他，去知道他是什么人——这是多年交往才能得到的结果。如果你发现他就是这样的人，那么你就安排一次和他单独交谈，并请他立刻告诉你，如果他注意到你身上有上述偏激中的一种，因为你会非常感激他，把他视为救命恩人，胜过他从某种疾病中拯救你的身体。如果他答应你，会给你指出你在什么情况下正受制于上面说到的某种偏激，然后他在和你相处几天之后，却并没有对你说任何什么，那么你就责备这个人，并再次更加诚恳地请他一旦他看到你正带着偏激在做什么事情，便立刻对你指出。如果他回答你说，他在此期间什么也没有说，因为他从来就没有看到你以偏激方式行事，那你就不要立刻相信他，也不要认为你已成为一个没有错误之人。你不妨想一想是否有如下原因中的一种：或者被你请来的朋友因为漫不经心而未予关注，或者他出于谨慎而保持沉默，避免指责你，或者他知道，可以说所有人通常都憎恨那些说真话之人，他不想被人憎恨。如果不是因为这些原因，也许他保持沉

默是因为他不想帮你的忙，或者［可能］出于某个我们 259
不能赞同的其他原因。事实上，你不可能不犯错误。如果
你观察所有的人，看到他们每天犯下上千错误，并在偏激
状态中行事，可他们自己没有注意到，那么请你现在就相
信我，你以后会称赞我的。因此，你也不要认为你不是人，
而是别的什么。如果你相信你在所有方面都按规矩行事，
甚至不是在整整一个月当中，而仅仅是在一天之中，那么
你就可以认为你已经超出了一个人的水准！

如果你喜欢反驳——不管你变成这样的人是出于选
择，或者出于某个卑劣的习惯，或者你在秉性上就是一
个喜欢吵架之人——也许你会说，按照我现在提供的论
据，智者超出了一个人的水准。请你把我的论据和你的
这一论据相对照，我的论据有两点：第一点就是唯有智
者才能在所有方面免于犯错，第二点由第一点引起，那
就是如果智者能免于犯错，那你就不要成为这种关系下
的一个人。所以你会听到最古老的哲人们说，智慧被视
同神灵。但是你，你永远也不会突然间变得能够和神灵
相提并论。如果我们不相信那些终身致力驱除偏激的人
完全达到了目的，那么这一点尤其对你有用，你从来就

没有致力这样做。所以如果有人对你说，他从未看到你在偏激状态中行事，你就不要相信他；宁可相信他之所以这么说，或者因为他不想为你效劳，或者因为他不愿意关注你的错误行为，或者因为他想避免被你憎恨。也有可能他曾经看到你斥责某个人，而此人可能指责过你的错误和你的偏激，那么非常自然，他会保持沉默，当你说要知道你的每一个过失，他并不相信你是真诚的。如果在开始的时候，你愿意默默地摆脱你在偏激状态中犯下的过失，那么你稍后就会发现很多人准备真诚地纠正你的行为，这更胜于你感激帮你摆脱过失而指责过你的人。深入地检查一下他对你的指责是真诚的还是虚假的，你将会感受到一种莫大的好处；然后你就继续这样做，那么你就会成为你真正愿意成为的人：一个好人。

260 　　所以开始的时候，即使在深入考察之后，你发现别人对你的指责是错误的，其指责令人恼火，你也不要试图坚信你没有犯过错误，相反，你的第一个沉思主题应该是忍受你的恼怒。之后，当你注意到你的偏激在相当程度上受到抑制，那么就试着针对使你恼怒之人为你辩护，但绝不要表现出严厉，也不要显得专断或者吹毛求疵，不要试图去贬低他，但只要看到对你自己的好处。如果他以某种合乎情理的方式回答你的反驳，或者你将坚信他的认识优于你，或者你在深入考察之后发现你并未犯过他指责你的东西。至少芝诺认为在任何情况下都要有把握地行事，就像我们随后要面对施教者为自己辩护：他用"施教者"来称呼那些如此众多的人士，这些人时刻准备指责他们的亲近之人，尽管没有任何人让他们这样做[2]。

我所能够做的，就是给你们说一下我对这篇文字的感受。我认为它明确探讨了 parrêsia 的问题。盖伦在这篇文章中并未使用 parrêsia 这个词，但这里涉及的显然就是我们已经遇到过的问题，比如普鲁塔克在探讨谄媚时我们已经看到过。我们回忆一下：问题在于如何区别一个真正的说真话者和一个不过是谄媚者的人？我想盖伦这篇文字的开头部分回答了，或者他试图回答如下问题：如何认出一个真正的说真话者？这篇文字中令人感兴趣的就是它非常简单，它没有那些过于伟大的，或者表面上没有那些伟大的哲学意图，它被认为回答了一些非常实际的问题：如果您想关注您自己，如何找到一个能够帮助您的人？尽管这是一种非常就事论事的分析，这篇文字的哲学背景还是令人感兴趣的。

第一点，［盖伦］有两篇文字，一篇专注于诊断和治疗偏激，另外一篇专注于诊断和治疗谬误。专注于偏激的文章就是《论诊断和治疗每个人灵魂中特有的偏激》，你们手上的复印件文本就是我从这篇文章中选取的，盖伦写这篇文章是为了回答伊壁鸠鲁派关于偏激的一篇论文。伊壁鸠鲁派的论文是由安东尼奥斯所写，文章未能保存下来，现在已经遗失。我们不知道这篇论文的内容，但有趣的是，盖伦对这篇论文进行反驳，即在安东尼奥斯的分析中，他所谓"避免和预防偏激"这一用语的含义并不清楚。盖伦说，安东尼奥斯说要避免和预防偏激，但在这篇伊壁鸠鲁派的论文中并没有清楚的分析，对警惕、诊断和纠正并无明确的区分[3]。这就是说，盖伦认为，警惕和预防偏激在于三个独特操作：［首先］警惕是指人们始终不懈地对自己和自己的偏激保持警惕；［其次］诊断的独特操作在于辨别哪些是人们为之痛苦的偏激，这些偏激的症状是什么，这些偏激的原因是什么，等等；最后，纠正就是治疗本身。一种态度，一种诊断操作，一种纠正、改正和治疗方法等。必须区分这三个步骤。你们在盖伦的这篇文章中可以看到这一区分。这是第一点。

第二点，我想你们可以在文章的背景中看到三个始终存在的重要观念。第一个观念就是偏激和错误是相互不同的东西，偏激是错误的根源。这两个原则，即偏激和错误的区分（偏激不是错误，错误不是偏激），以及偏激是深部原因，偏激是过失的根源这个观念，这两个观点，至少就像你们当中某些人所清楚知道的那样，它们完全和斯多葛派的主要观点，和斯多葛派的主要原则相反。至少在早期斯多葛派哲学中，你们知道，偏激和错误并无区分，而我们称之为偏激的东西，也就是灵魂的非理性波动——这是斯多葛派哲学对偏激的标准的、经典的定义——它是错误的结果。在这里，尽管盖伦受到斯多葛派哲学的很大影响，你们还是看到两个观点，你们也可以在斯多葛派的晚期形式中看到它们。不管怎么说，正如你们看到的，作为早期斯多葛派特征的理智观点在此消失了：偏激的领域非常不同于错误的领域，偏激的领域如此根深蒂固，威力如此强大，以至于它才是错误的真正根源。这是第一个观念。第二个观念、第二大原则就是：如果偏激并非错误，如果偏激是错误的根源，尽管如此，认识对治疗偏激是必需的。这一点应该是非常明确的，因为我认为关于这两个观念时常会混淆。偏激可能独立于错误，这是

262

完全可能的，偏激可能构成一个并非错误领域的独特领域，并且人们不仅需要真相来治疗错误，而且还治疗偏激。真相当然就是针对错误，当然也是针对偏激的一种普通疗法。真相是针对错误的疗法，认识和真相是针对偏激的疗法，这两者的方法显然是不同的。针对错误，真相只能通过驳斥错误而成为一种疗法和一种治疗。对偏激来说，真相可以是一种治疗，这是在如下意义上，即偏激能够通过认识自己 (gnôthi seauton) 来治疗。认识自己是一种手段，真相通过这种手段可能成为一种针对偏激的疗法。这是你们可以在这整篇文章中看到的第二个观点。第三个观点就是这种自我认识如果没有某个他人的帮助是绝不可能的。您不能通过您自己来认识您自己，您总需要依靠某个他人。您之所以需要某个他人来认识您自己的原因就是：自爱，对您自己的爱使您变得盲目，看不到您自己的过失。认识自己的必要性和自爱相关，这也是一种非常重要的东西。你们在苏格拉底或者柏拉图的观念里看不到这些，你们甚至在斯多葛派的早期表述中也看不到这些，这是在斯多葛派的中期和晚期形式中发展起来的一个主题。所以，偏激和错误的区别；真相作为疗法，同时作为针对错误和偏激的疗法的必要性，但以自我认识为形式来治疗偏激; 还有一个事实就是自我认识需要某个他人的帮助, 原因是自爱阻碍了自我认识。我想这些就是这篇文字背景中的主要方面。

在复印的文字中, 我自己标出了若干因素——我们之后可以讨论——我认为这些因素相当重要。这篇文字是这样开始的——"鉴于错误……", 等等: 问题在于这些关系, 在于区分错误和偏激, 由于偏激是根源, 它们是我们由此形成错误观念的原因。"如果没有首先意识到有偏激, 那么又如何消除它们呢?": 必须认识自己以便治疗偏激。"然而就像我们刚才所说的, 不可能意识到它们, 因为我们过分地自爱。": 自爱和认识自己的关系, 作为自爱的疗法的自我认识。"不过, 如果这一理由不允许你评判你自己, 它还是允许你去评判一个你既不爱, 也不恨的人。": 我想稍微强调一下这最后一句话。这种自爱阻碍您评判您自己, 不过, 它当然不会阻碍您去评判他人, 评判"你既不爱, 也不恨"的他人。这一点是有趣的, 因为你们或许还记得, 在柏拉图那里, 在《阿西比亚得篇》中, 也在塞涅卡那里, 或许还在普鲁塔克那里, 不管怎么说, 在大部分这样的文字中, 你们都会看到一个观念, 即自我关注需要某个他人的帮助, 但这个

264

为自我关注所需要的他人必须是一位朋友，他应该和被认为是 [被指导]ᵃ 的人具有感情上的关系，而 philia（友谊）就是自我关注中帮助的必要背景。他人的角色和友谊相联系。这种友谊可以爱，以爱欲（eros）为形式，或者仅仅是通常意义上的友谊。而在这里，你们看到了，在两个合作者之间，在指导者和被指导者之间必须存在某种情感上的中立。据我所知，这是第一次提及你们看到的情感中立。你们以后在基督教修行中会看到它，但在古代，我想这篇写于 2 世纪末的文字是相当新颖的，如果你们把它和通常的观点相比较的话，通常的观点就是友谊、友爱和情感关系对自我关注来说是必需的。我应该说，在爱比克泰德那里，你们既看不到友谊或者爱欲是必需的这样一个观念，也看不到情感中立这一观念；不管怎么说，我不记得有任何什么涉及情感关系或者情感中立的必要性。

在这篇文字中，自我关注和友谊的关系告缺，我们能够就此说些什么呢？首先，这种告缺当然可能和友谊的消失相联系，友谊曾经作为文明以及古代文化中一大主要社会关系

---

a　福柯说："指导"。

和一大主要情感体验。友谊和它的社会作用、它的政治作用、它的情感作用的消失是一件非常重要的事情，也许我们在此看到了这一重大消失的一个征兆，这一消失在此整个文化中具有很大的重要性⁴。可能还有一个事实，即人们可以在这个时代感受到自我关注的职业化。自我关注越来越成为专业人士、哲人和教师等人的事情。但我想这样说的时候应该非常谨慎，因为正如你们很快就会看到的，选择指导人并没有职业上的标准。因此，友谊的消失，我想这是非常明显的，而职业化在这篇文字中并不十分明显。

"所以，如果你听说城邦里有某个人［他既不会爱，也 265不会恨］ᵃ，许多人都称赞他，因为他不会谄媚任何人，那么你就去和他交往，并根据你自己的经验去判断他是否如人所说的那样。"正如你们所看到的，我认为这非常有趣、非常新颖，我在这个时代的任何文字中都没有看到过这个观点，即当您需要某个人来帮助您关注您自己，您应该到您不认识的人中间去寻找他。［您应该去寻找他］，但不是在您的朋友当中，不是在您的亲戚当中，不是在您认识的人当中等。您应该在

a 方括号中的文字并未出现在福柯评论的英译本当中。

城邦中寻找一位有此优点的人。这是一件相当奇怪的事情，这也是我选择这篇文字的一个原因。正如你们看到的，您所寻找的这个人将是您的导师，您必须评判他，您必须考验他，您必须核实他的才能，这也是非常有趣的一件事情。你们还记得，比如爱比克泰德，他就拒绝成为某些年轻人的导师，这些人来了，可他们的行为使爱比克泰德不愿认他们为学生，他不愿意关注他们。爱比克泰德要求他的弟子们用他们的态度，用他们的能力来证明他们能够被他指导。而在这里，情况正好相反。盖伦建议被指导者考验 [导师]。我们在此非常接近普鲁塔克在一篇文章中说过的话，我们昨天已经谈论过这篇文章，即如何辨别谄媚者和说真话者。但你们看，在普鲁塔克那里，问题仅仅是辨认 parrêsia 的若干符号。而在这里，在导师或者可能的导师和被指导者之间存在某种真正的游戏。被指导者安排一系列考验，为的是知道导师是否真的值得对他感兴趣，是否能够信任他。我认为这一点也非常有趣。当你们看到被指导者，或者那个要成为被指导者的人对导师进行考验，你们看到问题并不涉及导师的职业才能，完全没有说到他对灵魂、对身体、对人性等的认识，对他作为哲人什么都没有说。唯一的问题就是 parrêsia 的问题，就是坦率直言的问题，以及所有对坦率直言的考验。而对坦率直言的考验涉及这个人与富人，与权势者打交道的为人，他是否追求财富、权力、荣耀、名声等。导师的社会行为就是对他的 parrêsia 的真正考验。没有任何关于才能，关于哲学训练的东西。于是你们就看到这种相当奇怪的情况：某个人在和他没有个人关系、没有情感联系、没有情感关系的人当中寻找一个他并不认识的人，但这个人享有说真话者的名声，然后他提出对这个人进行一系列考验，并建议要这个人成为他的说真话者："[……] 因为你会非常感激他，把他视为救命恩人，胜过他从某种疾病中拯救了你的身体。"于是就像你们看到的，在此情况下发生在两个合作者之间的，就是某种服务（officium）关系在他们之间建立起来，被指导者答应会把导师为他做事情看作一种 officium，即一种服务。报酬问题并未提出，但这篇文章当然会使人这样假设，总之，关于被指导者给导师报酬的互惠关系，这里并无任何非常确切的说法。

我想强调的第三点就是，由被指导者向导师提出的问题是非常确切的：首先就是我是什么人，或者我是谁？如你们看到的，被指导者几乎没有什么东西可说的。他说很少的东西：他说他需要一个人，他要求获得导师的帮助，他就他自己说得很少，但这就够了。在此之后就是义务，就是导师告诉被指导者他是什么人这一任务，这显然非常不同于我们在基督教修行中看到的情况。

最后一点当然就是这个事实，即对自己的怀疑在整篇文字中占据主导地位，我们以后可以进行讨论。导师和被指导者之间的整个游戏即由这一主题所主导。如果导师宣称，您没有过失，您身上没有任何不好的东西，那么您就应该怀疑他。如果您的导师说您没有任何不好的东西，他不可能是有道理的，因为不管怎么说，您在犯错误，您有过失，您有偏激等。只要您的导师对您说，您犯错了，您有偏激等，那么您就应该信任他，但如果他对您说，您没有偏激，那么您就要怀疑他，因为您应该终身怀疑您自己。盖伦就智者所说的话，智者被认为没有偏激，也不犯错，这一点非常有趣。我不知道你们是否注意到这一较短的段落，他在其中说，智者当然并不犯错，他完全没有过错，但智者并非人类；他并非人类，因为他是神或者他接近于神。因此，就您是人类而言，您就有偏激，您就有过错，于是在您和导师之间的游戏就是："请告知我所犯的过错，请告知使我痛苦的偏激。如果你对我说，我没有犯错，我也没有偏激，这就是说你对我不感兴趣，或者你害怕我会对你生气，因为你对我说出了我的过失。"还有一点也是有趣的，就是当盖伦假设导师错误地或者不正确地指责被指导者，而被指导者也清楚地知道对他的指责是错误的。这段文字说：不管怎么说，即使导师说的话是错误的，您受到不公正的指责，但这对您仍然是一次非常好的考验。这个观念，它实际上非常接近于你们在基督教修行中看到的某个观念，我认为它在古代传统自我文化中是某种非常少见的东西 [a]。

关于这篇文字，我不想再说什么了。这篇文字非常奇特、非常古怪、非常深入地扎根于当时的斯多葛派背景之中，也就是扎根于斯多葛派的最后形式之中。它深深地扎根于斯多葛派之中，但又有若干方面非常少见，我认为这些方面非常接近于后来基督教修行中自我关注的主要特征或者某些主要特征。无论如何，我认为这一类关系的技术和实践画面是有趣的。

听众：是否可以说，在基督教中存在友谊关系和刚才说到的

268

---

a　我们没有采用福柯对盖伦这篇文字的英译本的一个看法。

中立观察的结合？这是在如下范围内说的，即人们对之忏悔的那个人在隐喻意义上就是父亲或兄弟，他在实际上又是中立的观察者。

福柯：我想以下说法更为可取，即在基督教当中，philia（友谊）关系更是忏悔者和上帝之间的关系，或者至少是忏悔者和基督之间的关系，而中立则是忏悔者和听忏悔的神父之间关系的特征。但不管怎么说，在 16 世纪和 17 世纪，以及反宗教改革的天主教灵魂救治中，你们可看到大量的材料，它们都参照了修行友谊，或者参照了修行友谊的问题。这种实践非常重要，影响很大，但我们并没有关于它的特别信息。但我想在忏悔本身当中并不存在友谊。友谊更存在于作为上帝和人的媒介的基督那里。

有没有关于这篇文字的提问？你们对这篇文字有什么反应？没有人感到吃惊？

听众：我认为我们看到的不仅仅是自我关注的某种变化，而且还是和他人关系的某种变化。中立取代了友谊。

福柯：这里涉及一个重大问题。我曾说过友谊的消失。并不是消失，而是友谊失去了它的一部分背景，失去了它的一部分社会基础等，我想基督教伦理和基督教社会的一大重要问题就是给友谊找到一个位置和作用。当然，基督身上的博爱，教会内的博爱也是给友谊某种地位的方法，但友谊作为个人的、有选择性的关系——因为是某个人的朋友就意味着不是其他人的朋友——友谊的个人和有选择的特征，这一点非常不同于和所有基督徒，或者甚至和教会中任何人的普通博爱。友谊不是某种团体的结构，而是一种个人的结构，基督身上的博爱则具有一种团体的结构。因此我认为基督教和这一友谊存在很多的问题，可以很有趣地看到，在早期基督教关于修道院的文献中，人们多么为修士之间的友谊问题而感到困惑，或者为导师和被指导者之间的友谊，为老修士和新修士之间的友谊，为新修士之间的友谊问题而感到困惑。你们会看到，因为友谊问题而发展出对后来所谓同性恋的非常明显的怀疑。关于这一点，我真的不同意博斯韦尔（Boswell）就基督教和同性恋所写的东西[5]。在 10 世纪之前——按照博斯韦尔的看法——的确并没有在法律上禁止基督教中的同性恋。[但] 在修道院的结构中，你们可看到关于这一切的非常明确的文字，关于友谊的这一地位问题的非常有趣的文字，

269

[还涉及是否在 10 世纪和 12 世纪之间在此领域中发生变化的问题]ᵃ。

听众：以前似乎相当明显，即双方都有兴趣，不仅被指导者一方，还有导师一方。但在盖伦这篇文字中，我在想什么可能是导师的兴趣。

福柯：是的，在这篇文字中，这一点非常模糊。您一方面看到了某种中立，它似乎参照了指导的某种职业化，但关于导师的职业地位什么也没有。这篇文字中唯一的一段 [就是这一句]："你会非常感激他，把他视为救命恩人，胜过他从某种疾病中拯救了你的身体。"这里似乎在参照治疗实践。正如你们所知道的，希腊社会中的医生并不像今天这样获得报酬：他被认为仅仅出于友谊或者出于社会责任才出手相助，人们当然会给他送礼。这一关系类型（中立、职业化、报酬和礼物）由此看来是不言而喻的，但关于个人的才能什么也没有说。关于这一点，你们可在同时代的斯多葛派的文字中看到一个观点，即唯有哲人才是优秀的谋士，不应该相信任何其他人。[而在此] 完全没有这些。看来唯有 parrêsia 才是

---

a 推测；这一部分很难听清楚。

这种关系的一个要求。这篇文字的基本结构就是这样。

听众：提供这类服务的人，他的动机可能是什么呢 [a]？

福柯：我们无法看到任何动机。你们当然知道，在希腊—罗马社会中，关系是建立在服务之上的，也就是说，一个人帮助另一个人去获得某种荣誉或者取得婚资或者买房，诸如此类的事情。一个传统就是个人间的关系可以建立在这种纯粹的实用关系之上，并且 [包含着][b] 某种互惠性。较之于当时的某个人来说，这一点在我们看来当然是更加奇怪的事情，不过这的确相当奇怪。

听众：治疗的比喻贯穿了所有这些文字，什么是这一比喻的含义？

福柯：是的，那是自柏拉图，自德谟克里特之后。我想德谟克里特被认为是第一个这样说的人，即他说偏激应该被当作疾病来治疗。您问我这一比喻为什么被使用吗？

---

a　推测；该提问有一部分听不清楚。

b　推测；这一部分听不清楚。

听众：它的含义是什么？

福柯：您所谓的含义是什么意思？因为事实上要探讨这个问题——为什么有这个比喻，不仅是这个比喻，还有为什么在自我关注和医疗护理之间有这种相近关系？——这在我看来不是用几句话就能回答的一个问题。我想我们应该考察希腊医学的整个历史，考察自我关注的历史和希腊社会的历史等。这是一个巨大的问题。我想这其中有趣的是，自公元 1 世纪或 2 世纪以来，治疗机构和自我关注之间的关系变得越来越密切，这有几个原因。一个原因就是医学的社会、文化、科学重要性在罗马帝国最初几个世纪非常明显地强化了。譬如，希腊医学的作用在帝国初期就是某种使人感受非常深刻的东西。正如你们所知道的，罗马帝国有公共医学治疗，它受到公众文化的支持。帝王们 [保护]ᵃ 这种医疗政策。你们也看到了，人们对他们自己生活中的这个方面越来越感兴趣。体育和这些身体练习的重要性下降了，譬如，帝国时代的罗马年轻人几乎不再进行这类练习——而体育对希腊人来说曾经具有多么大的重要性——他们现在执着于他们的健康。塞涅

---

a 推测；这一部分很难听清。

卡的情况就是这样。人们看到，比如爱比克泰德就说，他的学校实际上是一个诊所（iratreion），一个治疗诊所。他不愿意人们为了学习什么东西才来此学校，他们应该为了治愈什么疾患而来此学校[6]。我想在医学和哲学之间的这种相近关系，就帝国的哲学是一种自我关注而言，它在某种程度上被基督教所中断，因为基督教认为神父的作用就是关注人们的灵魂 [……][a]。不过，这并不是对整个问题的一个回答。

听众： 如果导师可以说一些并不真实的东西，那么治愈这一概念意味着什么呢？

福柯： 不管怎么说，导师说出某些并不真实的东西，这不是出于某个坏的理由或者某个坏的动机。或者他认为所说的东西是真实的，[可这是一个错误][b]，他没有责任问题，或者他说出某些并不真实的东西是为了考验被指导者。这是可能的，因为就像我昨天给你们说的，parrêsia 是一门艺术，是一种技术，您能够借助于它，并可自由地对您所关注的人采取有用的方法。您应该选择场合，您应该缓和您的某些判断——

272

---

a　这里有若干词听不清楚。

b　推测；这一部分很难听清。

这是 parrêsia 艺术中很平常的事情——有时候您应该非常严厉，而有时候您又应该非常温和。总之你们可以设想，导师，即使他是一位说真话者，他为了考验被指导者会说一些过于严厉，而且并不完全符合实际情况的话。不管怎么说，这在基督教修行中，至少在早期基督教中是经常发生的。于是你们就会看到，导师会给被指导者提出一些完全荒谬的提议，而被指导者却服从了。譬如有一个著名的考验，神父让的一个著名考验——我想是他，我记得不太清楚——当他还是一位新修士的时候，他的导师就强迫他每天去浇灌插在沙漠地里的一根木棍。他必须每天浇灌木棍。一年之后，导师对新修士发怒了，因为木棍上没有花。于是第二年新修士被迫每天浇灌木棍两次，就在第二年末，一朵玫瑰花开了[7]。所以，导师可在某些情况下说出某种错误的话，给被指导者下一些荒谬的命令，这在我看来并不是 parrêsia 反例，这是一位真正的说真话者的一种行事方法。

听众：对希腊人来说，在世界上，在自然界，在带有医学症状和感觉的身体内等，到处都存在需要通过解释（hermeneia）来加以说明的符号。似乎存在为身体、言语和世界所共有的

某个隐蔽的、假设为真的东西（suppositum）。主体通过您所
谈论的东西，如自我认识、自我关注和parrêsia的义务就在此
假设为真之物的基础上形成。我在自问我的解释是否正确，
以及假设为真之物的性质是什么。

福柯：我不知道是否完全把握了您的提问。无论如何，您说
得完全正确，譬如在医学上存在符号和症状，而人们为了保
养身体而使用符号和症状等，还使用文字；解释就是技术，
有可能借助于此技术来揭示隐藏在符号之下的真相。但我想
这种解释的模式，这一切的模型完全不是某个符号体系的观
念。譬如对我们来说，非常清楚，我们的解释学的主要模式
就是言语，事实就是我们拥有我们所使用的字面符号。但我
认为希腊解释学的模式完全不是语言学的，完全不是符号学
或诸如此类的东西。问题仅仅在于这样一个事实，即神谕必
须被解释。我想神谕，神谕的宗教体验，这是一种关键的体验。
神谕并不使用符号，它只是说了神秘难懂的东西。关系就在
神秘和光明，在被说出的神秘之事和被掩盖的实在之间，被
掩盖的实在就通过晦涩的话语被说出来。这种模式——从神
秘到被掩盖的实在——和符号[模式]并不完全是同一回事。

273

不过在某个时候，希腊人当然开始发展出一种符号理论、一种医学符号理论或者斯多葛派的一般符号理论，语法学家们也发展出 [一种]ᵃ。但我想关键的体验是神谕，更甚于言语和符号体系。我不知是否回答了 [您的提问]ᵇ。

听众：这和我随后涉及的一点完全吻合。我同意您所做的区分。重要的时刻就是当这种解释和符号相接触的时刻ᶜ。

福柯：你们当中有人读过阿特米多鲁斯（Artémidore）的《释梦》⁸，即一本解梦的书吗？没有人？阿特米多鲁斯是一位希腊作者，也许是一位医生——没有人确切地知道这一点——他在 2 世纪末写了一本解梦的书。正如你们所知，在希腊，也在罗马，解梦是一件非常普遍的事情。一个事实就是没有一篇文字被保存下来，而当时这样的文字却很多。它们都遗失了，唯有阿特米多鲁斯的一篇文字是例外，它在这几年被译成了英语和法语，当然这是在精神分析学的影响之下⁹。如果你们对解释的问题感兴趣，我想你们应该读一下这篇文

---

a 推测；福柯没有说完这句话。

b 推测；福柯没有说完这句话。

c 推测；提问有一部分听不清楚。

字。我曾想给你们评论这篇文字，我想我也许已经提到过，没有提到吗？它非常有趣，因为法译本至少有 200 ~ 250 页之多，这是一篇很长的材料，其中有大量的梦，有好几十个梦被解释。这很有趣，因为解梦的原则始终是相似和类似原则。或者梦表现了完全的相似，直接和它的含义相吻合，于是它不过是预示了某一事件：譬如，某个人梦到自己在船上，船遇难了，实际上他就在船上，而就在他做梦几分钟之后，船遇难了。这是一个完美的梦。这是起点，你们还会看到很多其他的梦，但所有的解释都来自同一模式。还有非常有趣的三个章节涉及性梦，可以很有趣地注意到，阿特米多鲁斯做的事情和弗洛伊德做的事情正好相反。阿特米多鲁斯从不，或者几乎从不对梦作出性的解释，整本书中有两到三次，可以说十来次——但书中有几百个梦——但有好几十个性梦，他总是从社会、职业和经济方面作出解释。可以非常有趣地看到，性关系如何就是社会关系，而性关系的真相就在社会关系之中，我想这件事深深地扎根于希腊文化之中。性行为的价值来自并联系于社会关系的价值，社会关系被运用到性关系之中。性行为的真相就是社会的一种真相。但对我们来说，情况正好相反：深深地隐藏在我们社会关系中的真相和

275

实在就是性欲。而对阿特米多鲁斯来说，非常明显，事情完全相反：如果您想看到，并且揭示隐藏在性梦中的东西，那么您会找到社会生活。这一点很有趣。如果你们在周末无事可做，那就读一下阿特米多鲁斯的书，我相信图书馆有这本书。我想，英译本在 1970 年代初，在 1975 年就出版了。

听众： 您分析了说话的义务从导师向被指导者转变。这一转变和希腊社会，和早期基督教社会中社会关系的运行之间存在什么样的关系？

福柯： 您看到了，我想您完全有理由提出这类问题，不过，我当然是无法回答的，我只能这样说，即我想我们真的需要某种话语语用学[10]。我不是指言语的行为，非常明显，言语行为是某种分析的层次，[而]我想做的不是分析言语行为，而是分析话语，也就是分析这样的游戏，你们在这些游戏中当然会看到大量的言语行为，而存在于话语中的这种游戏不是言语行为，而是另外的东西[11]。在这些显示话语特征的游戏中，说话者和听话者的作用，我想它们应该同时从形式的观点、技术的观点、社会及政治的观点而被分析。譬如，说出自己的真相，这一简单的事实在希腊社会中是他人的任务，而在基督教社会或者在我们的社会中是您自己的任务，这件事情不仅需要从技术上进行解释，我在我的演讲中试图这样做，还需要从社会和历史方面对这些 [控制]ᵃ 以及它们背后的权力关系进行分析。我们在此看到了牧领权力的问题，您在今天上午已经问过我这个问题：事实上在基督教社会中，有一些人有特权、有责任、有义务控制他人的行为，不仅控制他们每天的行为，而且还要知道他们是什么人，清楚地知道他们的生活、他们的思想、他们的隐私、他们的灵魂等，这就是我们社会中一种非常重要的、非常关键的、非常独特的东西，因为譬如在希腊和罗马，自我关注当然具有很大的重要性，但无人必须服从像牧师或者神父这样的人 ¹²。所有这些关系曾经完全是自愿的，[然而] 在显示基督教社会牧领制特征的某种专制结构中，这一切都变成了一种责任。我为什么必须对某个他人谈论我自己，我为什么必须对他人说出关于我的真相？这个问题的背后实际上存在某种沉重的历史和社会背景。这是一个政治和社会问题，带有非常确切、非常技术的 [层面]ᵇ。你们看，我在这些介绍中所处的层次

276

---

a 推测；该词听不清楚。

b 推测；福柯未说完这句话。

只是技术层次。我选取了说真话义务这个问题，我试图了解，或者至少指出在此实践中使用了哪些技术，对形成我们和自己的关系来说有哪些技术，又有哪些影响。但我把整个历史和社会背景放在了一边。

我还想说一点——我想我在昨天已经说了几句[13]——就是个人主义社会[和自我文化的发展][a]之间的关系问题。我想，完全不是个人主义社会的兴起，而是帝国政治和社会权力结构的整个重组，才是这一自我文化的背景或者历史环境。

听众：关于盖伦的文字，有一件事使我感到惊讶：被指导者选择导师，选择一个他不认识的人，而仅仅过了几天之后，后者被认为能够对前者作出诊断，差不多就像医生和患者之间的关系，而被指导者并没有做什么练习，或者也没有写什么东西来给导师指出方向。

福柯：是的，这是肯定的。这里没有任何书写的东西，您说得很有道理，这显得非常快速。但你们在盖伦的很多例子中都可看到这种快速关系。譬如有一篇文字谈到他如何发现一

---

a 推测；福柯未说完这句话。

位患病女士实际上是爱上了一位演员。他来到后观察女士，看到她非常痛苦；他寻思为什么，他注意到当他提到这位演员的名字，她脸红了。这非常简单，还被介绍成一项重大发现，好像他完成了一件非常重要、极难实现的事情。奇怪的是，你们可以看到皮内尔（Pinel）在 19 世纪初引用了这篇文字，而皮内尔引用这篇文字来作为盖伦的难以置信的洞察力的一个证据！是的，您说得有理，在这种关系中并没有什么练习。可他在这篇文字中非常清楚地强调被指导者的个人练习的必要性，一种不断的持续练习，被指导者必须练习终身，持之以恒 [14]，但导师好像是个模糊点，他被认为在若干次见面之后就能说出真相。

听众： 关于您的研究，您谈到了语用学。语用学可以有非常不同的目的：给出真实的描述（这是言语行为理论的目的），但也可以行使批判功能，就像哈贝马斯的普通语用学，或者在我看来最好的就是历史语用学。您自己所说的东西并不涉及我们的主体性或者并不涉及我们对自己的意识，也不涉及某种真实认识的条件，而涉及某个社会在某个时期是怎么回事。您是否认为这具有某种批判功能，如果是这种情况，那是以什么方式？

福柯：您说，我现在使用语用学一词来显示我所做之事的特征，您这样说是对的。我在之前并未使用这个词，但我想，如果我将在 30 秒之后死亡，而我必须确切地说出我一生所做之事，那么我就会说，我试图研究的就是真实话语的某种语用学历史，就是真相的某种语用学历史[15]。在我们的社会中，当某个人被认为在说真相，被接受为说真相之人，当他所说的话作为真相而传播，什么是作为其根源或者历史条件的语用学？譬如在西方文明中，当人们自问："什么是疯癫？疯癫如何可能被分析为一种疾病（以前并未如此清楚）？什么时候某些人被认为有资格说出疯癫的真相，并决定某个人是否应该被关入疯人院？如此等等"，什么是历史语用学？我的问题并非分析精神病机构，有其他人在做这件事，做得比我好得多。不管怎么说，这不是我的事情。我的问题是：这些机构的实际历史如何会有这样的结果，即某些人有资格说出疯癫的真相，产生了哪一类话语，有权利说出疯癫真相的人现在如何被认为有此资格，被视为疯子的人又如何被认为有此资格？如此等等[16]。这就是一种历史语用学。我试图在《词与物》一书中所作的，就是科学话语，17世纪经验科学话语的一种语用学：被认为说出经济、语法、自然科学的真相的人，他应该满足什么样的条件，有哪些正式的要求被强加于他，被强加于他所说之事，被强加于他观察事物的方法等[17]？现在我的问题就是：在说出自己真相，尤其是关于性体验问题的义务背后存在什么样的语用学？人们为什么，又如何必须就他们的性行为而说出那些现在与我们的性体验深深相连的东西[18]？

听众：您似乎把一种重大的价值赋予希腊自我文化。这一文化和我们可悲的现在相对立，您主张回归这一文化吗？另外，在快活的概念和希腊自我文化之间有着什么样的关系[a]？

福柯：关于第一个问题，我想非常明确地说，我的目的从来就不是把我们的某种可怕境遇和某个失去的天堂，即希腊社会相对立。譬如，当我分析监狱的时候，我试图指出监狱在我们的社会中没有任何合理的、普遍的必然性，和监狱相联系的是特定时候某种非常独特的情况，这完全不是以某种方

---

a 提问根据福柯的回答重组，因为大部分听不清楚。

式说，在监狱之前，也就是当人们因为偷了一块手绢而被绞死的情况更好。不，在这类分析中并没有失去的天堂！当疯子们在大街小巷游荡，我不能肯定，这就比他们被关入疯人院更好，但疯人院并不是最坏的，这一点并不意味着疯人院就是一种必然。你们看到了吗？我想我们应该把这些评价和另外一个问题区别开来，这个问题就是我们的自由和我们的创造性。我想在这些评价体系中最危险的东西，就是它们囚禁了我们，阻碍我们去自由地创造别的东西。如果您接受现在的情况，因为它比以前的情况更好，那么您就面临接受一种情况，即现在的情况，好像它就是最终的。或者如果您把可怕的现状和某个失去的天堂相对立，我想您就放弃了当下背景中某种真正变化的可能性。因此，我切断了评价，并试图尽可能把评价降到最低限度，以便指出事物是如何被确立的，并为创造性留出自由的空间。

第二个问题涉及快感和性体验。这确实是一个问题！使我感到吃惊的，就我所了解的这些变化而言，令人震惊的就是在古代晚期和基督教历史上，譬如对希腊人来说，性的问题、性的调节问题就是快感问题。性就是快感。正如你们所知道的，希腊人并没有一个特殊的词来表示性体验

280

(sexualité)。性体验这个词是在 19 世纪初被发明、被创造出来的。当然，这个词在 19 世纪初被发明和创造出来，这个事实并不意味着人们以前就不做爱，或者他们就没有性行为，并不意味着性体验的概念和领域完全不存在，但它是一个事实的迹象，即人们并未意识到他们自己的性行为隶属于性体验领域，这一点非常重要。不管怎么说，希腊人还是有一个词，这是一个有待分析的非常有趣的词。这是一个"名词化的复数形容词"[19]，即"ta aphrodisia"。aphrodisia 是属于阿芙罗狄蒂（Aphrodite）的东西，它指快感，指性行为，就性行为是一种快感而言。我想在基督教修行中，在基督教的自我技术中有一样东西非常重要，那就是快感问题这个事实……。正如你们在性刺激（aphrodisia）这个希腊问题域当中看到的，[首要的]大问题就是过分的问题：这些性刺激是否过分？还有第二个大问题就是：在这些快感行为中，您是主动的还是被动的？这两个问题，限度和过分，主动和被动，这就是在希腊社会中支配性刺激的编码[20]。就是快感的调节：快感的主体或对象，限度和过分。之后在基督教的自我技术中，你们清楚地看到快感问题逐渐成为主要的问题，成为主要的概念，在这里，是这一快感的存在，被叫作淫欲（concupiscentia），它成了我们应该分析的主题[21]。我想这些自我技术、淫欲的问题域和快感的发展是一件发生在古代末期的事情，你们可以把它和这样一种性行为的体验相对立，这种体验更由快感、过分、主动性和被动性问题所主导。我想可以很有趣地看到，快感问题几乎从所有关于性，关于性行为的分析中消失了，直至现在。即使在精神分析中，你们看不到任何关于快感的东西，或者非常少。一旦遇到快感的问题，人们就用欲望的措辞来翻译快感。这是基督教和后基督教文明中非常突出的特征。同样，伴随着欲望的问题，你们这就看到，在性行为和性伦理当中的主要区别就是女性角色和男性角色的区别，而不是主动性和被动性的区别。在被动性方面，你们当然可以在希腊伦理中找到女人，肯定还会找到少男，以及奴隶。这三个性对象类别处在快感的被动方面。而男人则对应于主动方面。当一个男人习惯于被动，那就是丑闻。但女人、奴隶和少男都是被动的，这是他们的角色，这不是丑闻。我想，这就是我们所谓的同性恋在当时，如人们所说的，被"容忍"的主要原因。可这一切对希腊社会来说没有任何意义，然而对男人的被动性，却存在非常极端的、非常严格的、非常强烈的，如果你们愿意的话，非常压抑的禁令和禁止，因为他们的角色是主动的。不管怎么说，你们看到了，一个是围绕过分和限度、主动性和被动性的快感问题域，另一个是欲望问题域，我想你们这就有了两种不同方法来辨认和分析性行为。

听众：我们之后将在新柏拉图主义中发现您提出的所有这些问题。

福柯：是的，肯定的。被置于新柏拉图主义名下的很多非常不同的东西，它们在古代晚期发挥了非常重要的作用，非常难以分析。我想说的一件事，首先就是新柏拉图主义的兴起，或者您参照的新柏拉图主义的新形式，它们都晚于我所研究的时期。我研究的是公元 1 世纪和 2 世纪。

听众：可能是这样，或者不是这样。这是一部非常复杂的历史……

福柯：不管怎么说，在公元最初两个世纪，您找不到任何文字具有您所参照的含义。当然，我非常清楚地知道，目前有好几个人在瑞士、德国或者甚至在法国，他们试图提出这个非常重要和有趣的问题，就是柏拉图主义发生了什么事情，

282

而对柏拉图和新柏拉图主义，传统学院派则持怀疑态度。您知道，吉甘特若干年前在意大利发明并创造了他所谓"亚里士多德的遗失著作"一说[22]，他试图用亚里士多德遗失著作的存在来解释哲学史上的很多事情。我想现在有些人试图写关于柏拉图的遗失著作，盖舍尔（Gaiser）就此主题写了一本非常有趣的书[23]。但实际上我们并没有这个时代的新柏拉图主义存在的证据。新柏拉图主义的问题，新柏拉图主义在公元 3 世纪、4 世纪、5 世纪的兴起和发展，这是非常有趣和非常重要的事情，它介于异教哲学、非基督教宗教、基督教、东方和二元论对当时基督教的影响之间，它当然是一种非常巨大的文化形态，非常难懂，也非常有趣，我没有谈到它，当然是因为它不是我研究的历史领域。

听众：不过之前有某些倾向……

福柯：但您不能说这个是新柏拉图主义的。这不是新柏拉图主义的。这恰恰就是历史学家们所谓诺斯替或前诺斯替教派的 [阶段]，这不是新柏拉图主义。

听众：但这些传统在我看来似乎并非完全不同。

福柯：是的，这是肯定的。但我的观点就是，这还是非常不同的。我想指出一点，就是在异教社会中，在公元最初两个世纪的希腊—罗马社会中，存在自我关注，它是非常明显的、非常持续的、十分常见的，有它的技术、它的机构和它的哲学等，尽管我们有材料，有某些文字，尽管我们拥有所有的证据，但它较之于新柏拉图主义还是更加容易被人遗忘，而关于新柏拉图主义的书籍有数千本之多。我想指出的，我想揭示的，就是存在这样一些技术，它们不是新柏拉图主义的，不是柏拉图主义的，不是亚里士多德学派的等。您可以追踪这些技术在古代晚期的历史，您还可以在基督教修行、在修道院制度等方面发现它们。这些材料中的若干文字还被复制，或者您还可以发现同样的比喻、同样的观念，比如这个如此重要的原则，即钱币兑换商这个观念，即我们是我们自己思想的钱币兑换商这个观念，因为从爱比克泰德到卡西安，从卡西安到弗洛伊德，您可以一直看到这个观念。每当有一个想法出现在意识中，就会有，或者如弗洛伊德所说的"审查"；卡西安和爱比克泰德都说我们必须是我们自己思想的审查官，并检查这个钱币。这一点是有趣的，也是我想说的。我没有说新柏拉图主义并不存在，也没有说新柏拉图主义并

283

不重要，我说存在某种东西，它非常不同于所有这一切，它有着自己的存在、自己的机构、自己的证人、自己的效应等。这是肯定的。

听众：尽管如此，我考虑的问题……

福柯：不，这不是一个问题。您完全有理由说，新柏拉图主义的问题是重要的，但我想，我的目的在于指出某种非常不同于这一新柏拉图主义的东西。

听众：我举圣奥古斯丁为例。依我看，他的重要性似乎并不在于他的思想，而在于他的文字被反复阅读，并被吸收到各种话语之中。

福柯：圣奥古斯丁的问题，您瞧，这是非常困难的。我想，至少就性行为的问题而言，我们可以说，他是成功地用法律措辞来表述和早期基督教修行相联系的这类修行体验的第一人。圣奥古斯丁被介绍为某种修行体验的见证人，而这种修行体验非常不同于教会的法律框架，不同于中世纪教会，一个事实就是，在 16 世纪的宗教改革期间，那些试图摆脱这些非常严格、非常强烈的法律结构的人们，他们就参照了圣奥古斯丁，视之为修行导师，由此来反对教会的法律结构，路德的情况就是如此。但我想，当您从另外的角度来看问题，就是从古代晚期到圣奥古斯丁来看，您于是就会看到，圣奥古斯丁当然是这些早期修行体验的继承人，但我想他也是创造了神学的第一人；奥利金（Origène）当然是一个问题，但即使圣奥古斯丁并不完全是神学的创造者，他至少也是被教会承认，并被颂扬的第一个伟大的神学家。他还从法律意义上表述了某些修行主题，这种转述，这种从法律意义上的表述使教会有可能把这一伦理建构为社会伦理和牧领伦理，给这种伦理提供了基础，至少提供了机构上的保证，提供了一个制度框架。这至少对性行为和婚姻问题来说是非常清楚的。譬如童贞、婚姻和性行为的问题就是一个修行问题，从 4 世纪的奥林匹斯山的梅多德（Méthode d'Olympe）到尼斯的贵格利，在此期间的修行体验背景中，这至少是一个重要问题，也是一个困难问题，这个问题随着圣奥古斯丁而开始成为已婚者性行为的法规：圣奥古斯丁真的是为已婚者发明了性行为法规的第一人 [24]。当我们进行比较，譬如和亚历山大城的克莱曼特相比较，克莱曼特在《教育家》[25] 第二卷第 10 章中也给出了已婚人士的性法规，但此法规不过是在逐字逐句地

284

重复你们可在穆索尼乌斯·鲁富斯，在塞涅卡等人那里看到的说法，这完全不是基督教的性体验，而是异教的性体验，于 3 世纪初被逐字逐句地重复，[通过参照来引用]ᵃ。两个世纪后，在经过 3 世纪、4 世纪的大规模宗教运动之后，圣奥古斯丁来了，他在这些材料的基础上工作，并给出了关于性行为、婚姻和[童贞]ᵇ的第一个真正的、基督教特有的法规，该法规就是基督教关于性行为的整个伦理的根源、基础和框架，直至让·保罗二世教皇。

285

听众：您在最后一次演讲中谈到了某种创新的自我政治的可能性。我在寻思什么是这种政治的朝向：是否问题在于选择某个特定的自我技术，或者在于把整个自我技术的事业问题化？

福柯：我想技术（technê）和工艺就是我们的行为，我们的理性行为的构成性特征，正因为这个原因，我没有说我的计划就是摆脱任何种类的工艺。但既然自我不多不少就是我们和自己的关系，那么自我的本体论地位就不是任何别的什么，

---

a 推测；此句听不清楚。

b 推测；这一部分听不清楚。

而是我们和我们自己的关系[26]。这种关系无论如何总是某种工艺、某种技术指导、某种技术的对象、主题、基础和目标。问题在于知道我们如何能通过这些技术来想象、创造、革新或改变我们和自己的关系。我觉得您的提问来自海德格尔的一个观点，涉及技术的问题，但不管怎么说——我们以后可以讨论——即使我们接受海德格尔从政治观点（我不说从哲学观点）给予技术（technê）一词的地位或含义，自我的工艺就是某种被创造、被再创造、被革新、被改变的东西。但这并不妨碍我们提出问题，如这些工艺是什么，一般的自我工艺是什么，技术的地位，技术的哲学地位是什么，技术还有政治上的影响。无论如何，我并不认为我们应该放下所有这些问题，放下自我工艺的这些政治问题，因为技术应该从海德格尔的观点在哲学上被提问。具体地说，譬如您真的能够通过提出什么是我们文明中的疯癫这个问题来改变什么是疯人院。这些政治问题的哲学影响，我想它们存在于政治问题，存在于政治争论，存在于政治斗争之中，但政治斗争不应该等待哲学问题的解决。

286

听众：我的提问涉及您在第三次和第六次演讲中说的东西。

福柯：我感到不知所措了……

听众：您谈到革命和自我解放的可能性，据我的理解，就是对您来说，革命和自我解放这个观念，它更具有压迫而不是解放的特征。是这样吗？

福柯：不完全这样。当我谈到革命，这仅仅是从理论或者历史观点来说的。问题在于一个事实，即我们现在研究革命是把它作为属于我们 19 世纪，或者属于 19 世纪和 20 世纪上半叶的一个典型现象，但它现在更是一种历史形象，而不是一种现实的可能性或者一种现实的威胁。把革命视为一种历史形象，把革命和这一自我技术问题相联系，我想这将是非常有趣的。革命并不仅仅在于社会运动或者政治运动。革命对人们的诱惑力和一个事实相联系，对于关注他们自己，对于他们自己的地位，对于他们自己的改变，对于修行来说，革命真的是一种非常重要的东西[27]。我想，如果说人们如此热衷于搞革命，这不仅仅是 [……][a]。

---

a 录音结束。讨论的最后部分告缺。

注释

1 事实上，由于时间原因，福柯后来没有谈论塞涅卡。参见本书法语原版255页，注释27。

2 盖伦，《论诊断和治疗每个人灵魂中特有的偏激》，3，同前，7–11页。

3 同上，1，3–4页。

4 关于这一消失及其和同性恋在现代的社会、政治、医学问题化的联系，参见米歇尔·福柯，《米歇尔·福柯采访录：性、权力和身份政治》，与B. 加拉赫尔（B. Gallagher）和A. 威尔逊（A. Wilson）的谈话，参见DE2，文章编号358，1563–1564页。

5 J. 博斯韦尔，《基督教、社会宽容和同性恋：从基督教初期至14世纪的西欧同性恋者》，芝加哥，The University of Chicago Press，1980年；A. 塔歇法译本，《基督教、社会宽容和同性恋：从基督教初期至14世纪的西欧同性恋者》，巴黎，Gallimard，1985年。参见米歇尔·福柯，《和米歇尔·福柯的谈话》，与J. –P. 乔克尔（J. –P. Joecker）、M. 欧德（M. Ouerd）和A. 桑齐（A. Sanzio）的谈话，参见DE2，文章编号311，1109–1111页，以及《性选择和性行为》，与J. 奥希金斯（J. O'Higgins）的谈话，参见DE2，文章编号317，1139–1140页。

6 爱比克泰德，《谈话录》，III，23，30–31，同前，92页。

7 让·卡西安，《共修制度》，IV，24，同前，155–157页。按照卡西安的说法，其主题就是修士的服从，木棍并未开花。此主题参见M. 瑟内拉尔，GV，278页，注释73。

8 福柯用法语表达。

9 厄费斯的阿特米多鲁斯，《释梦》，A. –J. 费斯图耶尔法译本，巴黎，Vrin，1975年；阿特米多鲁斯，《释梦》，Oneirocritica，R. J. 怀特英译本，帕克里奇，Noyes Press，1975年。关于福柯对阿特米多鲁斯此书的其他评论，参见SV，49–103页；米歇尔·福柯，《梦到自己的快感，关于阿特米多鲁斯的〈释梦〉》，参见DE2，文章编号332，1281–1307页；SS，16–50页。

10 如果说福柯受到J. L. 奥斯丁的启发而在此以"话语语用学"的措辞来介绍他自己的研究（也可参见米歇尔·福柯，《说真话》，同前，36–37页），然而在数月之后，即当他于1983年1月12日在法兰西学院讲授《治理自己和他人》一课时，他却明显摆脱了这一视角，而是谈论"话语的戏剧"。参见GSA，65–66页。更多的说明，参见H. –P. 弗吕绍和D. 罗伦兹尼，参见DV，68页，注释34。

11 福柯早在《知识考古学》（巴黎，Gallimard，1969年，114页下）一书中就已经涉及这一点，参见J. 拜诺伊斯特（J. Benoist），《从言语行为到陈述清单》，《哲学资料》，79卷，

2016年，55–78页。

12 关于在古希腊—罗马没有"牧领"权力，尤其参见米歇尔·福柯，《安全、领土和人口：法兰西学院讲课（1977—1978）》，M. 瑟内拉尔主编，巴黎，Seuil–Gallimard，2004年，139–151页；《全体和个体：论政治理性的批判》，参见DE2，文章编号291，955，959–963页。

13 参见本书法语原版250页。

14 盖伦，《论诊断和治疗每个人灵魂中特有的偏激》，4，同前，12页："我们每个人都必须进行几乎是终生的练习，以便成为一个完人。"

15 参见本书法语原版287–288页，注释10。

16 参见HF。

17 参见MC。

18 参见VS。

19 福柯用法语表达。

20 关于古希腊的性刺激和快感的问题化，尤其参见SV，78–97页等多处；UP，47–62页等多处。

21 关于基督教的淫欲概念，参见AN，171–180，187–212页，以及米歇尔·福柯，《贞洁之战》，同前，1114–1127页。

22 亚里士多德的遗失著作对伊壁鸠鲁派的影响这一假设实际上早于马赛罗·吉甘特。该假设由埃多尔·比格诺那（Ettore Bignone）在其《亚里士多德的遗失著作和伊壁鸠鲁派哲学的形成》一书中首次提出，佛罗伦萨，La Nuova Italia，1936年。

23 参见K. 盖舍尔，《柏拉图的非书写理论：关于系统地、实质性地论证柏拉图学派认识的研究》，斯图加特，Ernst Klett，1963年。

24 关于圣奥古斯丁的"好丈夫"（De bono conjugali）的简短讨论，参见SV，232–233页。

25 亚历山大城的克莱曼特，《教育家》，同前。

26 参见米歇尔·福柯，《加州大学伯克利分校哲学系讨论会》，同前，117页："自我除了是和自己的关系什么都不是。自我是一种关系。自我不是一种实在，它不是某种结构化的、自一开始就被给予的东西。这是一种和自己的关系。"

27 参见本书法语原版109–110，118页，注释40。

图书在版编目（CIP）数据

自我坦白：福柯1982年在多伦多大学维多利亚学院的演讲/（法）米歇尔·福柯著；潘培庆译.--武汉：长江文艺出版社，2021.5

（拜德雅.人文丛书）

ISBN 978-7-5702-2002-1

Ⅰ.①自… Ⅱ.①米…②潘… Ⅲ.①福柯(Foucault, Michel 1926—1984)—哲学思想—文集 Ⅳ.①B565.59-53

中国版本图书馆CIP数据核字（2021）第026188号

拜德雅·人文丛书

自我坦白
福柯1982年在多伦多大学维多利亚学院的演讲

ZIWO TANBAI

FUKE 1982 NIAN ZAI DUOLUNDUO DAXUE WEIDUOLIYA XUEYUAN DE YANJIANG

〔法〕米歇尔·福柯 著

潘培庆 译

特约策划：拜德雅　　　　特约编辑：邹　荣
责任编辑：程　婕　　　　责任校对：张　晗
封面设计：左　旋　　　　责任印制：李雨萌

出版：长江出版传媒 长江文艺出版社
地址：武汉市雄楚大街268号　　　邮编：430070
发行：长江文艺出版社
http://www.cjlap.com
印刷：湖北新华印务有限公司

开本：1092mm×787mm　1/32　印张：12.875
版次：2021年5月第1版　　2021年5月第1次印刷
字数：204千字

定价：72.00元